读懂投资　先知未来

大咖智慧
THE GREAT WISDOM IN TRADING

成长陪跑
THE PERMANENT SUPPORTS FROM US

复合增长
COMPOUND GROWTH IN WEALTH

一站式视频学习训练平台
WWW.DUOSHOU108.COM

技术分析新科学

(美)迪马克 著 魏强斌 文 子 译

山西出版传媒集团
山西人民出版社

图书在版编目(CIP)数据

技术分析新科学 / (美)迪马克著;魏强斌,文子译. —太原:山西人民出版社,2014.7
ISBN 978-7-203-08145-6

Ⅰ.①技… Ⅱ.①迪… ②魏… ③文… Ⅲ.①资金市场—经济技术分析 Ⅳ.①F830.9

中国版本图书馆 CIP 数据核字(2013)第 065103 号
著作权合同登记号:图字:04-2013-004

技术分析新科学

著　　者:(美)迪马克
翻　　译:魏强斌　文　子
责任编辑:傅晓红
出 版 者:山西出版传媒集团　山西人民出版社
地　　址:太原市建设南路 21 号
邮　　编:030012
发行营销:0351-4922220　4955996　4956039　0351-4922127(传真)　4956038(邮购)
E-mail　:sxskcb@163.com　发行室
　　　　　sxskcb@126.com　总编室
网　　址:www.sxskcb.com
经 销 者:山西出版传媒集团　山西人民出版社
承 印 者:三河市航远印刷有限公司
开　　本:787mm×1092mm　1/16
印　　张:16.5
版　　次:2014 年 7 月第 1 版
印　　次:2014 年 7 月第 1 次印刷
书　　号:ISBN 978-7-203-08145-6
定　　价:58.00

如有印装质量问题请与本社联系调换

序

当我刚收到汤姆·迪马克(Tom DeMark)这本关于技术分析的新作时,这本书的名字让我感到有点迷惑。毕竟,技术分析不是新事物。我自己也曾写过几本关于技术分析的书。但是,在读完本书后,我很快意识到本书书名的关键词在于"科学"两个字。技术分析的艺术成分永远比科学成分高。两个分析员同时分析一只股票的同一幅图表,并使用相同的一组技术指标,最后可能得到完全相反的两个结论。其实,大部分技术分析只是技术面交易者眼里的"西施",实际不见得有多好。

由于很多原因,本书的面世特别适时。首先,技术分析从未像现在这样受到欢迎。电脑越来越普及,电脑功能越来越强大,加上便宜软件程序的支持,使得即使是最小的投资者和交易者也可以在这个神秘的技术分析世界里挥舞手指。随着期货和期权交易——这些衍生品已扩展到了股票指数、国债和外汇——的发展壮大,交易者要应对如此快速变化的市场,不得不退回到技术分析方法上。商品期货、债券、外汇和股票四个市场间的联系,使得交易者必须关注一个范围更广的市场。全球金融市场之间的联系,也迫使交易者必须采用那种可以对快速的市场波动做出闪电般迅速反应的方法——也就是技术分析。

另一个对技术分析的崛起作出重大贡献的还有电视。财经频道CNBC每日的报道,包含了大量非常有用的技术分析,可以在世界各地收看。

以前从未像现在这样每天有如此多的人用技术分析来对市场进行解释和分析。而学术界甚至采取了更为积极的态度,很多教育机构都鼓励学生进行技术研究。

所有这些都把我们推向汤姆·迪马克强调的更为科学的技术分析方法。现在,有这么多人在研究技术分析,所以迪马克对于少点艺术多点科学的呼吁再及时不过了。本书从一个更精确的画趋势线方法开始,到用更具创造性的方法来进行波段分析,再到移动平均线的运用等。内容太多,这里就不一一列举了。迪马克从全新的角度来解读一些传统的方法,并加上了他自己的一些新方法。在每一个例子中,他的重点都是为了更具创造性、更精确——简言之,是为了更完善。为了达到这一目的,他把每一个方法都提升到了一个新高度。

在过去20年里,迪马克只充当一些大型机构和当今世界很多声名卓著的交易者的顾问。现在,通过与我们分享他那富有创造力的想法和对精确完善的热烈追求,以及对于技术分析"新科学"的强调,汤姆·迪马克推动技术分析往前迈进了一大步。随着技术分析受到前所未有的关注,没有任何时候比现在更适合本书的出版了。

约翰·J·墨菲(John J. Murphy)

约翰·J·墨菲,是《期货市场技术分析》(Technical Analysis of the Futures Markets)和《跨市场技术分析》(Intermarket Technical Analysis)的作者,CNBC的技术分析师,新泽西州奥拉德尔(Oradell)小镇的JJM技术咨询有限公司的总裁。

致谢

我首先要感谢数据分析公司 Logical Information Machines(位于伊利诺斯州的芝加哥市,电话 312-987-0055 或 800-546-9646),本书中除了一幅图外,其他全部图表都由他们提供。约瑟夫·吉斯(Joseph Gits)花了大量的时间来制作这些图表,威廉·阿罗宁(William Aronin)和安东尼·科尔顿(Anthony Kolton)在各个方面都提供了帮助。

我还要感谢本书的编辑,约翰·威利父子出版公司(John Wiley&Sons)的迈尔斯·汤普森(Myles Thompson)和他的助手杰基·尤林伊(Jackie Urinyi),还有出版商卡尔·韦伯(Karl Weber),以及德克萨斯州(Texas)出版发展公司(Publications Development Company)的全体工作人员。

商标权声明

以下列出的都是由托马斯·R·迪马克先生所持有的商标：

Countdown	计数
D-Wave	D-波浪
Daily Range Projections	日波幅投射
DeMarker	DeM 震荡指标
Magnet Price	磁性价格
Price Countdown	价格计数
Price Intersector	价格交集
Price Setup	价格结构
Range Expansion Breakout	波幅扩张突破
Range Expansion Index(REI)	波幅扩张指数
REBO	波幅扩张突破
Sequential	迪马克序列
Setup	结构
TD Breakout Qualifiers	迪马克突破确认指标
TD Channel	迪马克通道
TD Demand Line	迪马克需求线

TD Dollar Rated Option Ratio	迪马克美元期权比率
TD Line Breakout	迪马克线突破
TD Line Value	迪马克线价格
TD Lines	迪马克线
TD New High-New Low Index	迪马克新高-新低指数
TD Points	迪马克关键点
TD Price Points	迪马克价格关键点
TD Price Projector	迪马克价格投射指标
TD Rate of Change	迪马克变化率
TD Retracement Arc	迪马克回撤弧
TD Retracement Qualifier	迪马克回撤确认指标
TD Supply Line	迪马克供给线
TD Supply Points	迪马克供给关键点
Trend Factors	趋势因子

前　言

如果你正在寻找能治愈你全部交易毛病的万能药,那么这本书可能会让你失望。事实上,世上没有绝对可靠的投资方法。市场研究领域之外的其他因素也会对交易者的绩效有所帮助,特别是像完善的资金管理原则,包括资本保存和严格的交易纪律,都是交易获得成功的关键要素。本书仅限于研究技术分析和择时工具,而任何关于资金管理技术和市场心理学的论述,都附带在市场择时工具和方法的介绍中。这并不意味着交易者使用单一的市场择时工具就不能获得成功,之所以这样说,主要是为了强调本书中未提及的其他工具或指标也在区分平庸和卓越的交易者方面扮演了重要角色。

在我的整个职业生涯中,我有幸能以合作伙伴、顾问和雇员等多种身份与很多在我们时代最杰出的投资大师和公司合作。我曾在乔治·索罗斯、迈克尔·斯坦哈特(Michael Steinhardt)、里昂·库伯曼(Leon Cooperman)和劳伦斯·蒂施(Laurence Tisch)等人的公司担任投资顾问;在保罗·都铎·琼斯的基金担任执行副总裁;与查利·德弗朗西斯卡一起创建了一家交易公司;与范·霍伊辛顿一起管理一个期货基金,并与拉里·威廉斯一起开发市场择时系统。另外,我也为一些投资巨头——高盛集团、花旗银行、摩根银行、纽约贴现公司(Discount

Corporation of New York)、IBM 退休金（IBM Pension）①、明尼苏达矿务及制造业公司退休金（Minnesota Minning Pension）、大西洋里奇菲尔德公司退休金（Atlantic Richfield Pension）、西部信托公司（Trust Company of the West）、纽约人寿（New York Life）和标准基金（Criterion Fund）等的关键决策者提供投资建议，并且可从每一家公司那里获得每年超过10万美元的回报。虽然这些客户很重视我的建议，但他们获得的最大成功几乎无一例外都是融合了我的建议与资金管理技术，以及他们在多年的专业实践中获得的市场经验。他们会承认利用了各种市场择时策略，但最终他们的决定都会受到他们自己偏好的影响。假如你问这些专家他们的投资风格是什么样的，他们都会说是依靠他们当时认为重要的信息来相机抉择的。其实你问这个问题就好像一个运动员问篮球飞人迈克尔·乔丹如何能够在半空中反手扣篮一样。这种能力不是必须要教授或学习的——它是天生的、不可传授的。就像一个运动员的能力是由各种技能有机组合而成的一样，当然也要从学识、直觉和经验等各个角度去综合评判一个资金经理的能力表现。

　　如果能够非常简单地把成功的交易转换成一系列公式，交易就不再是充满挑战的难事。我有一个雄心勃勃的目标，就是能为你提供一个可以把市场择时技术制度化的方法。我希望你能把我的研究观点和经验融入你的交易准则中。很多可能你以前认为有缺陷或者过时的择时技术，现在经过我的提升和完善，都变得有价值了。

　　为什么我要把我辛苦研究获得的成果拿出来与你分享呢，如果它们真的具有价值的话？让我讲一件发生在几年前的事吧。当时，我依照我伙伴的吩咐，去休斯顿拜访一个正在推广市场择时系统的家伙。我刚到

---

① 即企业养老金。美国的企业承担了退休人员的一部分养老任务。近年由于退休人员增加，企业不堪负荷，逐渐取消了这一养老金制度。IBM 就于 2006 年停止了该退休金计划，改为其他养老方案。——译者注

他办公室，他就开始忙于一场经过事先计划的推销"战役"，以向我推销他的系统。为了使我相信他所谓的市场择时专业技术，他声称有两个择时系统是他所创。其实这两个系统都是我开发的，并且我的伙伴在一年前就已向市场公开发售！这太让我震惊了，因为我才是这两个系统的开发者。我也没有就他这话与他争论，而是对他系统的合理性和完整性提出了疑问。在这件事之后，我还遇到其他人声称对我所创的技术拥有所有权。所以，我想通过本书的出版，为我提出的那些方法贴上我的标签，以保护我作为创造者和所有者的权利。

我相信我为市场择时技术的发展作出了重大贡献。遗憾的是，在我进行自己的市场研究时，没有多余时间和精力去拜读其他人的著作。在目前公有领域中的大部分信息都是冗长且不完整的。

在这里，我要给你一个答案，这是我朋友拉里·威廉斯在多年前告诉我的——不管你给某个人的市场择时信息有多么重要，大部分人一定很快不再着迷或"移情别恋"，或者不再遵守高效运用所必须的纪律。我希望你不会成为这些心理性因素的受害者，也希望你运用我的交易技术获得的成功可以证明这句话的错误。

我很乐意与你分享我在多年的市场研究中获得的成果。虽然我过去可能在各种研讨会和讲习班讨论过本书中的某些观点，但是本书是第一次完整地将我的作品呈现出来。我独自一人对这些研究负责。虽然书中有些观点是在几年前构想并研究的，但我相信你会发现这些材料仍然具有独创性和较强的时效性。最后，我希望你阅读本书的心情可以和我写作本书时的心情一样，轻松愉悦。

托马斯·R·迪马克

特别声明：虽然作者和出版社都相信本书中的信息、数据和内容是正确的，但他们并不能保证其正确性或完整性，也不承担任何责任。读者不能认为本书中介绍的方法、技术或指标一定能够赚钱，或者一定不会导致亏损。交易既有盈利的可能，也包含了亏损的风险。过去的绩效并不能作为未来获得相同绩效的保证。

目 录

导 论 ·· 1

第1章 趋势线 ·· 5

迪马克关键点（TD Points™）的选择和迪马克线（TD Lines™）的构造 ··· 6

迪马克关键点选择的优化 ·· 14

源于正确选择迪马克关键点和迪马克线的收益 ·················· 18

价格投射 ··· 22

迪马克价格投射指标 ·· 24

较高等级的迪马克线 ·· 45

革命性的突破：日内价格突破的确认 ······························· 50

第2章 回撤 ·· 63

关键点的选择和回撤比率 ·· 63

迪马克回撤弧 ·· 73

回撤确认指标 ·· 75

趋势因子 ··· 83

第 3 章　超买和超卖 ·············· 91
正确解读"温和的"和"严重的"超买/超卖状态 ······ 93
整体市场环境 ·············· 97
波幅扩张指数（REI）和 DeM 震荡指标 ·············· 98
波幅扩张指数（REI） ·············· 99
DeM 震荡指标 ·············· 103

第 4 章　波浪分析 ·············· 107

第 5 章　累积/派发指标 ·············· 117

第 6 章　移动平均线 ·············· 137

第 7 章　迪马克序列 ·············· 143
结构 ·············· 149
计数 ·············· 166
入场 ·············· 174
出场 ·············· 186
止损 ·············· 189
小结 ·············· 193

第 8 章　价格缺口 ·············· 195

第 9 章　日波幅投射 ·············· 207

第 10 章　变化率 ·············· 211

第 11 章　股　票 ·············· 229
新股票发行——首次公开发行（IPO） ·············· 229
收购（Buy-Outs） ·············· 232
在交易所新上市 ·············· 234
新高–新低 ·············· 234

"涡轮增压"指标 …………………………… 237
　　上涨-下跌 ………………………………… 237
第12章　期　权 ………………………………… 241
第13章　"沃尔多"形态 ………………………… 245
结　语 …………………………………………… 251

导 论

看看现在的保健品吧，产品上标注的成分和含量精确得简直让人咂舌。为了保障消费者的人身安全，有关部门的监管力度也让人惊叹。再看看现在的金融市场，市场根本不存在这样的规定或保护措施，要求对交易他们基金的技术进行彻底的测试和分析，以保护投资者的资产安全。看到一些似乎受过良好教育和训练的交易者，运用艺术性的、完全主观的方法来做出交易决策，把他们的大量资金置于危险之地，真的是很可悲。当然，有足够的历史数据和有效观察结果可以论证这些市场择时方法。但不幸的是，其中大部分都是在往前回溯中识别出来的。那个时候，人类的双眼只是用来选择那些最有效的案例，并忽略那些可能出现多次的失败案例。

大部分技术分析者都不会仔细研究他们使用的技术，以确定什么是重要的，什么会有助于他们获得成功。通过多年的研究，我已筛选出了各种市场择时方法的关键要素。在走势图、数据和其他观察结论的帮助下，我可以识别出这些要素，以及很多其他要素。这本书可以帮助你成为一个成功的交易者。要提高你的交易技能，能够接受本书中的所有技术和建议当然最好，但你不一定非要这样做，精通其中少数几个方法或许更有效。

有三种截然不同的走势图分析方法。第一种方法草率、主观，仅凭直觉，或者更准确地说，是依靠猜测来对价格走势图进行解读和分析。大部分交易者都处于这个最简单的层次，因为这个方法不需要严格的分析和论证。不过可惜的是，这个方法虽然简单方便，但缺乏逻辑和一致性。

第二种方法创建了市场择时指标，这种指标可以识别通常与超买/超卖区域有关的价格水平。虽然有很多交易者都支持（至少部分支持）这种技术分析方法，但是这些交易者不仅总是把他们的研究局限在被广泛采用的各种指标上，还实践那些被普遍接受的解读方法。换句话说，他们完全缺乏创造力，他们既不尝试着提高他们自己指标的稳定性，也不对现有的指标做出任何改进。另外，他们对这些指标的效果抱有过高期望，不去理会它们的局限性。

最有效、最具有价值的方法是能够产生真正买入和卖出信号的系统。只有少数分析者拥有相应的知识背景和经验，并愿意投入大量时间和精力去获得这项技术。我打算讨论一下从艺术性的第一层次到精密、机械的第三层次的发展演变，并且我会重点介绍一些实例，这些实例会充分展示运用被证明的系统和经过千锤百炼的技术的好处。

前总统赫伯特·胡佛（Herbert Hoover）过去常常提到他一直在致力于寻找一个"单臂（one-armed）"经济学家，这样，在这个经济学家进行经济预测时，就不会以"另一方面（on the other hand）①"作为开头。其实这种抱怨也可以发生在今天大部分市场分析者身上。我发现很多分析者都有一种独特的能力，可以说些似是而非的话。如果采用我将在本书中与你分享的技术，就不会出现这种模棱两可的情况。你不仅不再需要依靠他人的建议，还完全可以为你自己的全部交易行为和决策

---

① hand 有手的意思。——译者注

负责。对于独立交易至关重要的过程和规则，我将在本书中进行详细介绍和解释。至于那些定义含混不清的交易技术，我会代之以明确清晰的交易步骤，以帮助你成功地选择进出场时机。你再也用不着以一大堆借口来为交易自圆其说，不用做马后炮式的交易。通过对历史走势的回顾，主观地识别买入卖出水平是简单并且低风险的方法，现在将要被另一种用于评估入场出场点的技术，或者说诀窍取代，这种方法机械且具有前瞻性。从"走势图鉴赏家"（图表分析师）通往走势图科学研究者的大门将会真正开启。

我建议你在阅读本书时，只把注意力放在那些让你感觉舒适，并且与你的交易风格相似的内容上。合适的话，也可以将这些内容引入你的交易系统中。本书中介绍的大部分技术和观点都可以相互进行补充，但它们又是如此不同，所以你可能一次只能选择学习并完善其中一两样。请记住，这些方法是在市场摸爬滚打（既是主业又是副业）超过23年的时间里逐渐发展过来的。因此，不能立即掌握这些方法，也不必感到气馁。它们需要你的一心一意和全神贯注。我建议你在学习这些技术和概念时，保持一个合理的节奏，不要因为无法快速掌握这些技术的所有细节而灰心。本书中呈现各种技术的形式既适合专门性学习也适合综合性学习。同时，由于各章节内容都是不同的，所以你可以只关注那些你特别感兴趣的内容，不必涉及或理解其他不相关的信息。

整本书中的大部分观点和想法都是非常规的，与大部分交易者过去所学所用的都不相同。它们是独创的、新奇的，并且覆盖了市场择时分析的多个方面。有时候，我期望我被称为交易界的造反派，敢于打破很多陈规陋习。我唯一的愿望就是读者能够接受这些有目的地呈现出来的新奇方法，它们都是新奇刺激的投资择时工具，是对当前一些交易方法的补充、提升和完善。对于交易新手来说，这本书可以提供一个可靠、有效的基础，以便他们在此基础上进行交易研究。

本书中介绍的技术已为交易爱好者们设计并准备好了。实践证明书中大部分观点普遍适用于其他容易得到数据或图表的领域，并且都能获得相同的绩效。我相信大部分可以量化并且适用于趋势分析的规则，也可以作为这类研究讨论和运用的候选工具。比如说，我就计算了从利率到其他经济统计数据的不同领域的数据的回撤水平、投射和目标，以预测候鸟的迁移趋势。我支持你仔细严格检查我的技术，并且如果你愿意，也可以试着发掘它们运用到其他领域的可能性。同时，我也欢迎你对我的研究作进一步的提升。我最大的抱怨就是大部分交易者更像是橄榄球场上的远端锋①，而不是四分卫②——他们只能接受信息，不会提供信息。

我经历了市场择时研究从简单的鲍马尔（Bowmar）计算器到目前专注于人工智能、混沌理论、优化模型、神经网络等如此奇特的、高科技的分析的发展演变过程。上述这些高级数学理论和精确复杂电脑性能的冲击，导致交易大众丧失对简单的、基础的、所谓"蓝领阶层"的市场择时技术和设计的兴趣。然而，即便是这些复杂而高深的方法，也滋生了一种有关交易安全的错误思想，因为他们缺乏显著提升的绩效来证明和支持他们的主张。因此，我为简单纯粹的分析方法给出一个期望的绩效水平，并希望这本书和书中的这些交易建议可以成为一个催化剂，推动这些简单技术的复兴。

---

① 站在开球线两码以内，离进攻内锋很远，不负责阻挡，主要任务是冲出去接球。——译者注

② 通常四分卫接开球后把球传给另一名队员进攻或自己带球向前推进。——译者注

第1章 趋势线

不管交易者采用的是基本面分析还是技术面分析，他一定曾在某个时候依靠趋势线做出过预测。虽然趋势线的使用非常普遍，但是令人惊奇的是，它们的结构以及解读的方式是如此不同，它们的运用方法是如此主观。不仅是不同的分析者可以在相同的时段基于相同的数据画出不同的趋势线，而且就算是一个人，在不同的情况下，基于相同的信息，也可以因为每次的偏好不同而画出完全不同的趋势线来。这简直缺乏一致性。有这么多条趋势线，不可能所有趋势线都正确——只有其中一条是正确的。通过详尽彻底的艰苦研究，加上多年的经验和实际运用，我已经找到了一个高效的方法，可以选择对于趋势线来说至关重要的两个关键点。一旦学会这个方法并加以运用，趋势线的分析就不再主观。相反，它会变得完全机械化。趋势线突破可以被精准地定义，价格目标也可以非常容易地计算——系统确实可以被创建。价格缺口和大范围的价格波动具有前人无法想象的意义。

迪马克关键点（TD Points™）的选择和迪马克线（TD Lines™）的构造

供给和需求决定价格的波动。具体而言，如果需求超过供给，价格将上升；相反，如果供给超过需求，价格将下降。这是所有经济学家都认可的基本经济规律。为了形象地阐释这个现象，分析者用一条下降的直线来代表供给，一条上升的直线来代表需求（见图1.1和图1.2）。

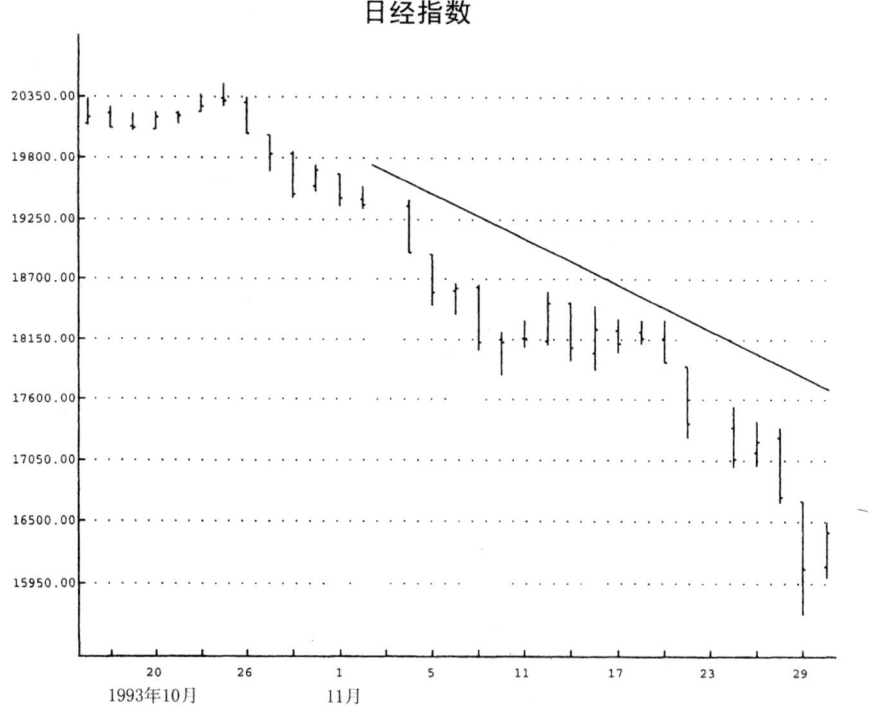

资料来源：Logical Information Machines, Inc. (LIM), Chicago, IL.

图1.1 请注意图中被下降的"供给"线以及越来越低的价格高点和低点形态所定义的下降的价格波动。

第1章 趋势线　7

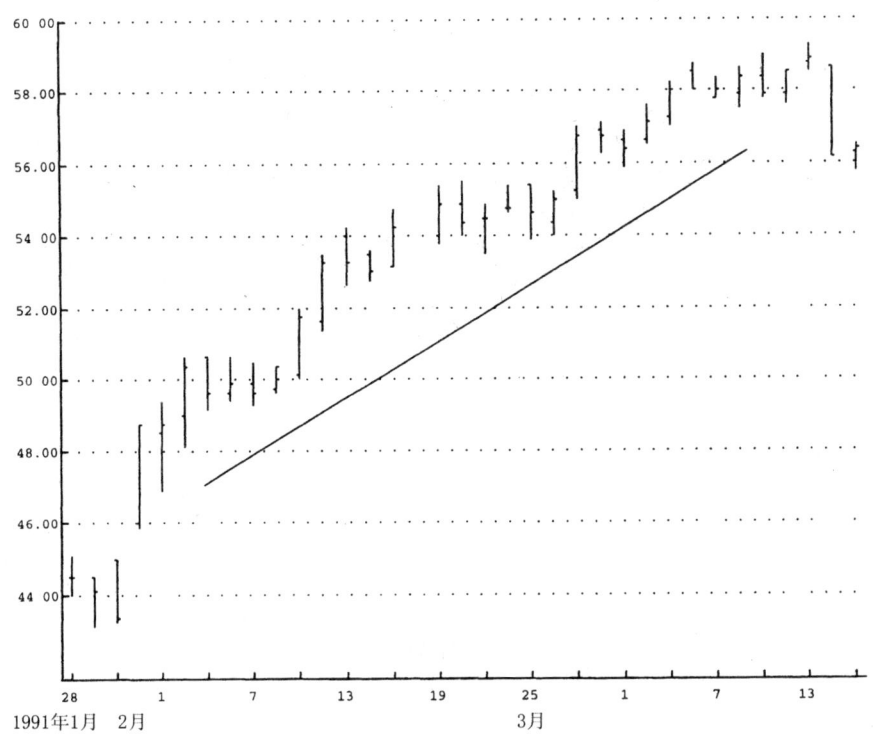

资料来源：Logical Information Machines, Inc. (LIM), Chicago, IL.

图1.2　请注意图中被上升的"需求"线以及一系列越来越高的价格高点和低点所描绘的上升的价格波动。

画这些趋势线的难点在于具体价格点的选择和连接（见图1.3）。就像经常发生的那样，人类的天性会妨碍这些趋势线的正确构造。例如，我们习惯于回顾一个市场的历史价格行为——从过去到现在，从左到右查看所有数据。于是，画出的需求线和供给线一直从图的左边延伸到图的右边。直观地说，这是不正确的。最近的价格行为要比过去的价格波动重要得多。换句话说，精确性和准确性要求这条线要从右向左延伸，因为最近的数据显示在图的右边。初看起来，这似乎有点太过离奇，但是事实上，我的经验和无数次的观察结果都证实了这个方法的正确性。永远不要因为构造简单，就忽略了逻辑和准确性。对细节要求不严密或者完全忽略细节，是导致画出多条趋势线的原因，这反映在那些认为这些趋势线中会有一条可以正确描述趋势的分析者的傲慢态度中。要想成功地运用趋势线，需要同时注意细节和一致的形态。

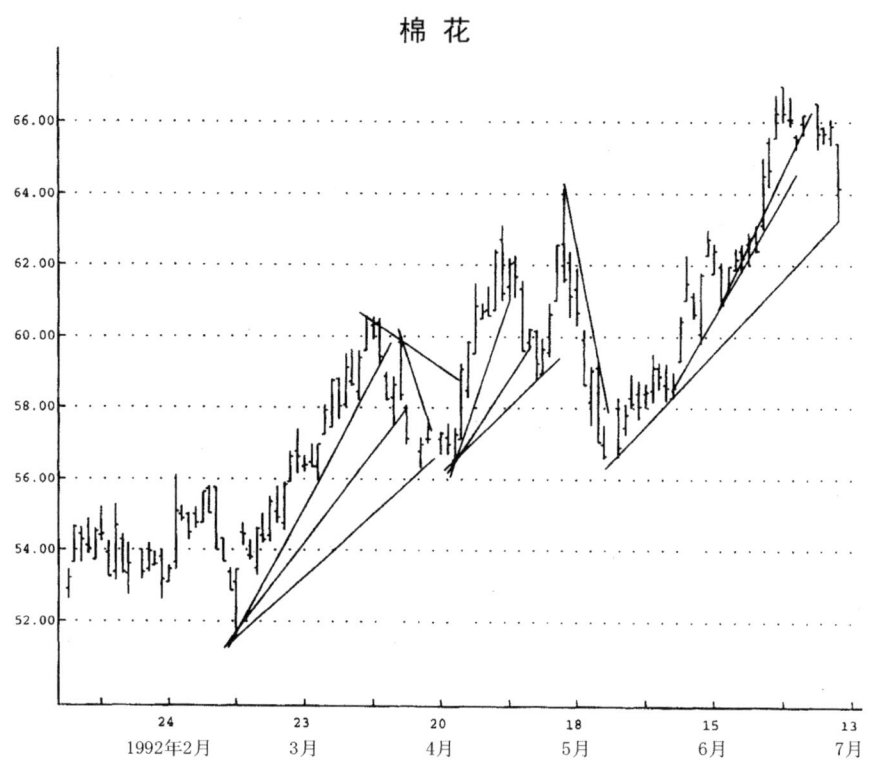

资料来源：Logical Information Machines, Inc. (LIM), Chicago, IL.

图1.3 很明显，图中可以画很多条线来描述价格的趋势。关键因素是选择两个关键点来构成一条正确的趋势线，并忽略掉其他的线。

我不会仅仅列出一系列用于制定这种方法的规则——如何选择关键点并将其连接起来形成一条供给线或需求线，我还想与你分享我与一个同事在大约20年前的一个令人沮丧、但从专业上说又特别重要的经验。

这个事件成为改变我整个技术分析生涯的催化剂。作为交易新手，这个同事和我都被市场的价格活动深深吸引。对价格行为进行分析不仅是我们的工作，也彻底让我们着迷。即使下班回家后，我们也要利用晚上时间通过电话来讨论走势图上那些有趣的价格形态。一次偶然的机会，我们终于讨论到一系列价格趋势的相互作用。我们各自在自己的走势图上画了趋势线。第二天到办公室后，我们拿出各自的走势图进行比对，才发现两张图上的趋势线完全不同。这使我感到极为困惑，就好像之前我们俩在用完全不同的两种语言进行对话。于是，我决定一定要阻止类似事件再度发生。为了避免出现任何混淆和误解，我们有必要采用相同的词汇和定义来进行交流。为了对它们进行改进，也为了创造我们自己的语言，我还特别编写了目录，也把广泛使用的市场择时技术进行了标准化。直到今天，我还在致力于达到这一目标。趋势线就是我第一个要解决的问题。

为了更好地进行讨论和图解，我通常会选择日线走势图和相关数据。当然，其他任何时间框架都可以随意替换。我之所以选择日线走势图和相关数据，是因为以下三个原因：

1. 它们最容易获得，也是几十年来使用最广泛的时间序列。

2. 它不仅把交易者从持续关注市场日内变化的繁琐工作中解放出来，而且也大大减轻了那些增加数据库负担的日内价格波动数据带来的不便。

3. 在市场基于这些信息发出信号时，订单被真正执行的几率将会提高。

在早些时候，我总结出如果某天的最高点没有被其前一天和后一天的最高点超过，那么这个点就可以确定为一个重要的供给价格关键点（见图1.4a、1.4b）。反过来，要确定需求价格关键点，只需要采用相反的操作：如果某天的最低点没有被其前一天和后一天的最低点超过，就可以确定这点为需求价格关键点（见图1.5）。这对我来说都非常有意义。这些关键的交易日都被证明是价格趋势的转折点。图1.4a、b所示的是供给超过需求，价格下跌。图1.5所示的是需求超过供给，价格上升。我已经把这些关键的价格点位标记为迪马克关键点（TD Point）。因为是我通过研究揭示出这些价格关键点的，所以我用我名字的首字母来命名。

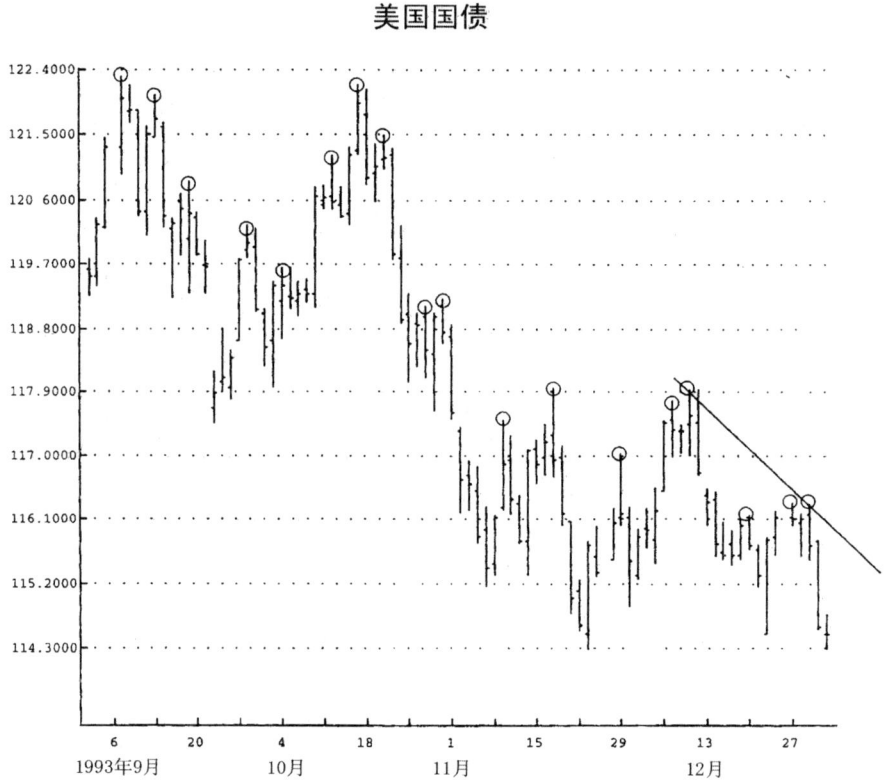

资料来源：Logical Information Machines, Inc.（LIM），Chicago, IL.

图1.4a 请注意，图中只要某天的最高点同时高于其前一天和后一天的最高点，就被小圆圈标注出来。由于价格因为上方的抛压不能超过阻力位，这个供给价格关键点，即迪马克供给关键点（TD Supply Points）就成为关键的价格水平。

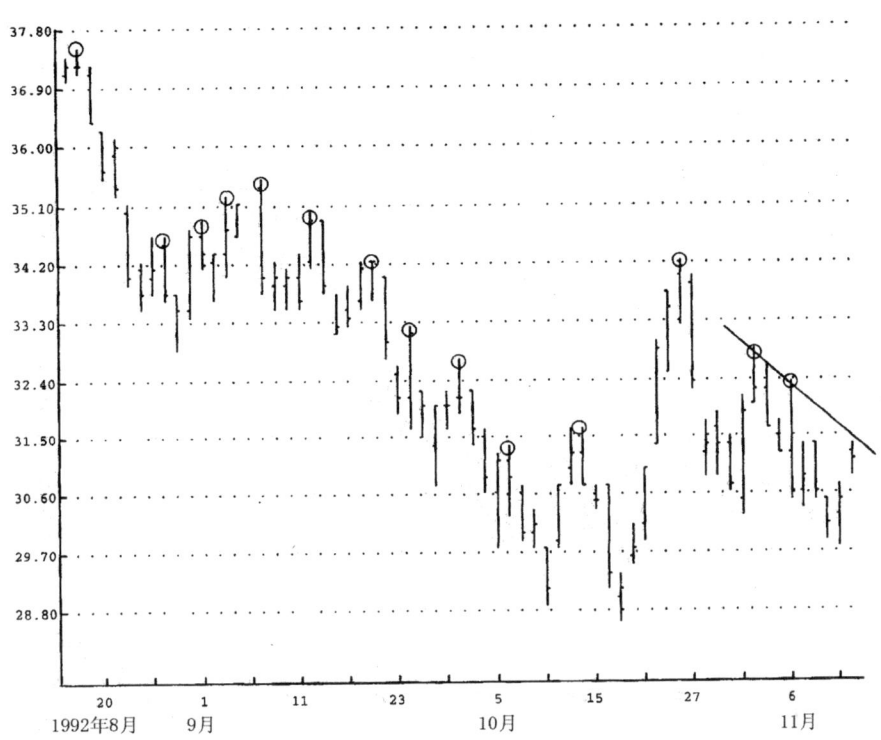

资料来源：Logical Information Machines, Inc.（LIM），Chicago, IL.

图1.4b 供给价格关键点（迪马克供给关键点）都是阻力点，它们各自都高于其前一天和后一天的最高点。这些迪马克价格关键点（TD Price Points）都被标注在了走势图上。

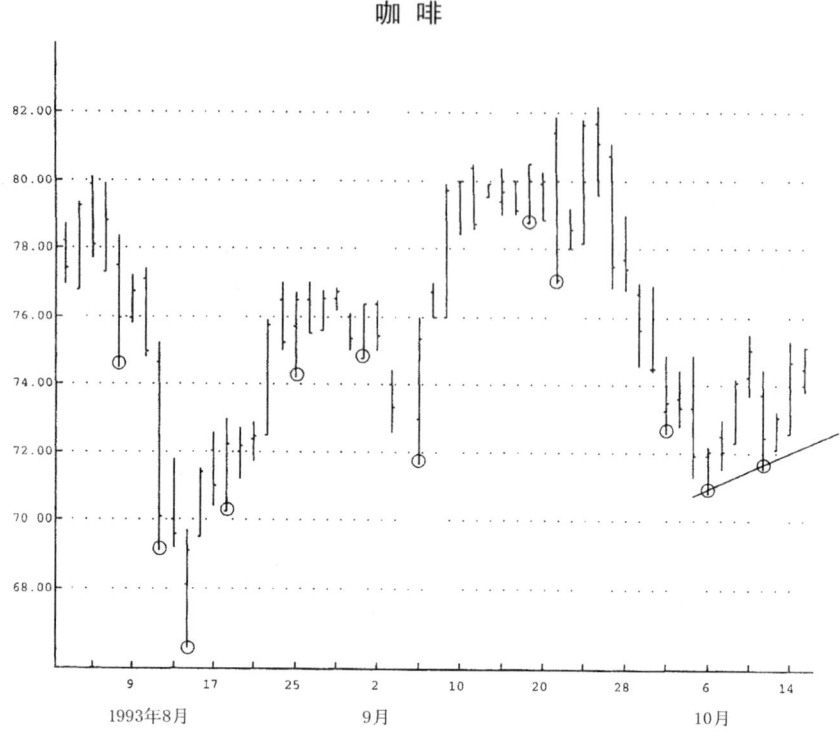

资料来源：Logical Information Machines，Inc.（LIM），Chicago，IL.

图 1.5 需求价格关键点，即迪马克需求关键点（TD Demand Points）都是支撑点，它们各自都低于其前一天和后一天的最低点。这些迪马克价格关键点都被标注在了走势图上。

在图 1.4a、1.4b 中，找到最近两个下降的迪马克关键点，然后把它们连接起来就构成供给线〔在下文中都被称为迪马克供给线（TD Supply Line™）〕。在图 1.5 中，把最近两个上升的关键点连起来，就构成了需求线〔在下文中都被称为迪马克需求线（TD Demand Line™）〕。就是这么简单。我们没有任何理由选到错误的关键点。现在，这个方法变得非常死板和客观了，而且，这个选择关键点的方法最具吸引力的地方还在于它是动态的。也就是说，通过不断重设迪马克关键点，市场会自己宣布供给-需求这个平衡方程发生的任何变化。因此，一旦更为近期的迪马克关键点形成，迪马克线（TD Line）就可以得到修订（见图1.6）。再次强调一下，选择最近的两个迪马克关键点，并连接起来构成迪马克线，这两个步骤的重要性是显而易见的。

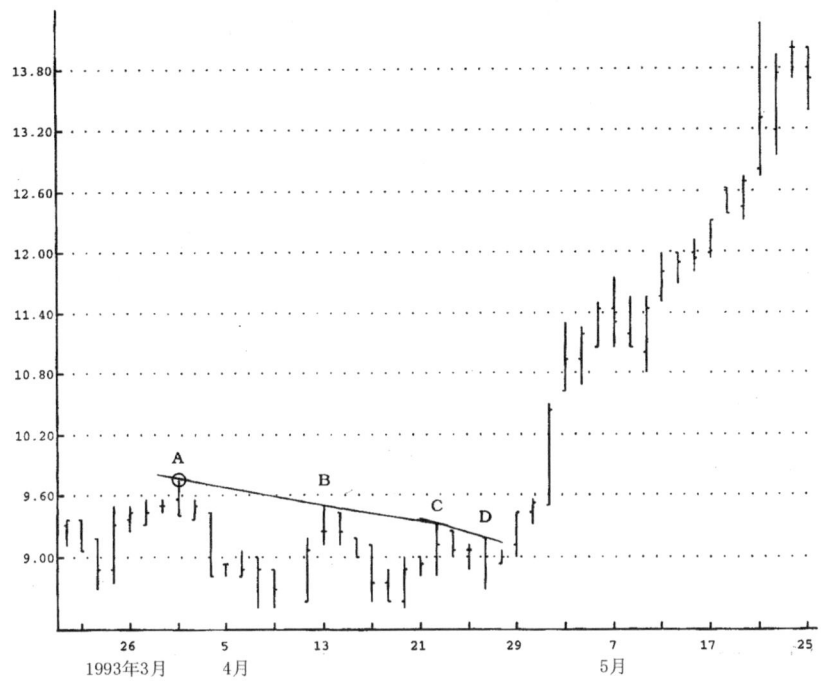

资料来源：Logical Information Machines, Inc. (LIM), Chicago, IL.

图1.6 图中已确认四个下降的迪马克供给关键点：A-B是第一条供给线。但是，一旦迪马克供给关键点C形成，就诞生了一条新的供给线，即B-C。最后，当关键点D得到确认，这条供给线就修订为C-D。正如你看到的，供给/需求平衡一直处于变化中。因此，供给线必须调整以反映这种变化。

迪马克关键点选择的优化

我已找到两个优化迪马克关键点选择过程的方法,这在有些情况下非常有用。虽然这不是你正确选择迪马克关键点所必须了解的,但是我还是呈现出来供你参考,这样也可以更加完善这个方法。

当选择迪马克关键点时,有个重要的因素需要考虑,它与关键高点和关键低点的两天前的收盘价有关。就迪马克关键低点来说:

1. 不仅这个最低的关键低点必须低于其前一天和后一天的低点,而且这个关键低点还必须低于其两天前的收盘价。

换句话说,如果价格缺口分开了最低的低点前一天的低点和两天前的收盘价,那么两天前的收盘价必须高于最低的低点(见图1.7)。

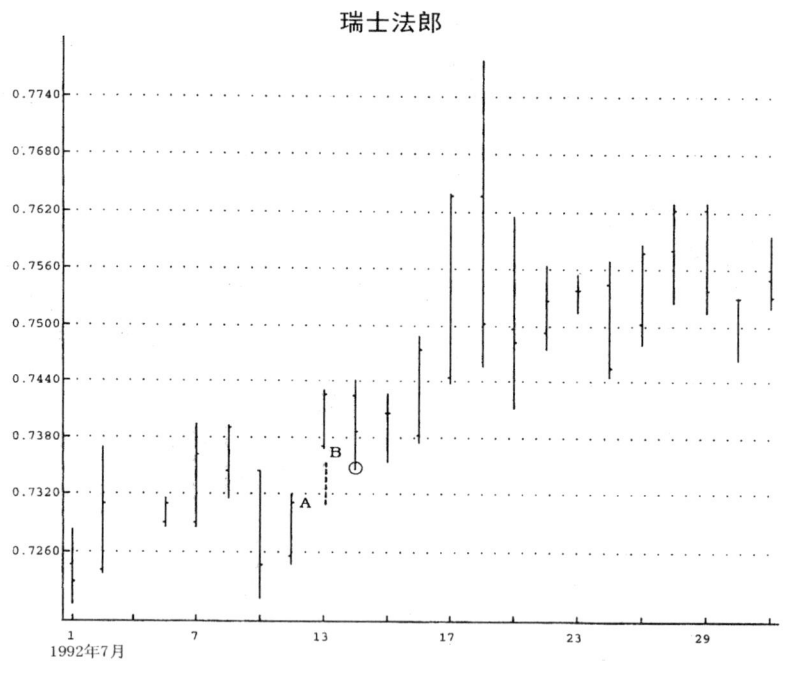

资料来源:Logical Information Machines, Inc. (LIM), Chicago, IL.

图1.7 如果价格缺口正如图中标注的 A 到 B 这段距离——价格低

点（B）和前一天的收盘价（A）之间——被填上，那么随后这天的低点不再是需求关键点，因为这个低点不再比前一天真正的低点低。

反过来，为了正确确认一个迪马克关键高点，需要：

2. 不仅这个最高的关键高点必须高于其前一天和后一天的高点，而且这个关键高点还必须高于其两天前的收盘价。

换句话说，如果价格缺口分开了最高的高点前一天的高点和两天前的收盘价，那么两天前的收盘价必须低于最高的高点（见图1.8）。实际上，一些市场择时指标可以区分价格图上的高点、低点和那些价格缺口被填上后呈现出来的高点、低点。我把前者称为"图上的"高点和低点，制图习惯把后者称为"真正的"高点和低点。

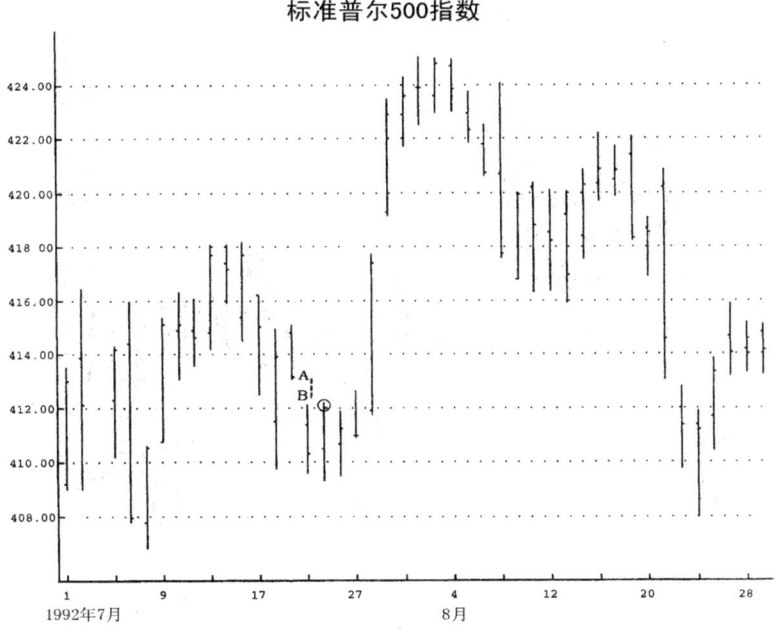

资料来源：Logical Information Machines, Inc. (LIM), Chicago, IL.

图1.8 如果把图中的高点（B）到其前一天的收盘价（A）之间的价格缺口考虑进去，这个供给关键点就不再存在。

在使用迪马克线多年后，我现在可以预测何时选择的迪马克关键点会无效。但是我确认这些关键点的方法较为主观，直到最近之前，都一直没有详细定义或将其转化成决策规则。通过把好的例子和差的例子区分开来，我找到了可以完善迪马克关键点选择的先决条件。这个确认过程包含了最近的关键低点或高点和其后一天的收盘价的关系。具体而言，如果最近关键低点后一天的收盘价低于迪马克线上涨速度的计算值，那确认的这个低点就不可信（见图1.9）。相反，如果最近关键高点后一天的收盘价高于计算的迪马克线下降速度，那么这个高点的合理性也是可疑的（见图1.10）。

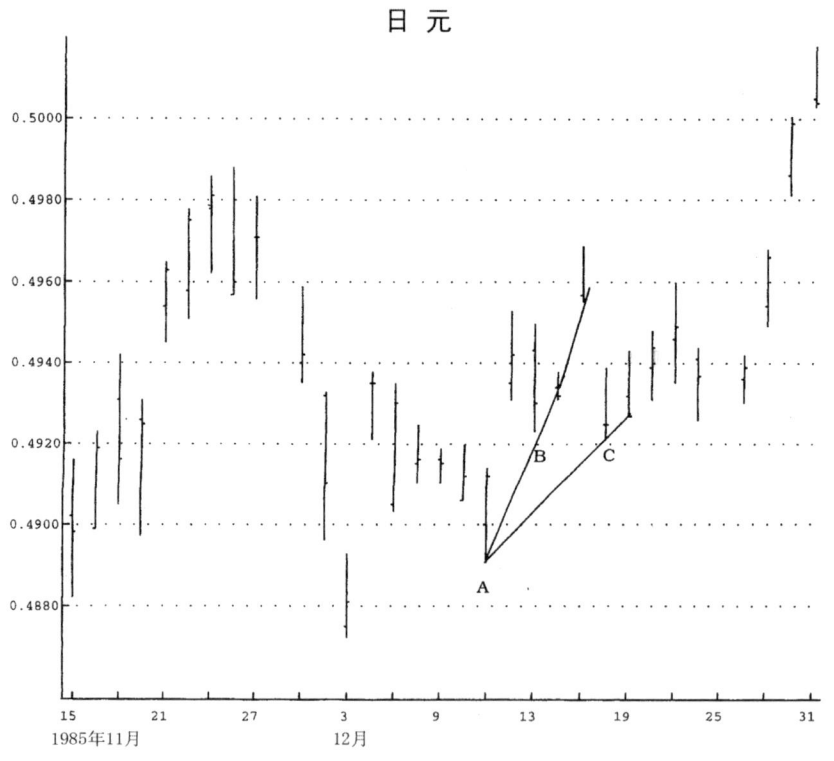

资料来源：Logical Information Machines, Inc. (LIM), Chicago, IL.

图1.9 在本例中，最近关键低点后一天的收盘价低于连接最近两

个上升需求关键点的需求线的上升速率。这种情况在图上出现了两次，分别是 A-B 和 A-C。虽然这并没有导致这两条需求线无效，但是它们的可靠性都有所降低。

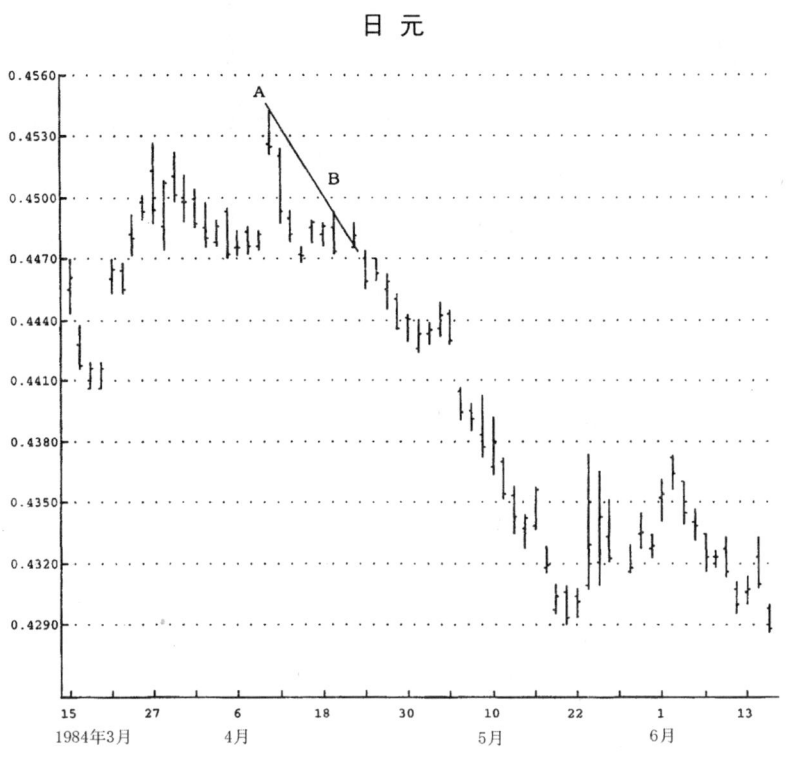

资料来源：Logical Information Machines, Inc.（LIM），Chicago, IL.

图 1.10 如果把连接供给关键点 A 和 B 的供给线延长，这条供给线就会与供给关键点 B 后一天的竹节线交叉，交叉点在这条竹节线的收盘价以下。正如你看到的，一个假日缺口出现在了图上，并且稍微改变了价格的行为，但是即使图表经过调整以适应这个情况，关键点 B 后一天的收盘价仍然超过了这条线。因此，这条供给线的价值有所降低。

这个优化操作降低了迪马克关键点的频率，因此也降低了迪马克线的频率。但是，同时它们可以用于确认迪马克关键点的有效性，也可以用于确认迪马克线在作为支撑和阻力水平，以及在计算价格投射上的效用。

源于正确选择迪马克关键点和迪马克线的收益

我很快知道这个方法带来的很多收益，都是正确识别和运用迪马克关键点和迪马克线的结果。突然出现原因不明的价格缺口都有着特别的意义。价格常常向上跳空穿过迪马克供给线的交叉点（见图1.11），反过来，当价格在迪马克需求线下面跳空时，也可以观察到这种现象（见图1.12）。此外，一旦价格超过迪马克线，在随后的价格波动中，一种价格波动节奏就会明显占据主导并常可以预测。例如，价格在迪马克线下面的波动范围，常常与它在迪马克线上面的波动范围差不多（见图1.13）。同样的，价格在迪马克线上方的波动幅度，也常常再次出现在迪马克线下方（见图1.14）。接下来的讨论将展现这个技术的更多细节。

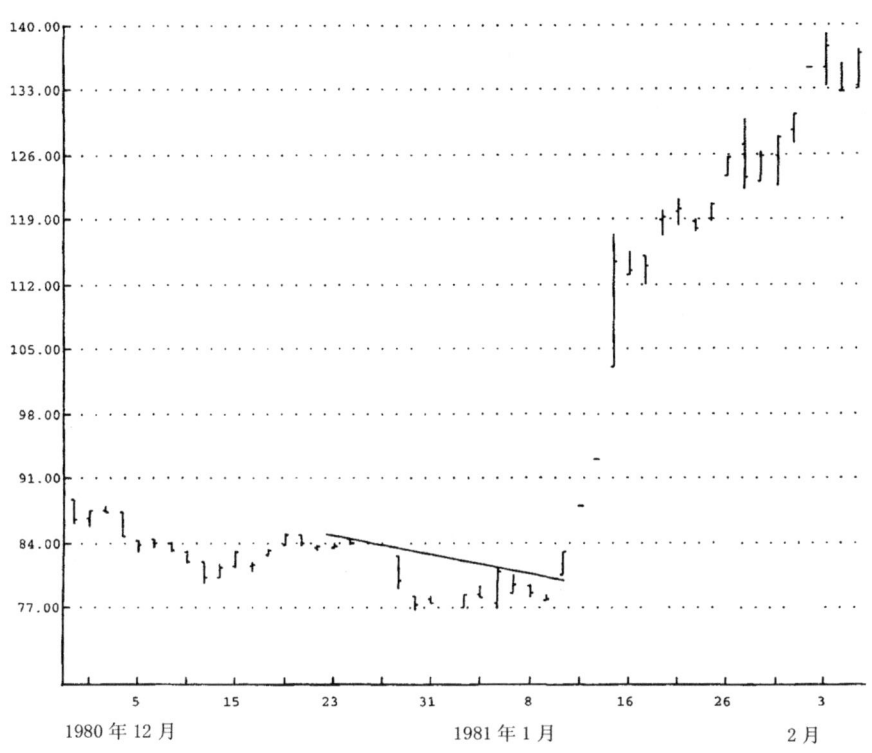

资料来源：Logical Information Machines, Inc. (LIM), Chicago, IL.

图 1.11 请看图，价格在开盘后向上跳空越过迪马克供给线，并且全天都维持在这条线以上。

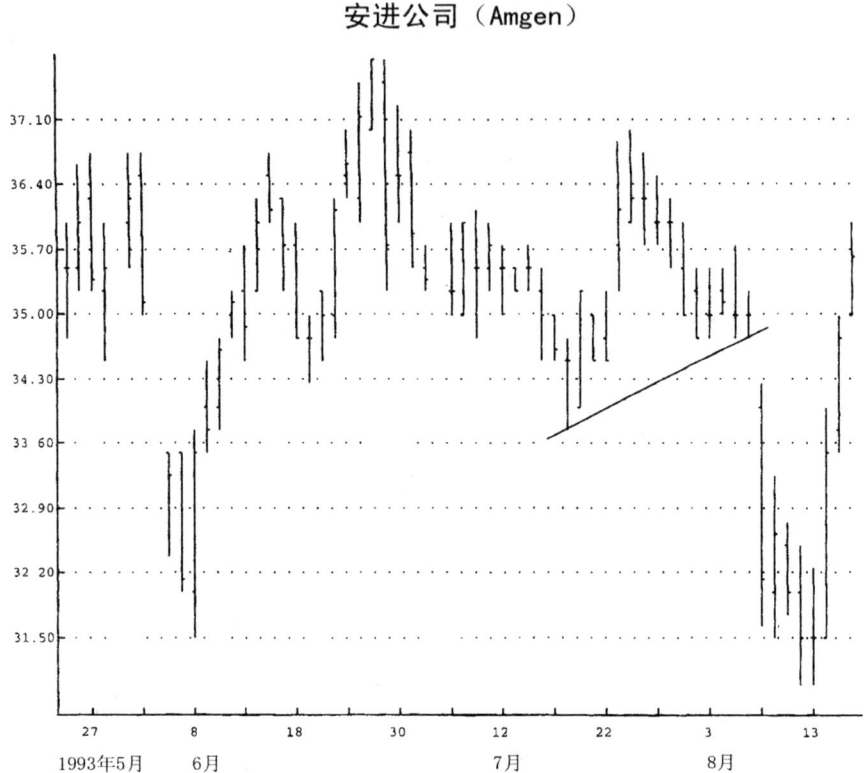

资料来源：Logical Information Machines, Inc.（LIM），Chicago，IL.

图1.12 观察价格是如何在迪马克需求线下开盘的。

资料来源：Logical Information Machines, Inc.（LIM），Chicago, IL.

图1.13 一旦价格向上突破迪马克线，价格在迪马克供给线 A–B 下方的波动，将再次出现在这条线之上，只不过方向相反。把迪马克线下方的最低价与其当天迪马克线价格的差额，增加到突破点位上，就可以获得一个价格目标。具体而言，迪马克供给线 A–B 线上的价格点位 X，正好处于 A–B 供给线下方的最低价格点位 Y 的正上方。把 X 与 Y 之间的价格差值加到 A–B 供给线上的突破点之上，就可以计算出价格投射 Z。

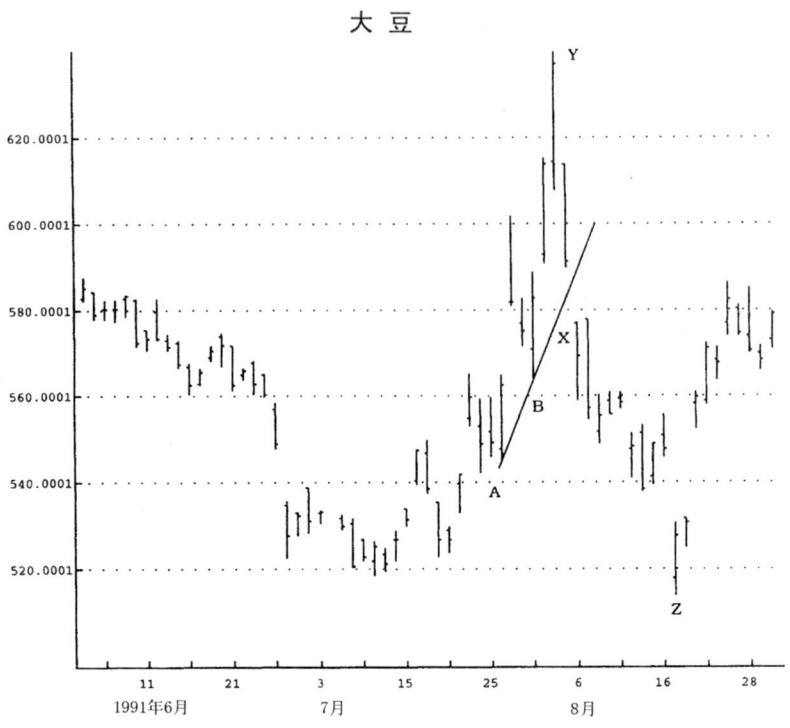

资料来源：Logical Information Machines, Inc. (LIM), Chicago, IL.

图1.14 一旦迪马克线被跌穿，迪马克需求线 A-B 上方的价格波动会再次出现在这条线下方，只是方向相反。计算价格点位 Y——迪马克线上的最高价——和价格点位 X——Y 正下方的迪马克线的具体价格——之间的差值。然后从 A-B 需求线的突破处减去这个差值，就得到价格投射 Z。

价格投射

在我开始尝试在图上画趋势线时，我注意到如果用一条线将整张图上的价格活动平均分开，让线上和线下的极端价格数量相等，那么价格常常会围绕着这条线上下波动（见图1.15）。我被这个发现迷住了。怀着对趋势线仅有的一点了解，我继续追踪着这条线对价格魔法般的吸引力。在回顾了大量的走势图后,我找出了我能识别的所有价格共性。你可能会说这个努力是发现迪马克线的前奏和捷径。但我提及这个,只是为了说明我是如何揭示价格波动独特的对称性质。

我之前讨论过迪马克关键点的选择和迪马克线的构成。一旦你适应了这个练习的程序,价格对称的现象就会变得非常明显。仔细察看就会发现,一旦迪马克线被穿越,迪马克需求线上方的极端价格点位和迪马克需求线本身的差值,以及迪马克供给线下方的极端价格点位和迪马克供给线本身的差值,往往会重复出现〔见本章最后小节关于迪马克突破确认指标(TD Breakout Qualifiers)的讨论〕。虽然它们的形态永远不会完全重复,但是迪马克线上方和下方的波动幅度常常一致,这种价格行为就是我所谓的价格对称。

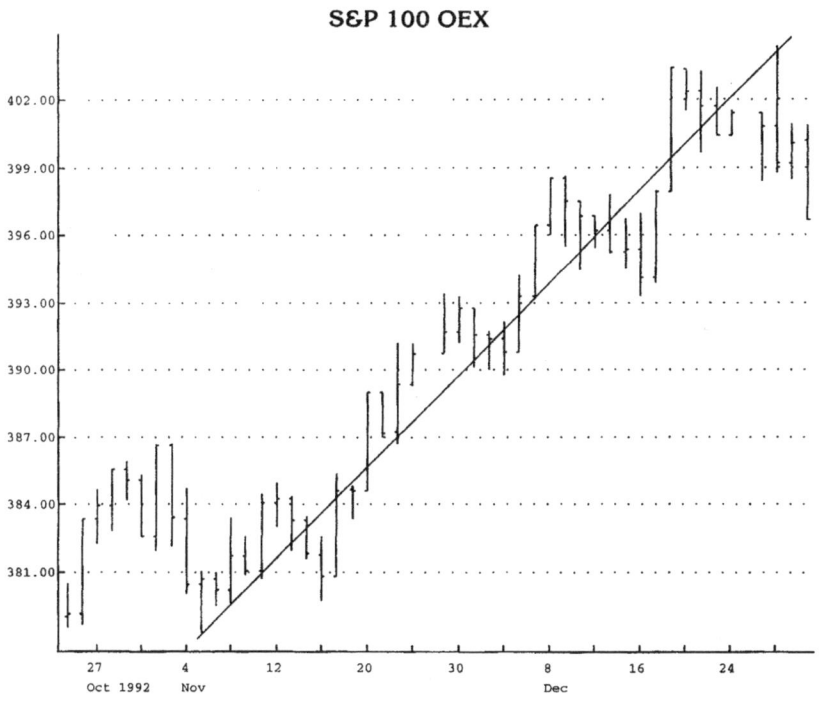

图 1.15

迪马克价格投射指标

一旦趋势线被有效穿越后，有三种不同的方法用于计算价格投射，我称它们为迪马克价格投射指标（TD Price Projectors）。这种特殊技术符合使用者要求的精确性和准确程度。

迪马克价格投射指标 1，是精确度最低，最容易计算的一个。具体方法如下：当价格上涨突破下降的迪马克线后，价格往往会继续上涨，上涨的幅度等于迪马克线下方的最低价与这个最低价正上方的迪马克线价格的差值。这听起来很复杂，但如果放到图上来看，就很简单清楚了（见图 1.16）。

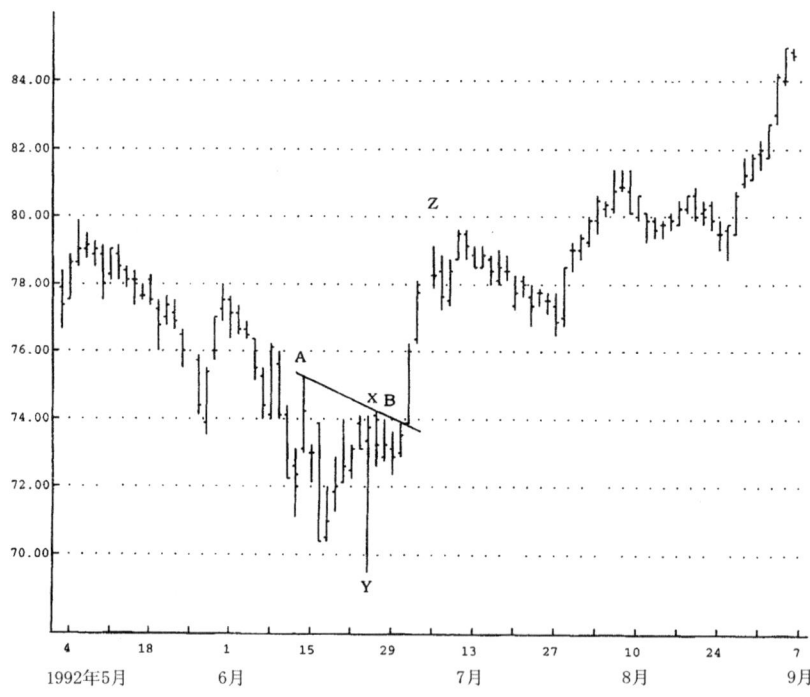

资料来源：Logical Information Machines, Inc. (LIM), Chicago, IL.

图1.16 请仔细观察，价格向上跳空越过迪马克供给线 A-B 后，在突破处加上 Y——A-B 线下方的最低价——与 X——处于 Y 正上方的 A-B 线价格——之间的差值，就得到价格投射 Z。

反过来，当价格向下跌穿上升的迪马克线，也会出现明显的价格对称现象。价格穿过迪马克线后继续下跌的幅度，往往至少等于迪马克线上方的最高价与其正下方的迪马克线价格的差值（见图1.17）。使用者常常通过肉眼观察就可以预测大概的价格投射。但是，大部分交易者要求有更高的精确性。用两个迪马克关键点之间的差值除以两个迪马克关键点之间的天数（包括非交易日），就可以计算出迪马克线的变化率。然后，用从最近的迪马克关键点到迪马克线被穿越的那个点之间的交易天数，乘以变化率，就可以计算精确的突破价格（见表1.1）。然后在这个突破价格上，加上/减去迪马克线与其正下方/正上方的最低点/最高点的差值——具体哪一个，要取决于是做多还是做空——来得到价格投射。再强调一次，看起来很复杂的东西，当落实到图上后，就变得清晰明了了（见图1.18 和图1.19）。

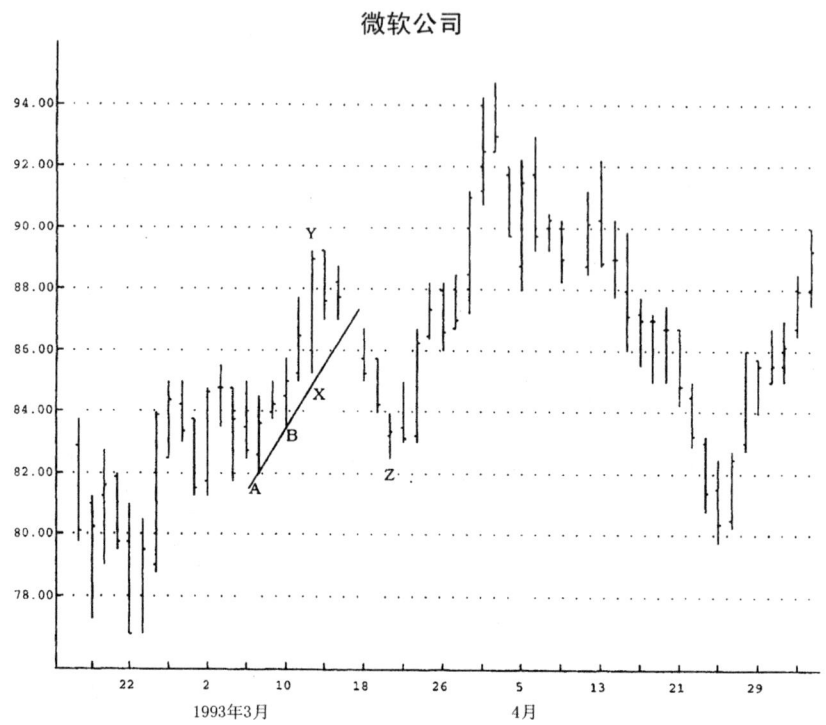

资料来源：Logical Information Machines, Inc.（LIM），Chicago, IL.

图1.17 在趋势为上升的市场中，迪马克价格投射指标1关注的是迪马克需求线上的价格最高点。在本例中，价格在A-B迪马克需求线下方开盘，并一直下跌达到目标价格Z，这个目标价位是通过在价格突破处减去迪马克需求线A-B上的最高点Y与最高点当天A-B线价格X的差值得到的。

表1.1 迪马克线变化率的计算

1. 计算从最近迪马克关键点到第二个最近迪马克关键点的天数。
2. 计算两个迪马克关键点的价格差值。
3. 用两个迪马克关键点的差值除以这两个关键点之间的交易天数,以得到日上涨率(日下跌率)。
4. 用最近关键点与价格突破时之间的交易天数乘以上涨率(下跌率),以计算精确的突破价格。
5. 确定上升的迪马克线上方的最高点(下降的迪马克线下方的最低点)和这个最高点正下方(最低点正上方)的迪马克线的价格。计算最高点(最低点)与迪马克线的差值,然后从突破价格中减去(加上)这个差值。

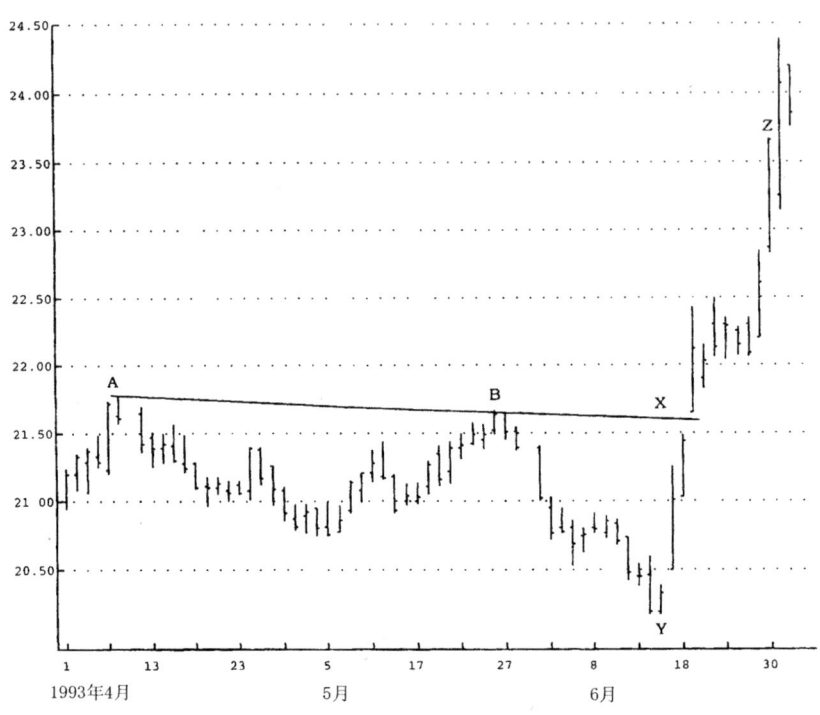

资料来源：Logical Information Machines, Inc.（LIM），Chicago, IL.

图1.18 在下跌趋势中，迪马克价格投射指标1关注的是迪马克需求线下的价格最低点。为了获得目标价位Z，要计算Y（在价格突破前，供给线A-B下方的最低价）与X（Y当天的A-B的价格）的差值，并把这个差值加在价格突破处。在强劲的趋势市中，也可以用这个差值乘以2，以获得第二个价格投射。

资料来源：Logical Information Machines, Inc. (LIM), Chicago, IL.

图1.19 一旦迪马克需求线A-B构成，迪马克价格投射指标1要求这样计算价格目标：用Y（迪马克需求线上方的最高价）减去X（Y当天的迪马克需求线的价格）得到Y与X之间的差值，然后从突破处减去这个差值，得到价格目标Z。

迪马克价格投射指标2则要复杂一些。比如，这次如果价格突破下降的迪马克线，就不是选择迪马克线下方的最低价，并把它与迪马克线的差值加到突破点上，而是有了些许变化。这次要选择迪马克线下方收盘价最低那天的最低价。由于最低价日常常也是最低收盘价日，所以迪马克价格投射指标1和2没有多大区别。但是，如果最低收盘价日和最低价日不相同时，就要进行一些调整。

下面有些例子可以说明这两种方法的区别（见图1.20到图1.22）。现在你已经知道，按照迪马克价格投射指标1的要求，采用迪马克线下方的最低点，而不管那天的收盘价相对于其他收盘价如何，将非常便于计算。不过对迪马克价格投射指标2来说，一旦下降的迪马克线被突破，采用的就是最低收盘价那日的最低价。正如你看到的一样，这样计算起价格目标来要稍微复杂一些。反过来，当一条上升的迪马克线被跌穿，要获得价格投射，就要采取相反的操作（见图1.23和图1.24）。这时，要寻找的关键交易日是最高收盘价日，或者更精确地说，是最高收盘价日的最高价。虽然这看起来似乎迪马克价格投射指标2比1更精确和保守，但不总是这样。比如说，如果迪马克线的上涨率或下跌率特别大，并且在下降趋势中的最低收盘价或者上升趋势中的最高收盘价——也就是价格投射指标2的参照日——出现在最低价或最高价之前，那么价格投射指标2的价格目标就更大。相反，如果在趋势线下面或上面的最低或最高收盘价出现在最低价或最高价之后，那么价格投射指标2的价格目标就更小。就个人而言，比起价格投射指标2，我更喜欢指标1，但我认为指标2也是可行的。

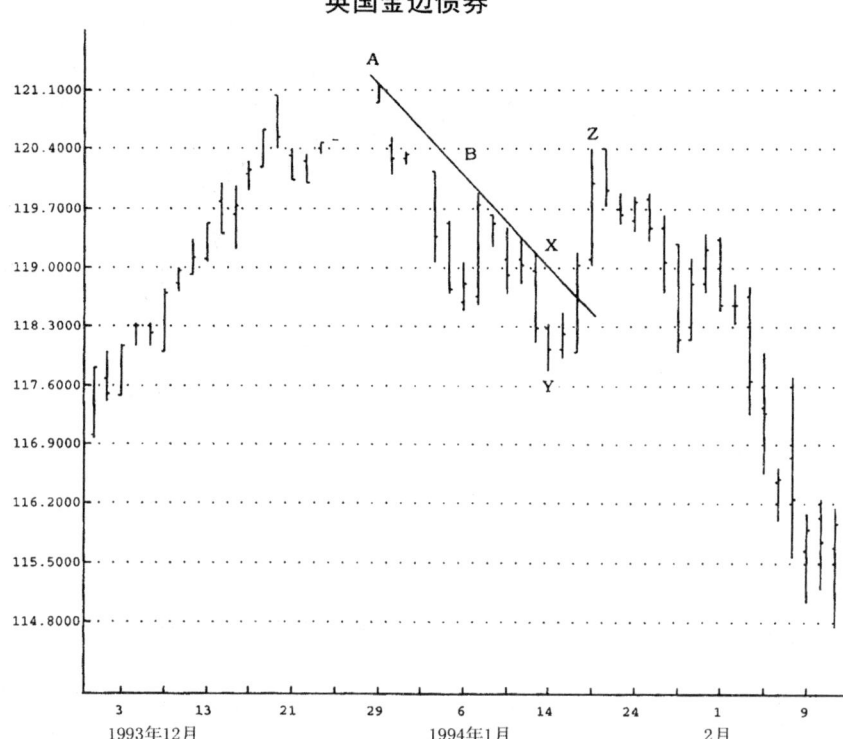

资料来源：Logical Information Machines, Inc. (LIM), Chicago, IL.

图 1.20 请注意，在本例中，迪马克价格投射指标 2 与迪马克价格投射指标 1 相同，因为迪马克供给线 A–B 下方的最低收盘价日 Y 与最低价日 Y 是同一天。

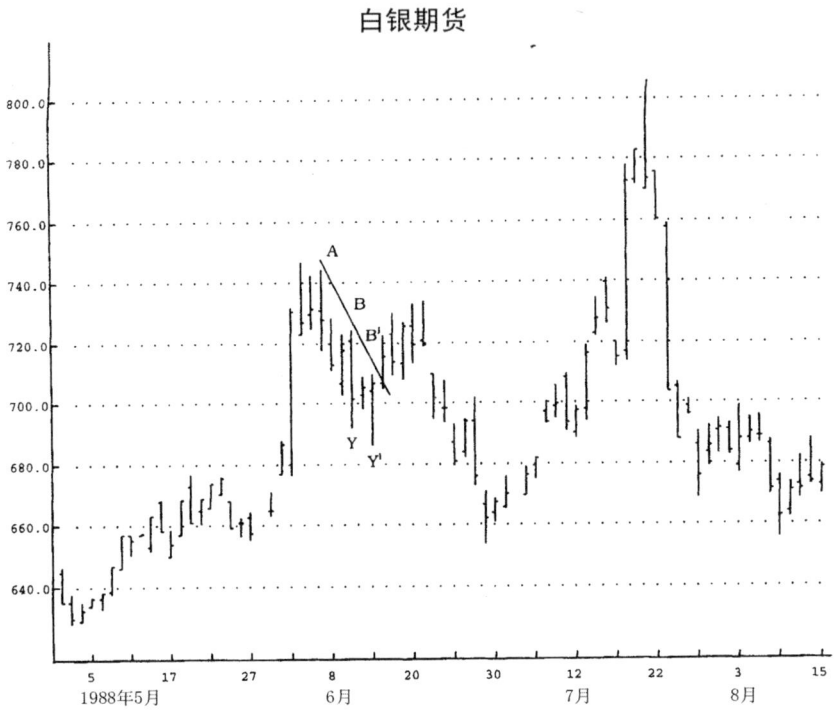

资料来源：Logical Information Machines, Inc. (LIM), Chicago, IL.

图1.21 在本例中，迪马克价格投射指标2与迪马克价格投射指标1不一样，因为迪马克供给线A-B下方的最低收盘价Y与最低价Y'不在同一天。即使突破点在相同的价位，但是Y与其正上方供给线A-B价格的差值，和Y'与其正上方供给线A-B价格的差值不相同。因此，价格目标也不相同。

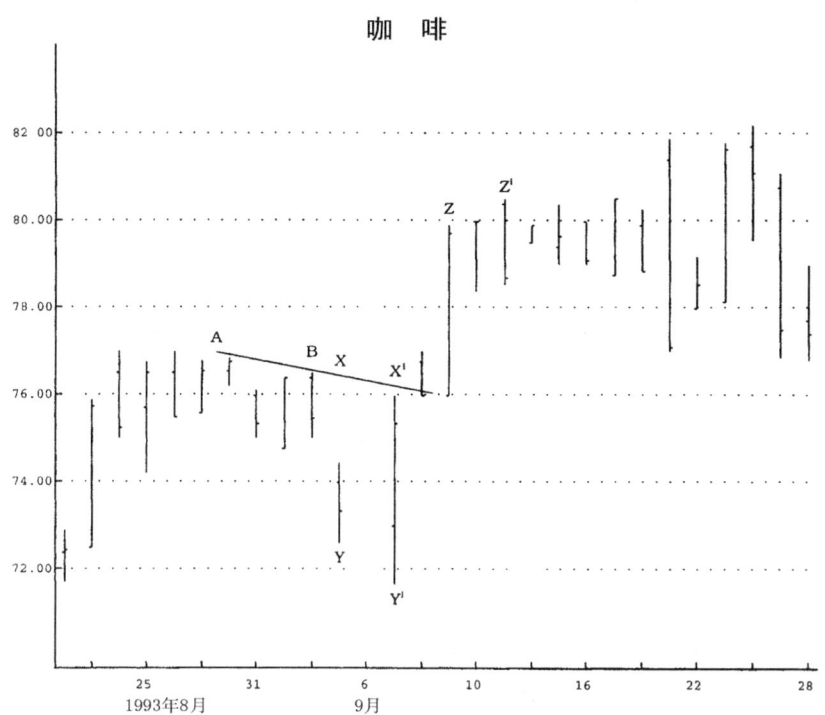

资料来源：Logical Information Machines, Inc. (LIM), Chicago, IL.

图1.22 计算供给线 A-B 下面的最低价 Y' 与其对应的供给线 A-B 上的价格的差值，以及供给线 A-B 下面最低收盘价日最低价 Y 与其对应的供给线 A-B 上的价格的差值，可分别得到价格目标 Z' 和 Z。在本例中，这两个价格目标不相同，因为最低收盘价和最低价没有出现在同一天。这就是迪马克价格投射指标1和2的区别。

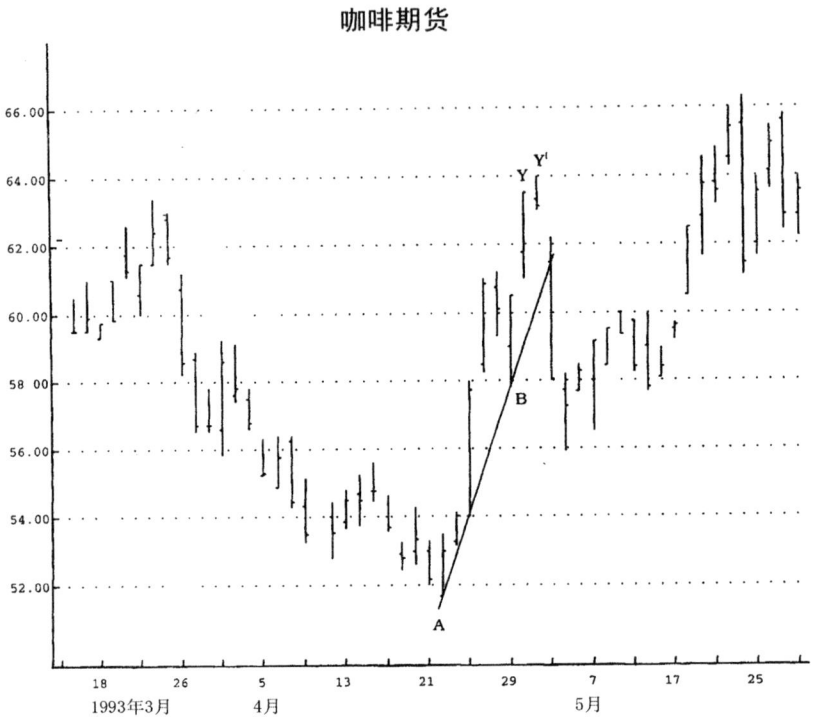

资料来源：Logical Information Machines, Inc. (LIM), Chicago, IL.

图1.23 迪马克需求线 A-B 确定了两个不同的价格目标（Z' 和 Z），因为需求线上面的最高价日 Y' 和最高收盘价日 Y 不是同一天，这就区分开了的迪马克价格投射指标1和2。

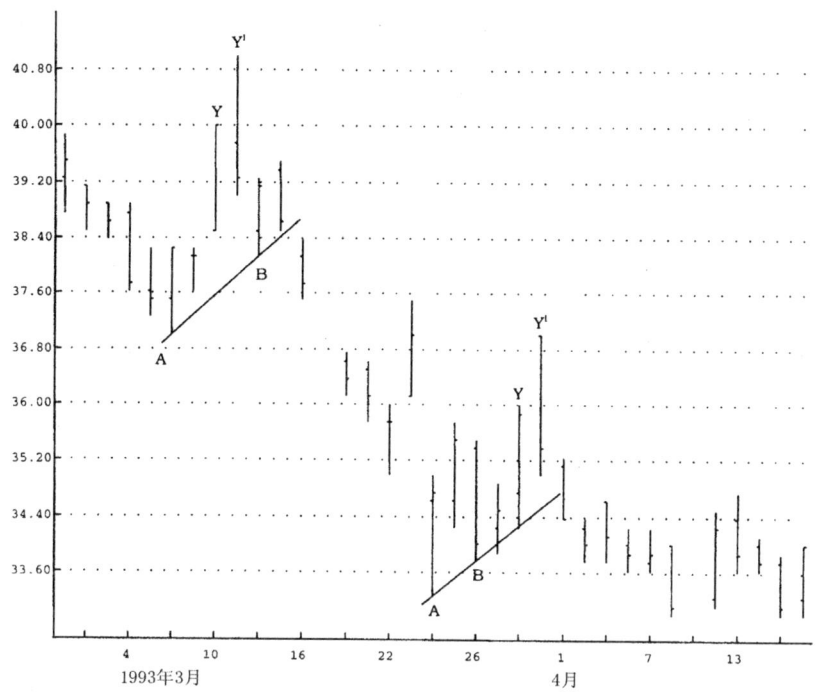

资料来源：Logical Information Machines, Inc. (LIM), Chicago, IL.

图1.24 在图上的两个例子中，A-B线都是迪马克需求线，但是迪马克线上面的最高收盘价 Y 和最高价 Y' 没有出现在同一天。因此，迪马克价格投射指标1和2的价格目标不一致。

迪马克价格投射指标3通常比前两个指标更为保守。它在计算下降的迪马克线的价格投射时，只是计算迪马克线下方最低价日的收盘价（不是最低价本身）与迪马克线的差值（见图1.25到图1.27）。我要指出的主要区别是最低价与最低价那日的收盘价。通过定义，我们知道这个方法可能是投射价格中最准确的一个，因为它的目标收益通常是最小的。要达到迪马克价格投射指标1设定的价格目标，必须先达到由迪马克价格投射指标3设定的价格目标。通常情况下，迪马克价格投射指标

2也是如此。也就是说，迪马克价格投射指标3的价格目标是最先达到的。相反，如果是一条上升的迪马克线被跌穿，就用相反的操作来设定价格目标。计算迪马克线上的最高价日的收盘价与当天迪马克线价格的差值（见图1.28和图1.29）。我再强调一次，最高价和最高价日的收盘价是有区别的。

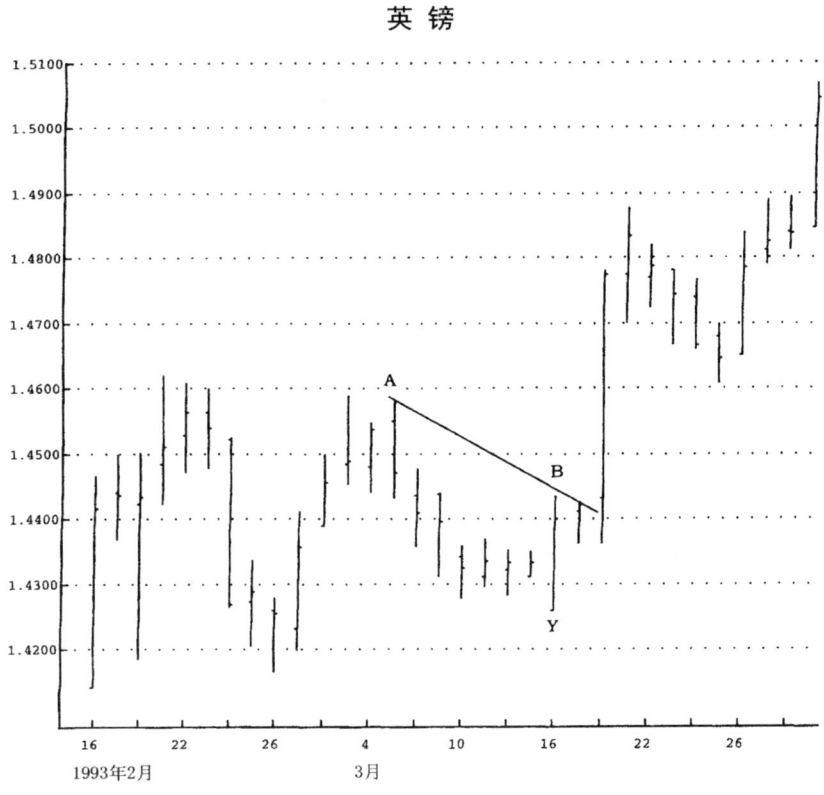

资料来源：Logical Information Machines，Inc.（LIM），Chicago, IL.

图1.25 迪马克价格投射指标3相对保守，它的价格目标常常先于迪马克价格投射指标1和2达到。这个例子示范的是迪马克价格投射指标3的关键价格点的选择。请注意最低价日的收盘价Y与供给线A-B较接近，所以一旦价格向上突破迪马克供给线，就产生一个较低的价格目标。

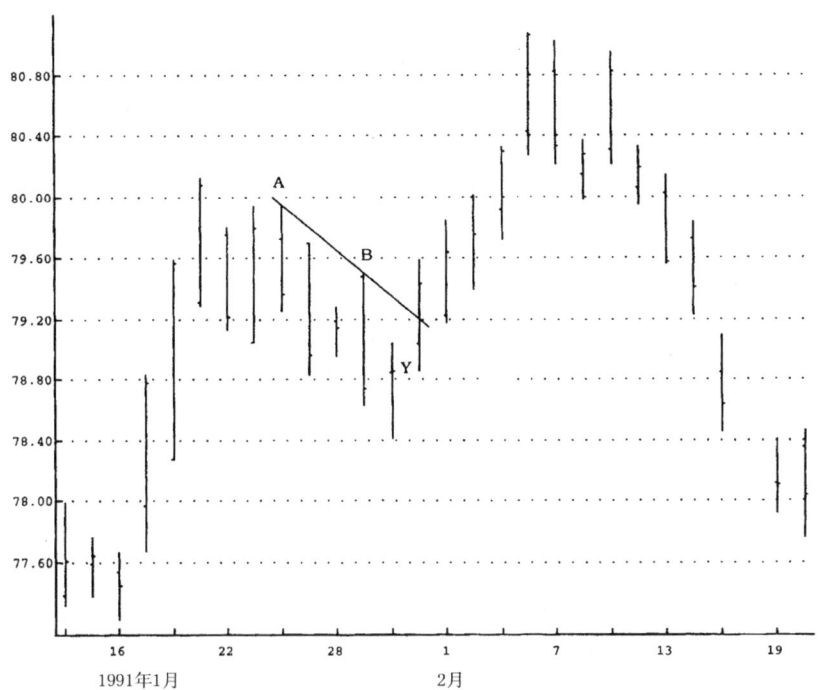

资料来源:Logical Information Machines, Inc. (LIM), Chicago, IL.

图 1.26 在本例中,上涨的价格目标也较小,因为供给线下方的最低价日的收盘价相对于供给线较高。

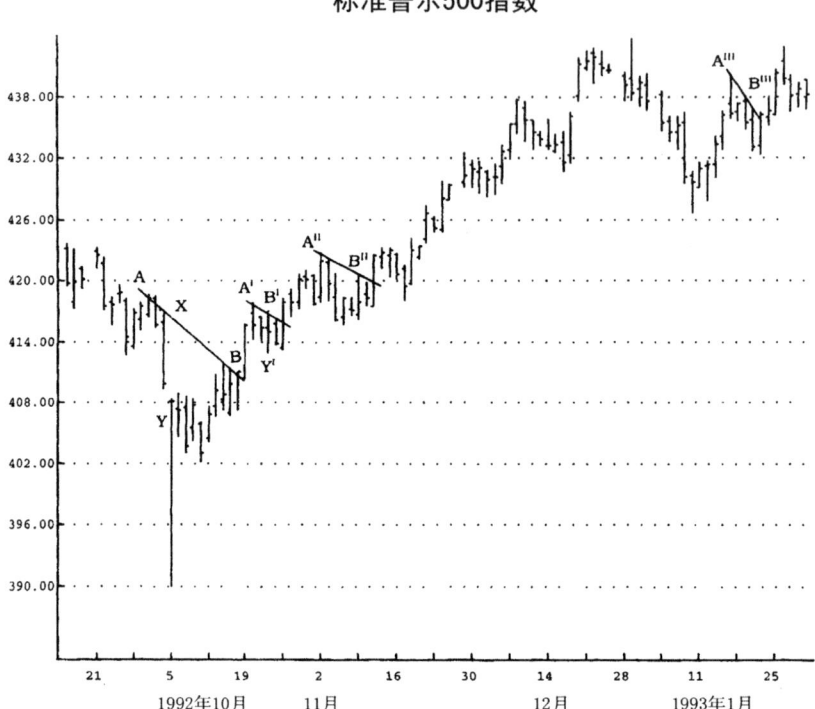

资料来源：Logical Information Machines, Inc.（LIM），Chicago, IL.

图 1.27　图中标出了几个迪马克价格投射指标 3 的例子。迪马克价格投射指标 3 的价格目标比指标 1 和 2 都低，因为指标 3 采用的是迪马克供给线 A–B 下方最低价日的收盘价。

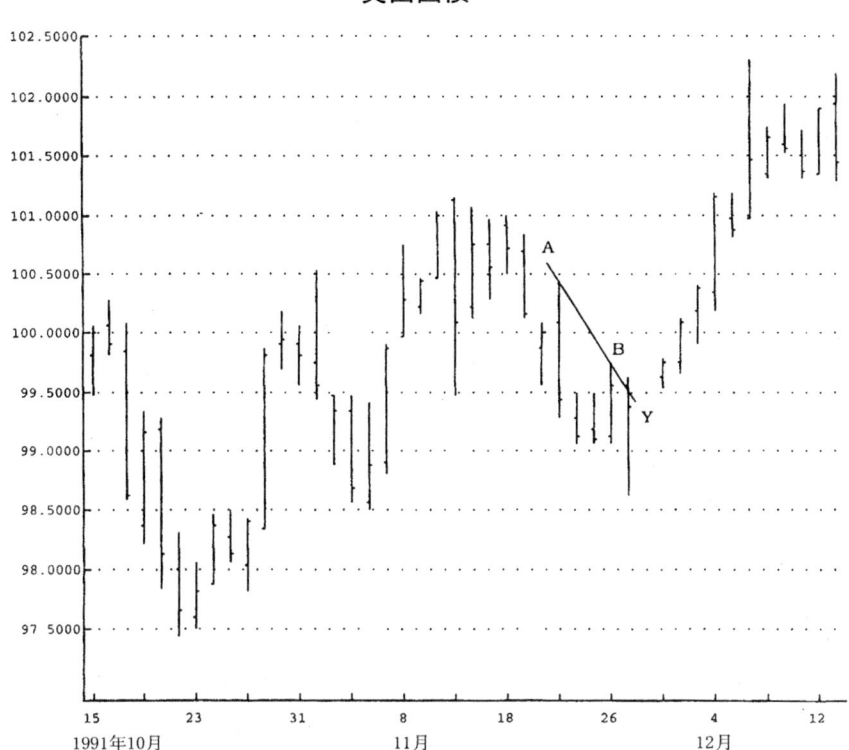

资料来源：Logical Information Machines, Inc. (LIM), Chicago, IL.

图1.28 稍显遗憾的是，使用迪马克价格投射指标3，会产生一个较为保守的价格投射。正如本例所示，如果迪马克供给线下的最低价日的收盘价处于当日的最高价附近，那么得到的价格目标，将会小于收盘价更靠近当日最低价时所设定的价格目标。

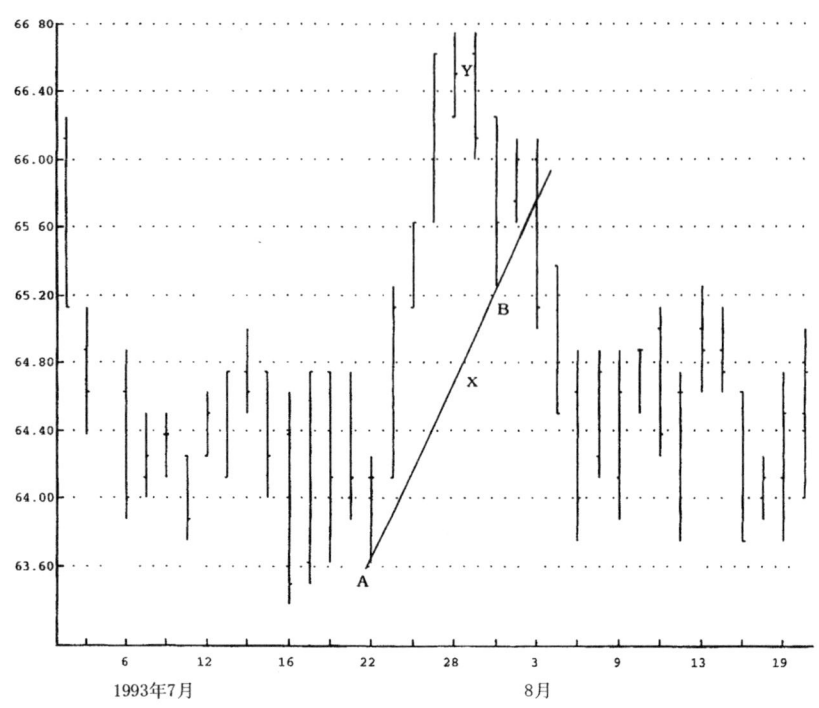

资料来源:Logical Information Machines, Inc. (LIM), Chicago, IL.

图 1.29 迪马克价格投射指标 3 规定,从突破处减去 A-B 线上最高价日的收盘价 Y 与当日 A-B 线价格 X 的差值,就可以得到一个价格目标。

这三种用于计算价格投射的方法中,迪马克价格投射指标 3 是最精确最保守的一个。通过实验,你应该可以选到最适合你的方法。但是不管你选择哪个,我都强烈建议你在计算价格投射时,从最高价、最低价和迪马克线中减去一个价格最小变动单位,以抵消四舍五入的影响并提高价格目标实现的可能性。具体而言,当价格向下跌破上升的迪马克线时,根据选用方法的不同,从最高价或者收盘价中减去一个价格最小变动单位,并在迪马克线上增加一个价格最小变动单位。反过来,当价格向上突破下降的迪马克线时，根据采用的方法，从迪马克线减去一个价格最小变动单位，并在最低价或收盘价上增加一个价格最小变动单位。

要想彻底搞清楚这三种迪马克价格投射指标的区别，你可以参考一下表1.2，这个表总结了这三个指标各方面的相似点和不同处。

表1.2 迪马克价格投射指标

价格投射指标1：

买入信号——计算下降的迪马克线下方的最低价与该最低价正上方的迪马克线价格的差值，然后把这个差值加在突破价上。

卖出信号——计算上升的迪马克线上方的最高价与该最高价正下方的迪马克线价格的差值，然后从突破价减去这个差值。

价格投射指标2：

买入信号——计算下降的迪马克线下方最低收盘价日的最低价与当天的迪马克线价格的差值，然后把这个差值加在突破价上。

卖出信号——计算上升的迪马克线上方最高收盘价日的最高价与当天的迪马克线价格的差值，然后从突破价减去这个差值。

价格投射指标3：

买入信号——计算下降的迪马克线下方的最低价日的收盘价与当天的迪马克线价格的差值，然后把这个差值加在突破价上。

卖出信号——计算上升的迪马克线上方的最高价日的收盘价与当天的迪马克线价格的差值，然后从突破价减去这个差值。

三种意外情况

没有任何一个技术是完美的。毕竟价格波动的预测不可能那样简单。那么会出现什么意外的情况呢？可能会出现三种情况，但都可以轻易地化解：

1. 价格穿越一条与此前迪马克线方向相反的迪马克线，产生了一个与此前信号相反的信号。这会直接导致之前那条迪马克线的突破无效。作为当前的价格趋势，新的迪马克线突破将发生在相反的方向。这是价格趋势终止、价格目标被取消的最常见方式（见图1.30）。

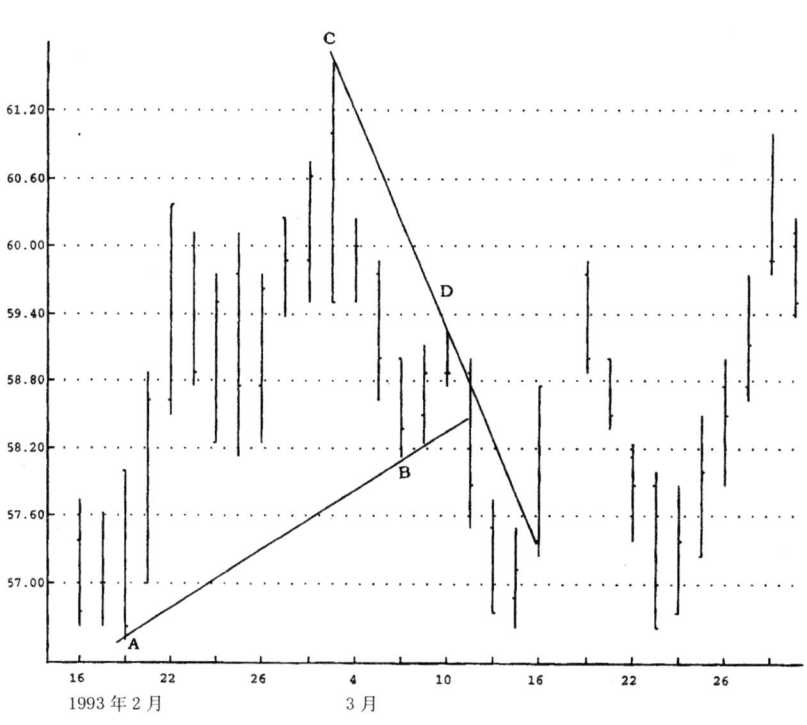

资料来源：Logical Information Machines, Inc.（LIM），Chicago, IL.

图1.30 请注意，在价格向上突破迪马克供给线C-D之前，由价格投射指标1设于迪马克线A-B之下的价格目标没有达到。因此，基于需求线A-B被跌穿的价格目标不再有效。

2. 迪马克线被突破时发出的信号可能完全无效，或者也可能因为意外新闻事件显著改变供给-需求的平衡而延期。这在以下情况出现时非常明显：当价格在第二天开盘，并且在一开始时，向下跌穿了下降的迪马克线（它在之前被突破），之后价格继续下降；或者价格一开始就向下跳空，并且在收盘时向下跌破下降的迪马克线。反过来，如果第二天，不管是开盘价还是收盘价，向上跳空突破上升的迪马克线（它在之前被跌穿），并且继续上涨（见图1.31和图1.32），那么这个突破也值得怀疑。为了降低意外事件带来的财务风险，一旦价格在第二天开盘，就应该设置止损。

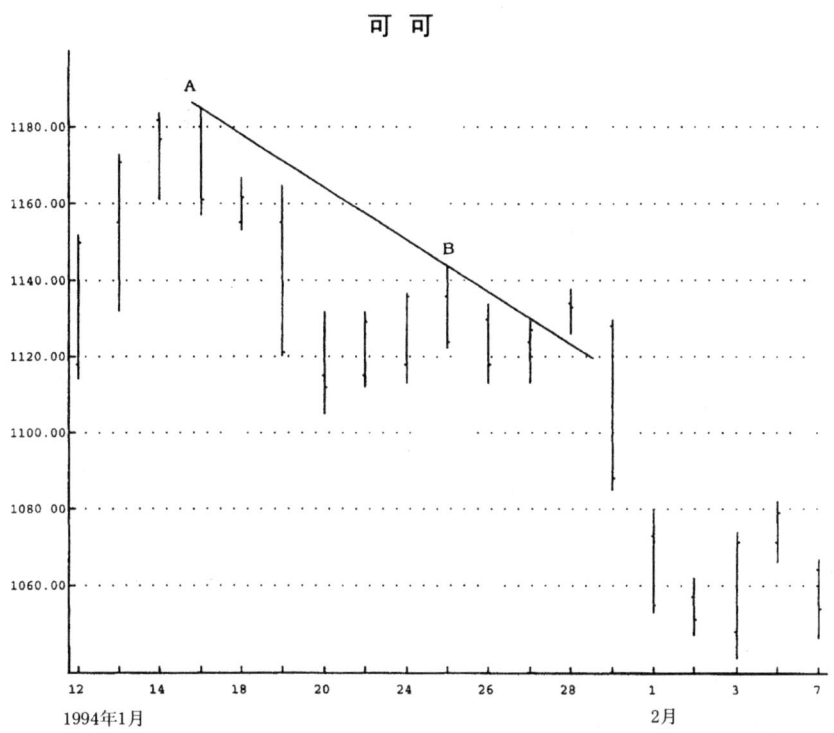

资料来源：Logical Information Machines, Inc. (LIM), Chicago, IL.

图1.31 虽然迪马克供给线被突破，但是突破第二天的开盘价低于突破日的收盘价，并且价格继续下跌穿过延长后的A-B线。这个价

格行为导致突破无效。

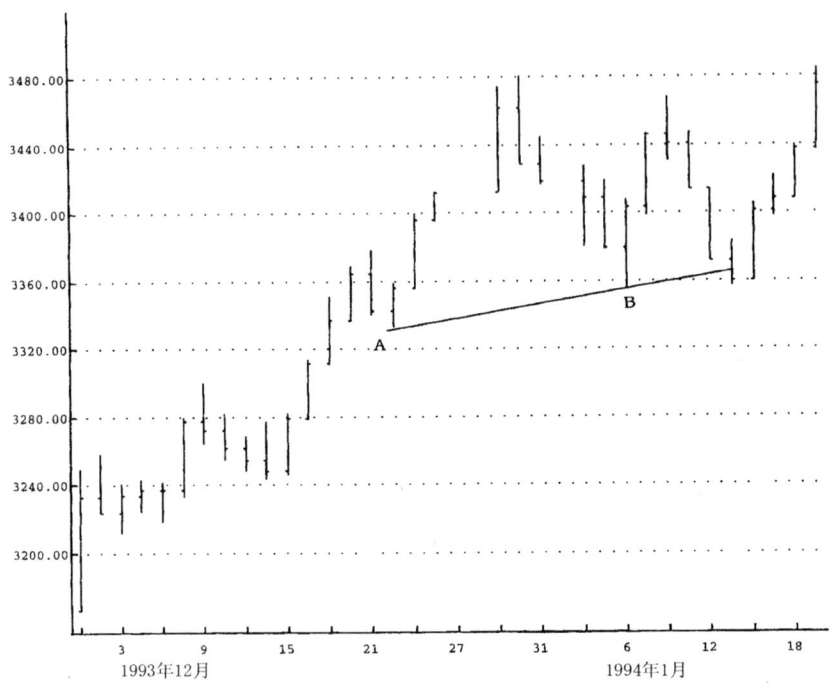

资料来源：Logical Information Machines, Inc. (LIM), Chicago, IL.

图 1.32 迪马克供给线 A-B 被穿越的第二天，价格停止了下跌。事实上，价格在第二天开盘时并没有下跌，反而从那个价位上涨并突破延长后的 A-B 线，导致此前向下的突破无效。

3. 价格向上或向下突破迪马克线时所确定的价格目标实现后，现行的价格趋势就无效。这种情况在之前就详细完整地讨论过。

较高等级的迪马克线

以上讨论的迪马克线都是等级 1 的,也就是说构成这些迪马克线的每一个迪马克关键点,只需要三天来确认——关键高点只需要高于其前一天和后一天的高点(或者关键低点只需要低于其前一天和后一天的低点)。连结两个迪马克关键点的迪马克线持续的时间较短,因为构成一条迪马克线只需要 5 个高点(构成迪马克供给线)或 5 个低点(构成迪马克需求线)就可以了。交易者可能希望能够看得更长远一点。为了满足这个要求,我尝试了较高等级的迪马克关键点和迪马克线,并且获得了非常具有价值的结果。

要画一条等级 2 的迪马克线,至少需要 5 天来确认一个迪马克关键点——关键高点要高于其前两天和后两天的高点(或者关键低点要低于其前两天和后两天的低点)。类似的,等级 3 的迪马克线至少需要 7 天来确认,以此类推。我们可以说,所有比等级 1 的等级高的迪马克关键点都是等级 1 的迪马克关键点。但并不是所有较高等级的关键点都能作为现行等级 1 的迪马克关键点,因为就像之前讨论过的一样,只有最近的两个关键点才被认为有效。为了把这个差别形象化,我制作了图 1.33 和图 1.34,以供参考。

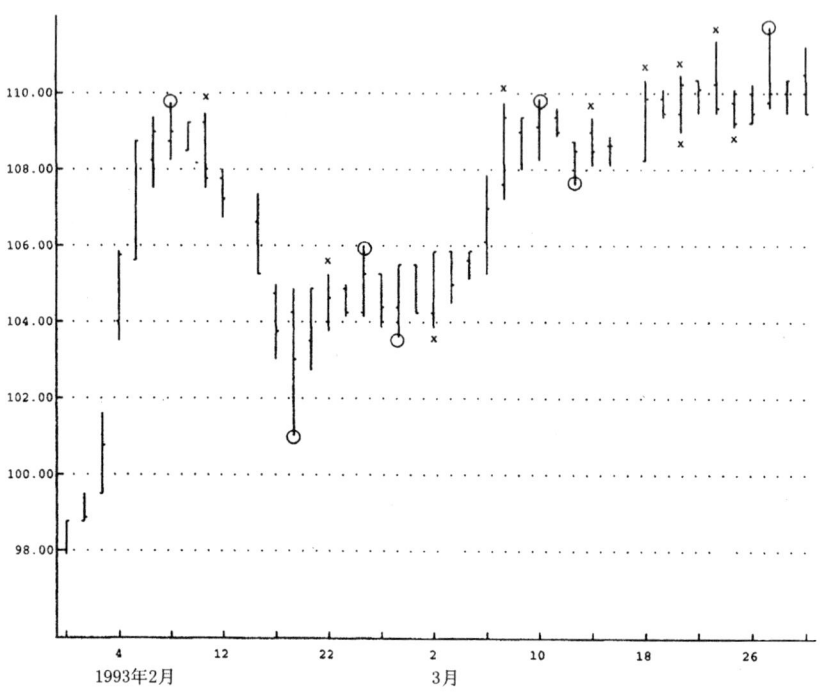

资料来源:Logical Information Machines, Inc. (LIM), Chicago, IL.

图 1.33 正如你看到的,图中用小圆圈标注出了等级 3 的迪马克关键点,包括高点和低点。[根据定义,它们也是等级 1 的迪马克关键点。图中被符号"X"标注的高点和低点是等级 1 的迪马克关键点,但这些关键点并不等同于等级 3 的迪马克关键点,因为它们没有高于(低于)其前 3 天和后 3 天的全部高点(低点)。]

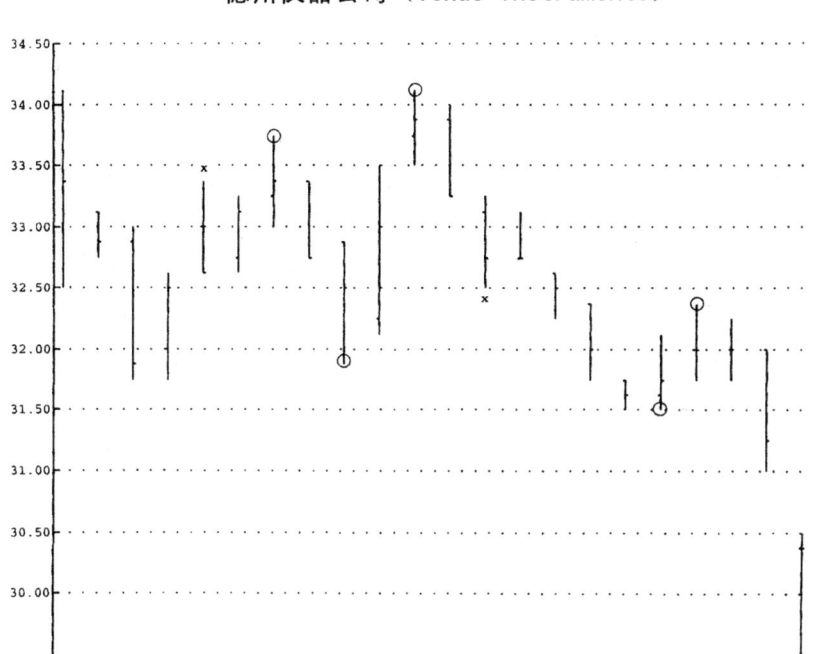

资料来源：Logical Information Machines, Inc. (LIM), Chicago, IL.

图1.34 图中等级1的迪马克关键点（"X"）和等级2的迪马克关键点（圆圈）的区别非常明显。然而等级1的关键点只要求高于（低于）其前一天和后一天的高点（低点），而等级2的关键点要求高于（低于）其前两天和后两天的高点（低点）。

不管选择了哪个等级的迪马克线，就像上面描述的那样，要求与等级1的迪马克关键点和迪马克线的要求是一样的。唯一的区别就是用于确认迪马克关键点的天数不一样。同样的，也采用相同的迪马克价格投射指标。不过，我通常比较喜欢关注等级1的迪马克线。

我之所有关注这条初级的迪马克线，主要有以下两个理由：

1. 随着等级的增加，在最近迪马克关键点形成前，突破常常已经发生，但这个交易机会已经失去。因此，这次操作变成了"提前完成任务"的游戏（见图1.35）。

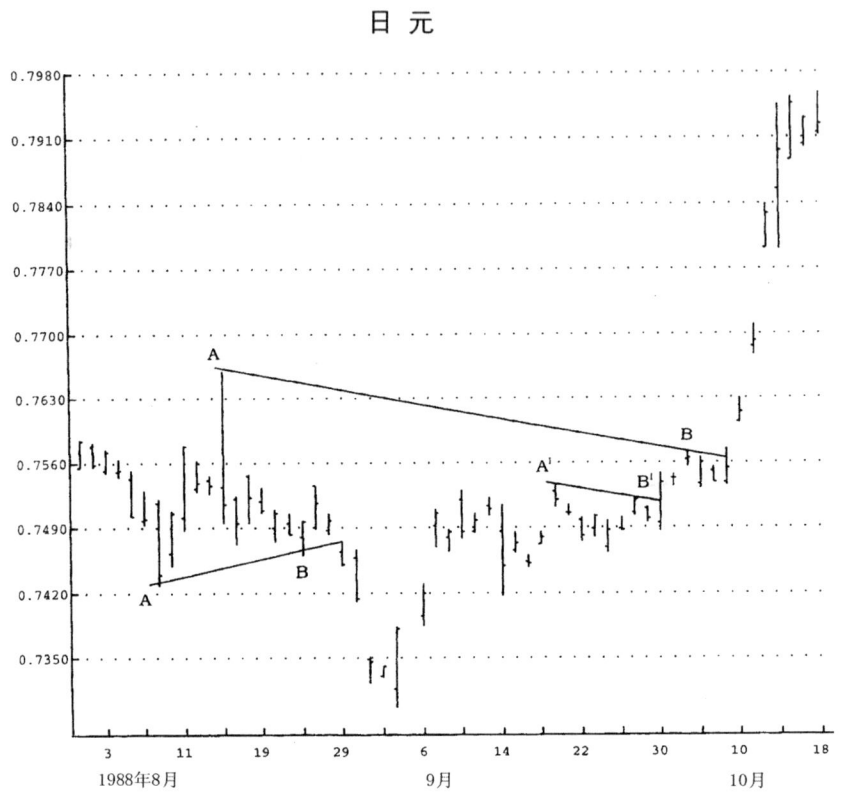

资料来源：Logical Information Machines, Inc. (LIM), Chicago, IL.

图1.35 在等待一个较高等级的迪马克关键点形成之前，一条原本有效的较低等级的迪马克线已经失效了。这张图中两条A-B线的关键点都是等级1或等级2的，不是等级3的。而另一条A'-B'线的关键点是等级1的，不是等级2的。虽然这条线当时是有效的，但是现在已经失效了。

2. 随着等级的增加，在相反的信号出现之前，价格目标实现的可能性有所降低。

我偶尔也会查看一条较高等级的迪马克线,看它确定的市场趋势是否与我正在使用的迪马克线的趋势一致。换言之,我会用它来验证我对市场整体趋势的把握是否正确(见图1.36)。

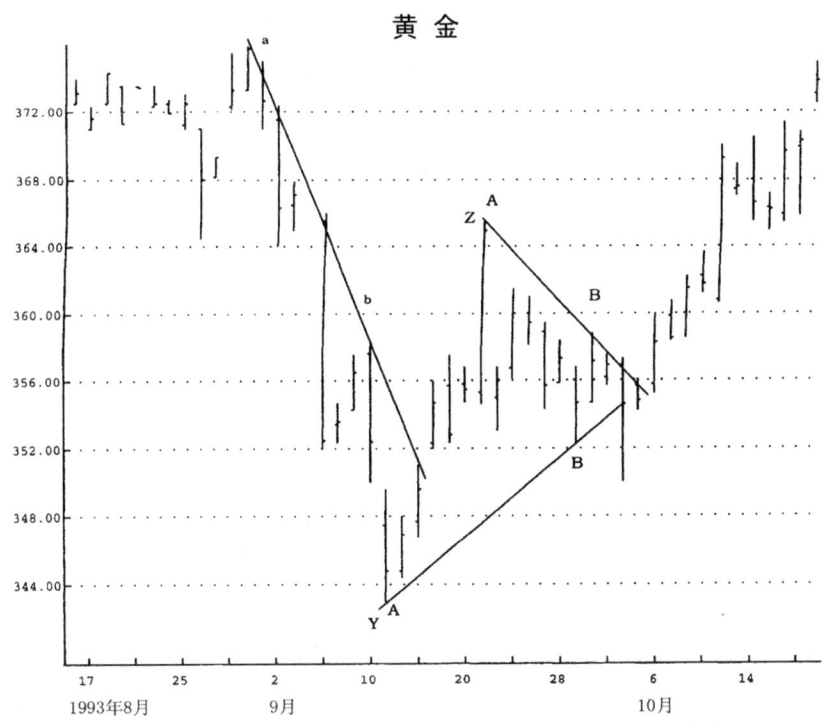

资料来源:Logical Information Machines, Inc.(LIM), Chicago, IL.

图1.36 迪马克需求线A-B(等级2)一直有效,直到价格向上突破迪马克供给线A-B(等级2)。(请注意看,价格向上突破第一条迪马克供给线a-b,准确地预测了接下来的价格波动和价格目标。)

革命性的突破：日内价格突破的确认

在正确选定迪马克关键点，从右到左连接成一条迪马克线，并且计算好价格目标后，可能出现后面三种结果中的一种——（1）反转信号，（2）供给–需求平衡发生戏剧性的转变，（3）价格目标实现。这三点都已经过讨论，现在，还有一个要素需要考虑：日内价格突破的确认。这个因素非常重要，它是市场择时分析研究的主要贡献者。此外，它也适用于其他一些交易技术。

交易者在假设的趋势线突破后建仓，结果遭遇突破失败，价格反转，账户遭受重大亏损的现象，一点也不奇怪。但是，很难理解的地方在于，这些交易者仍然重复着这样的行为和结果，却从来不反思一下问题出在哪里。假突破的发生概率总是这么高，它们已经困扰了交易者多年，常常成为交易者完全放弃使用趋势线的理由。但是，迪马克线的出现就在某种程度上解决了这个问题，虽然偶尔也会出现假突破，但在这以前，还没有方法可以区分有效突破和假突破。

多年以前，我也遭遇过类似的情况，当时变得非常沮丧，之后我决定制定一些规则来确认迪马克线突破的有效性。我确信迪马克线非常有效。我寻找与好的信号和差的信号有关的共同特性，但这不是一件容易的事情。最后，我得出的结论非常令人吃惊，同时也非常符合逻辑并且简单。下面是我的研究成果。

我发现了三个迪马克突破确认指标（TD Breakout Qualifiers）——有两种形态出现在潜在突破的前一天，第三种形态出现在突破的当天。具体而言，我总结出如果某个市场或指数在突破前一日处于超卖/超买状态，那么突破之后的买压/卖压继续保持的几率将会增加，因此，将不只是创造了继续强劲/疲软的错觉。

我试验了许多突破的先决条件，发现如果发生向上突破的前一日的收盘价是下降的，那么日内突破的有效性以及日内入场的合理性都将提高——这就是迪马克突破确认指标1（见图1.37）。此外，如果发生向上突破的前一日的收盘价是上升的，那么就存在假突破的可能性（见图1.38）。反过来，如果发生向下突破的前一日的收盘价是上升的，那么日内突破的有效性以及日内入场的合理性也将提高（见图1.39）。另外，如果发生向下突破前一日的收盘价是下降的，那么就存在假突破的可能性（见图1.40）。

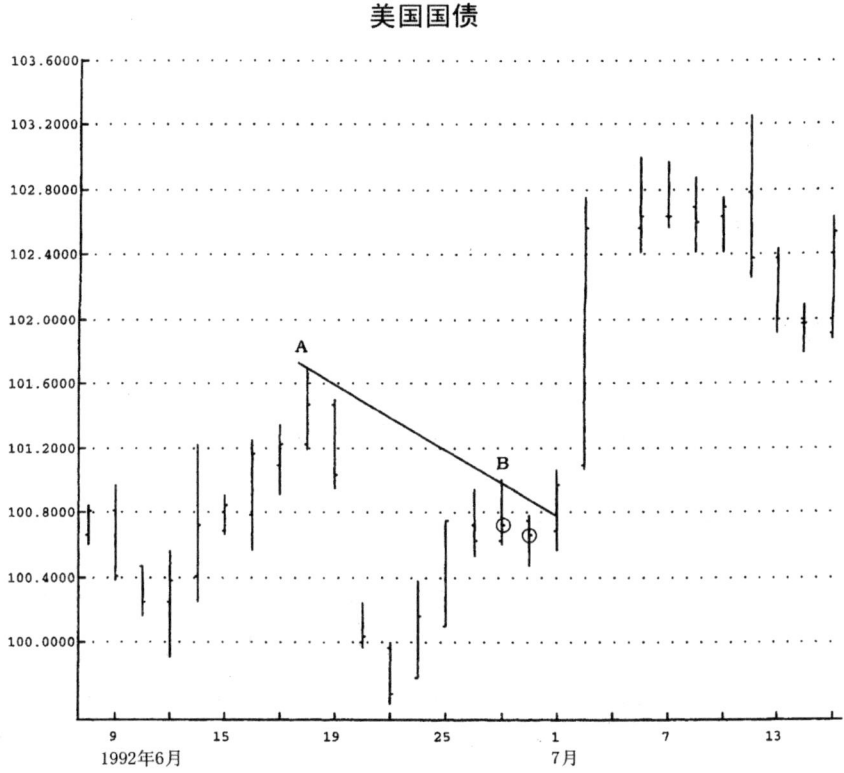

资料来源：Logical Information Machines, Inc. (LIM), Chicago, IL.

图1.37 请注意，发生向上突破前一日的收盘价，相对于这个收

盘价前一日的收盘价是下降的。这种形态表明市场在突破前处于超卖状态,这是一种肯定的形态。

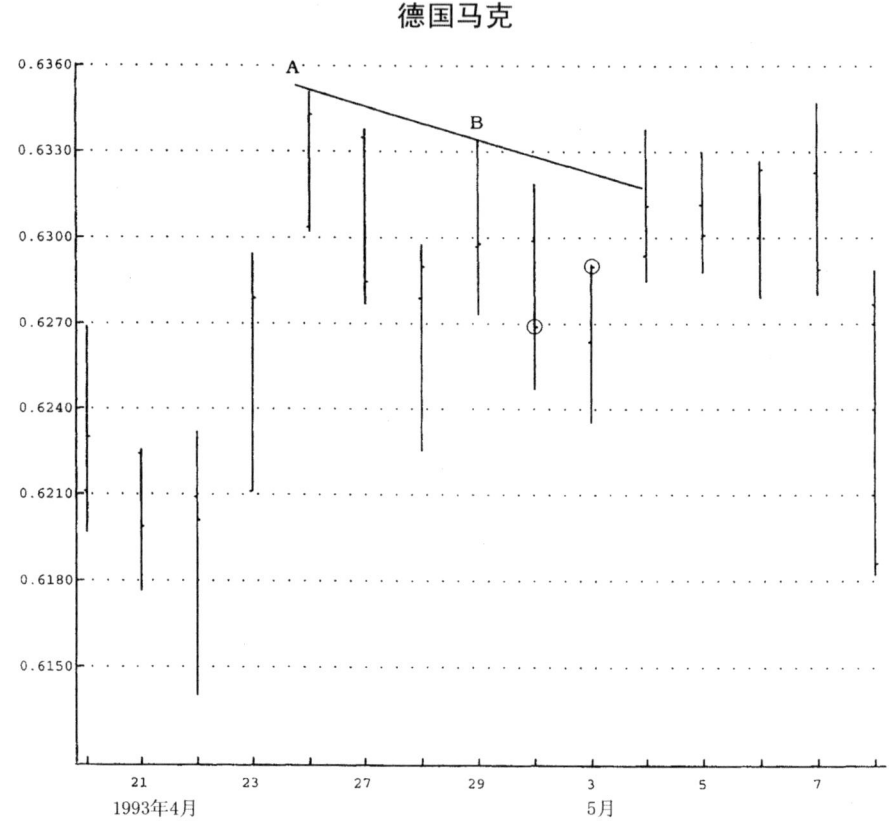

资料来源:Logical Information Machines, Inc. (LIM), Chicago, IL.

图1.38 请注意,图中发生向上突破的前一日的收盘价是一个上升的收盘价,表明市场处于超买的状态,有突破失败的可能性。

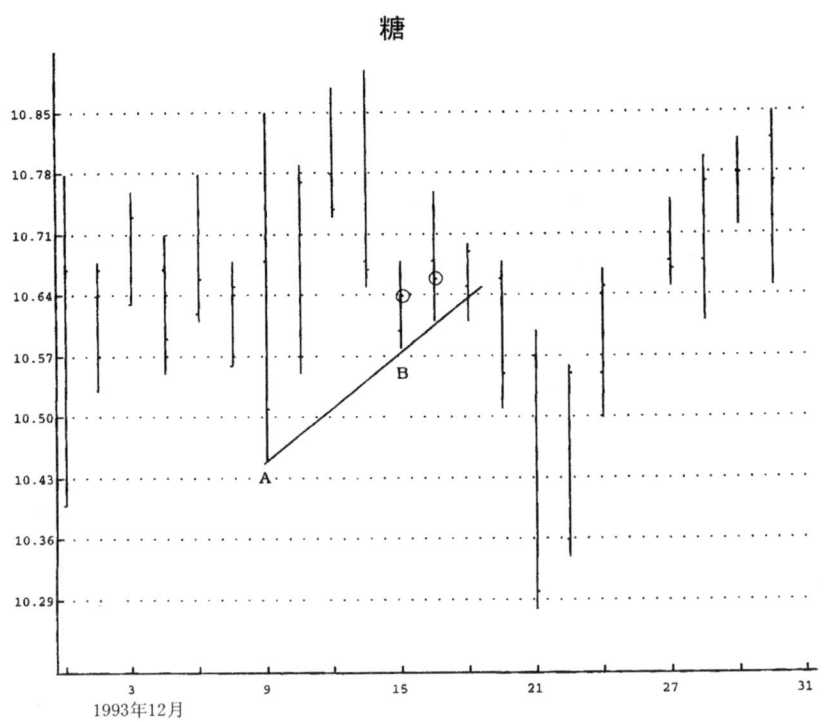

资料来源：Logical Information Machines, Inc. (LIM), Chicago, IL.

图1.39 请注意，向下突破前一日的收盘价是上升的，表明市场短期处于超买状态，发生向下突破的可能性较高。

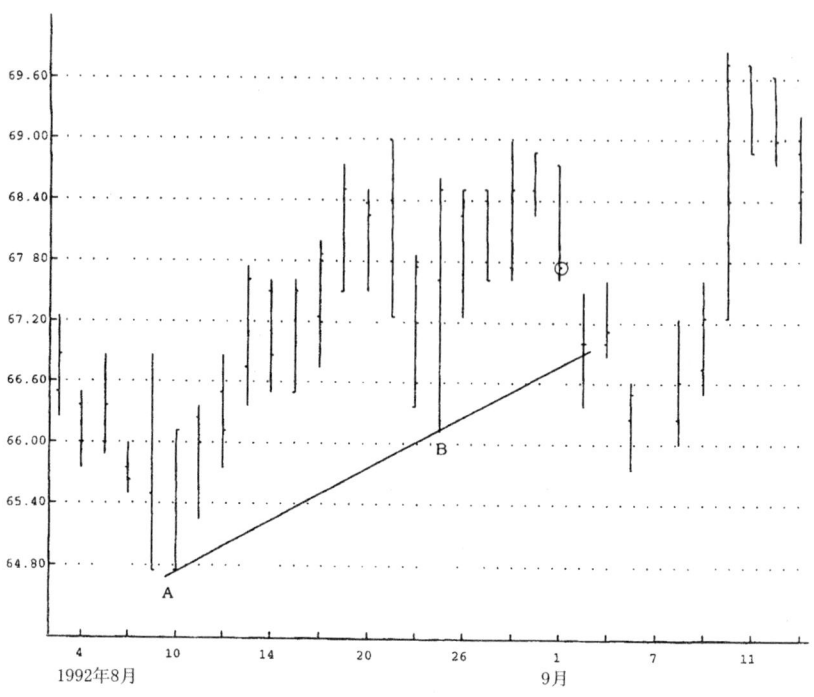

资料来源：Logical Information Machines, Inc.（LIM），Chicago, IL.

图1.40 请注意，价格向下穿越迪马克需求线A-B的前一日的收盘价是下降的，预示着这个突破是假突破。

当然也不是一定要求向上突破前一日的收盘价是下降的、向下突破前一日的收盘价是上升的。通过对成功突破的分析，我发现不只是处于超卖/超买状态的收盘价可以确认入场机会，价格在下降的迪马克线上方开盘，或者在上升的迪马克线下方开盘也可以——这就是迪马克突破确认指标2（见图1.41和图1.42）。这种情况表示市场极度强劲或疲软，可在开盘价入场，而不管前一日的收盘价是否确认了这个入场机会。

第 1 章 趋势线 55

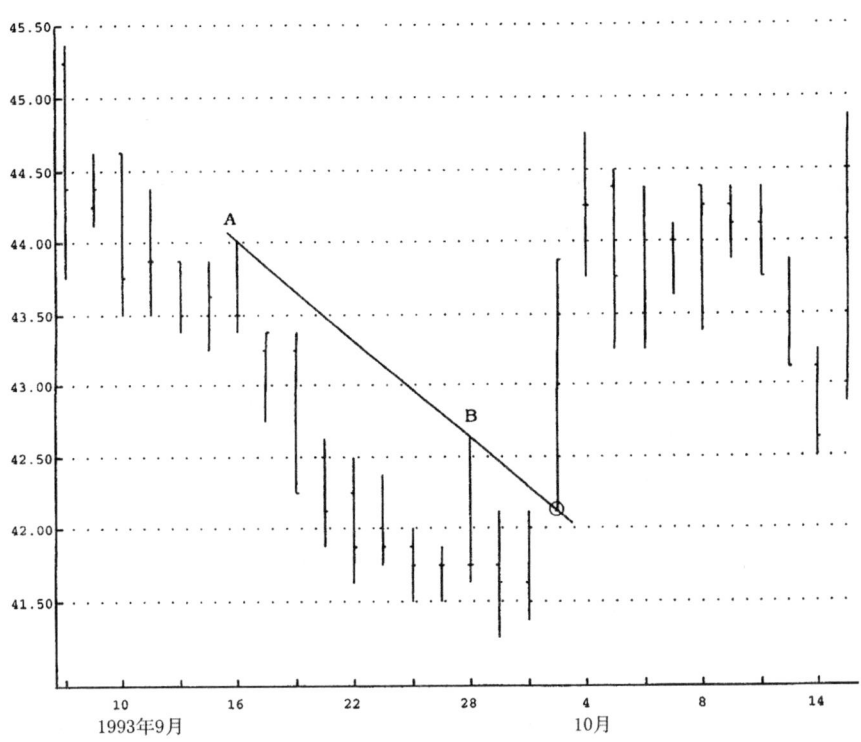

资料来源：Logical Information Machines, Inc.（LIM），Chicago, IL.

图 1.41　图中开盘价突破了迪马克供给线，确认了突破的有效性。

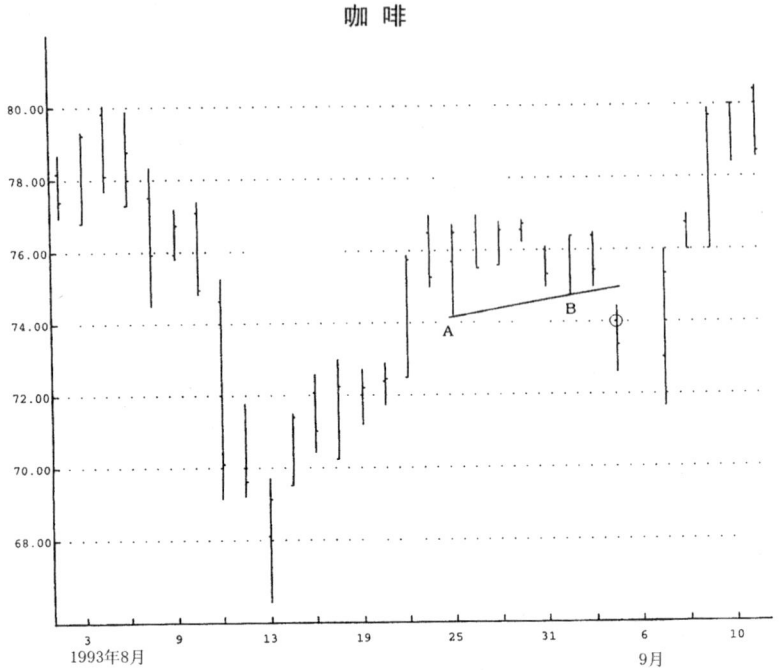

资料来源：Logical Information Machines, Inc.（LIM），Chicago, IL.

图 1.42 看看图中价格是如何在开盘时就向下跳空穿过迪马克需求线，并确认突破的有效性的。

迪马克突破确认指标 3 与指标 1 比较类似，它们都是基于突破前一日的价格行为作出判断。但是指标 3 要求从价格向下突破趋势线的前一日的收盘价中，减去这日最高价与收盘价的差值，以获得一个供给价格；在价格向上突破趋势线的前一日的收盘价上，加上这个收盘价与这日的最低价的差值，以获得一个需求价格（见图 1.43 和图 1.44）。如果上升的趋势线处于供给价格之下，并且价格穿越了趋势线，那么价格下跌的速度将加快，而当天的突破也很可靠。反过来，如果下降的趋势线处于需求价格之上，并且价格突破了趋势线，那么价格的上涨速度也要加快，而当天的突破也得到了保证。迪马克突破确认指标 3 的例子呈现在图 1.45 和图 1.46 当中。后面的表 1.3 更进一步地描述了这个突破确认指标。

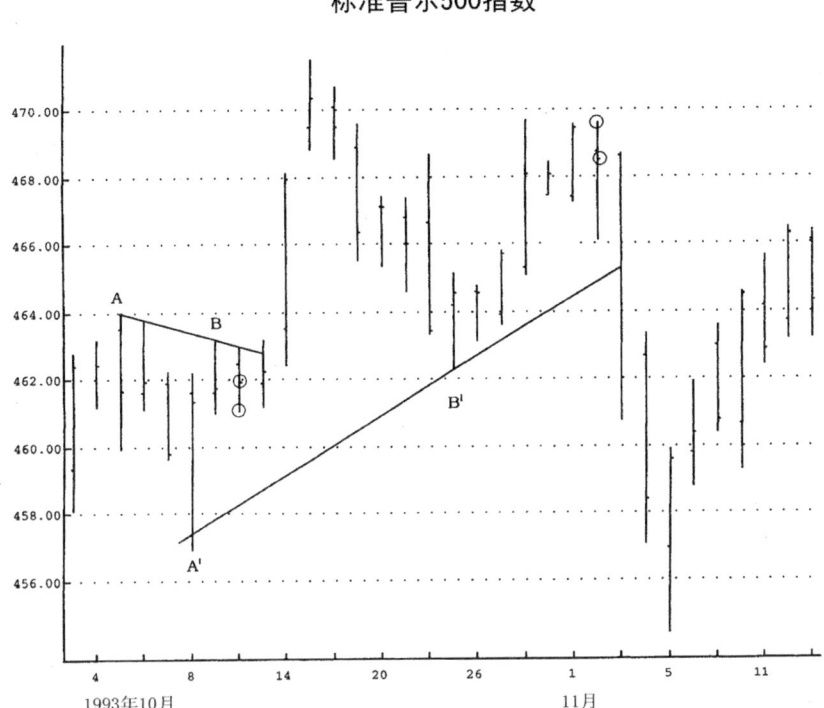

资料来源：Logical Information Machines, Inc.（LIM），Chicago, IL.

图 1.43 通过计算向上突破前一日的收盘价与最低价（或者再前一日的收盘价，如果这个收盘价低于突破前一日的最低价的话）的差值，并把这个差值加到突破前一日的收盘价上，就可以判断突破的有效性。如果把这个差值加到收盘价上，结果还低于突破价，就确认了一个有效的突破。如果加上这个差值后高于突破价，就很可能出现假突破。具体而言，在本例中，价格向上突破了迪马克供给线 A—B，计算突破前一日的收盘价与最低价的差值，把这个差值加到突破前一日的收盘价上，结果低于突破价，于是确认了这个突破的有效性。图中还画了另一

条迪马克需求线 A′-B′，运用相同的原理，也确认了一个方向向下的有效突破。

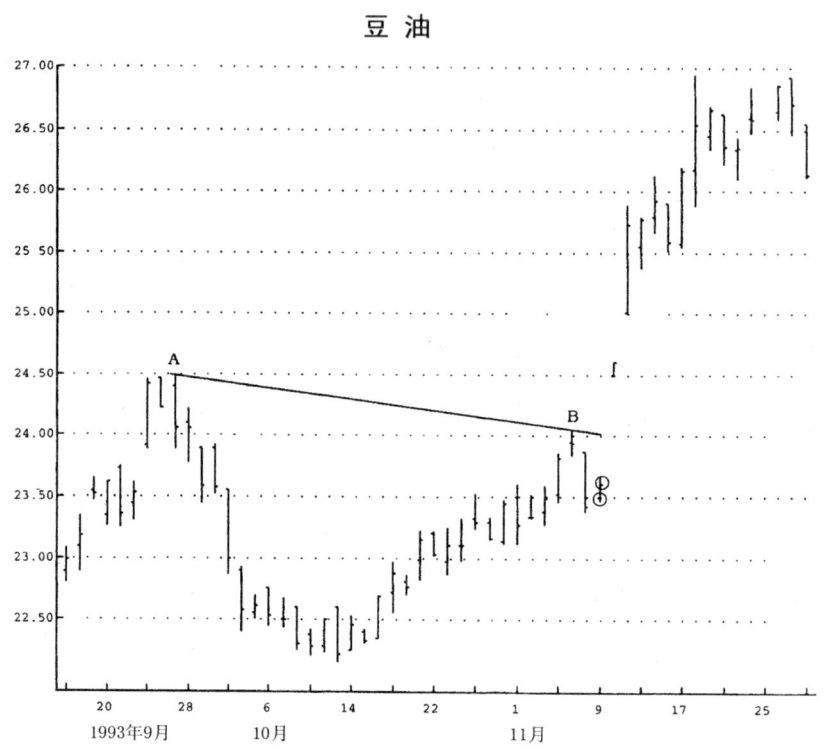

资料来源：Logical Information Machines, Inc. (LIM), Chicago, IL.

图 1.44　价格向上突破了供给线 A-B，把突破前一日的收盘价和最低价的差值加到突破前一日的收盘价上，结果低于突破价。因此，确认了一个有效的突破。

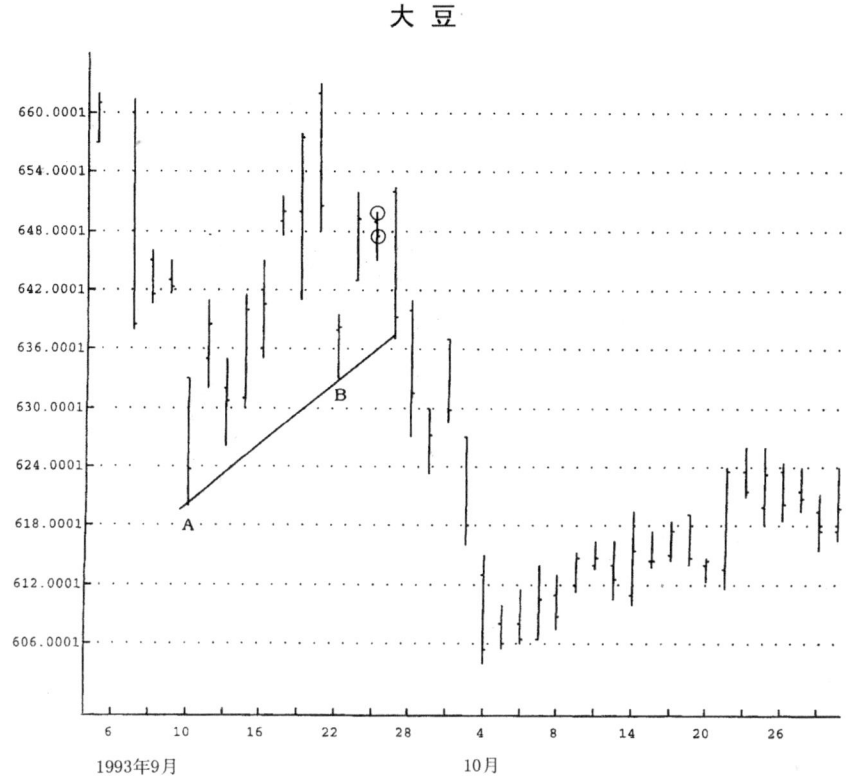

资料来源：Logical Information Machines, Inc.（LIM），Chicago, IL.

图1.45 计算向下突破前一日的最高价（如果突破两日前的收盘价大于突破前一日的最高价，就采用两日前的收盘价）与收盘价的差值，然后从突破前一日的收盘价中减去这个差值，就可以判断这个突破的有效性。在本例中，需求线A-B低于计算的结果，所以这次突破有效。

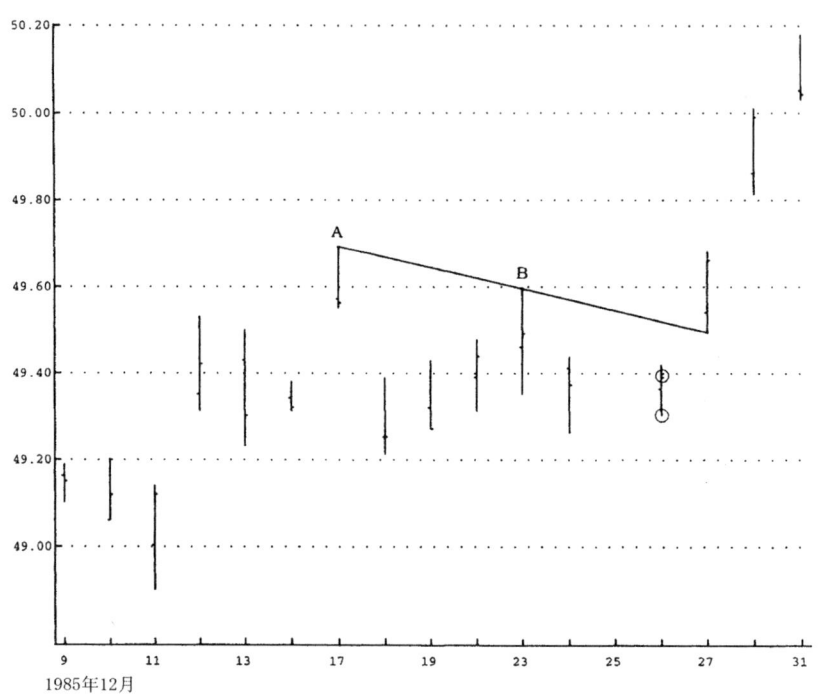

资料来源：Logical Information Machines, Inc. (LIM), Chicago, IL.

图1.46 把突破前一日的收盘价与最低价的差值，加到前一日的收盘价上，结果低于突破价，从而证实了这个突破的有效性。

表 1.3 迪马克突破确认指标

迪马克突破确认指标1：

确认一个买入信号——在买入信号发出的前一日的收盘价必须是下降的。

确认一个卖出信号——在卖出信号发出的前一日的收盘价必须是上升的。

迪马克突破确认指标2：

确认一个买入信号——开盘价必须高于突破价。

确认一个卖出信号——开盘价必须低于突破价。

迪马克突破确认指标3：

确认一个买入信号——在突破前一日的收盘价上，加上突破前一日的收盘价与最低价（或者突破两天前的收盘价，总之哪个价格低就选哪个）的差值，得到的数值必须低于突破价。

确认一个卖出信号——从突破前一日的收盘价中，减去突破前一日的最高价（或突破两天前的收盘价，总之哪个价格高就选哪个）与收盘价的差值，得到的数值必须高于突破价。

正如本章介绍的那样，迪马克关键点的选择方法非常客观，并且把它们正确地连起来后，就形成了迪马克线。在引入迪马克突破确认指标后，迪马克线被穿越就确认了一个有效的价格突破，同时获得一个价格目标。这类方法从来没有如此简单过，它完全不需要依靠猜测，并且保持着前后的一致性，可以说完全达到了结构、运用和解释上的一致性。它也成功地确认了趋势以及趋势的反转点。

第2章 回　撤

　　价格的上涨和下跌不会永远持续下去，总会出现相反的趋势或趋势反转。预测这些波动持续的时间和波幅是市场分析者们一直关注的主要问题。但是，预测这些回撤水平的技术不仅不精确，而且应用起来往往非常随意。一般来说，在选择对于预测支撑和阻力水平至关重要的关键点上，几乎不用任何准备和预先的思考。经过大量的试验和犯错，我已经找到了适当的价格选择技术以及比率，可以广泛地适用于任何市场。我用客观、精确的方法取代了以往随意选择和猜测的做法。下面有一系列关于这个方法的说明和介绍，还列举了一些可以证明我这个方法可行的实例。

关键点的选择和回撤比率

　　在1973年的夏天，我的高级合作伙伴之一非常肯定地告诉我，股票市场在经过前期的下跌之后，将出现一波急剧反弹。当问他上涨的潜力有多大时，他断然地说他预期上涨幅度约是前期下跌波幅的3/8到5/8。我要求他把数字再精确一点，他说做不到。当问他是如何得出这个数字的，他随口回答说熊市中的大部分反弹都会达到这两个水平中的一个。他除了知道从市场行情报告中读到的相似反弹比率外，无法再提供任何额外的信息。他建议我联系那个作者，以了解一下这些数字的意义和由来。我打通电话后，这个作者提到一个名叫 R·N·艾略特（R. N. Elliott）的市场分析师，以及由这个分析师在多年以前发表在杂志《金融世界》（Financial World）上的一篇文章。在图书馆，我找到了这篇文章。文中关于菲波纳奇神奇数字的介绍，非常具有启发性，让我深深着迷。不幸的是，它被证明是不完善的。我开始详尽彻底地研究价格行为，以期找到一个更精确、更客观的计算回撤的方法。我的目标是找到一个精确的、适用于所有市场的方法。我的研究结论将在接下来的讨论中呈现。

与其花大量时间和篇幅来讨论菲波纳奇数字以及这些数字在自然界广泛存在的现象，不如这样，如果你想获得关于菲波纳奇数字的更多信息，我建议你去查阅关于这个内容以及"黄金分割"的各种书籍和文章，目前市面上关于它们的资料太多了。在这里我简要说一下，菲波纳奇数列是指这样一个数列：1，2，3，5，8，13，21，34，55，……实际上，这些数字是通过加总其前面两个数字的和得来的。随着数字的增加，用前一个数字除以后一个数字可以得到一个越来越接近 0.618 的比率。反过来，用后一个数字除以前一个数字则可以得到比率 1.618。这是只有这个数列才有的奇特特征。

我的很多工作都会运用到这些数字和比率。具体而言，在预测回撤中，我使用目前已经成为标准，被称为"所有回撤比率之母"的比率 0.618。我想我也是上世纪 70 年代初第一个使用 0.382（1-0.618）回撤比率的人。回撤比率从 0.382 和 0.618 增加到"1"或者"磁性价格"（磁性价格不是大多数人认为的 1.00，而是最高价/最低价日的收盘价，具体哪个要取决于价格是向上还是向下修正）。从完全回撤到"磁性价格"后，接着是 1.382，1.618 和 2.236（1.618+0.618），并且在价格创出历史高点的情况下，0.618 和 0.382 实际上是基于这一绝度高点得出的。这一系列的回撤水平列在下面的表2.1中。

表2.1 回撤比率

0.382
0.618
磁性价格（最高/最低价日的收盘价）
1.382
1.618
2.236
2.618
3.618

比这个比率本身更为重要的，是选择用于计算回撤的价格点位。对大多数分析者而言，这个过程是变化不定的。为了保持一致性，我再次非常精确和客观地改进并定义了这些价格水平。我的研究表明，最好的结果是通过下面的步骤获得的。

假设一个最近的低点已确定。为了给价格回撤目标确立一个参考点，设想有一条水平线从最近的低点一直延伸到左边图中最近一个更低的低点（见图2.1）。然后，寻找这两个点之间的最高价——这就是"关键价格"。从这个价格中减去最近的低价，就可以投射出价格回撤水平（见图2.1）。反过来，要获得从价格高点的回撤水平，就要进行相反的操作。也就是设想有一条水平线从最近的价格高点一直延伸到左边图中最近一个更高的高点。从最近的高价中减去关键价格，就可以投射出价格回撤水平（见图2.2）。这个方法不仅简单，而且可以保证回撤的计算永远那么清晰、明确和一致。

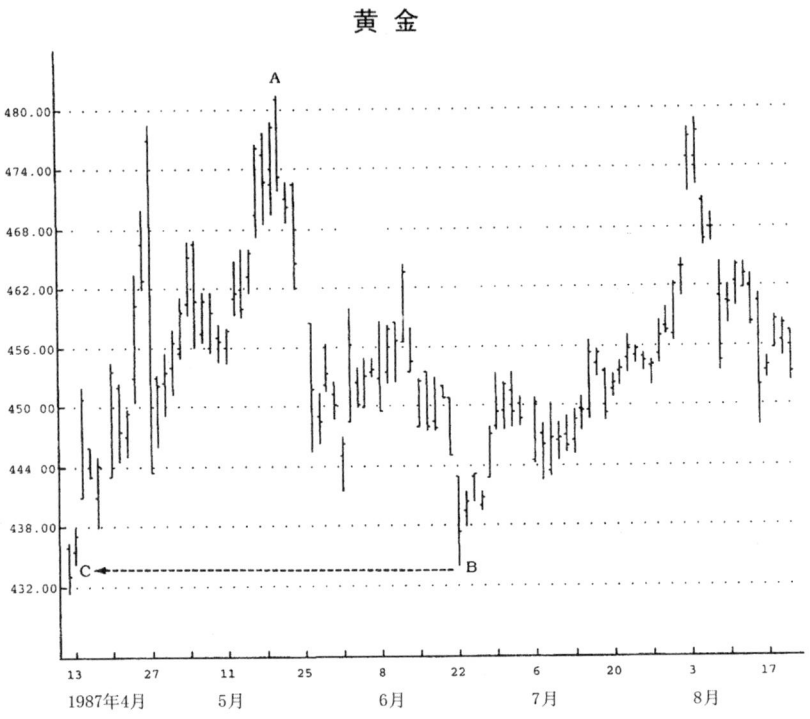

资料来源:Logical Information Machines,Inc.(LIM),Chicago,IL.

图2.1 价格水平B一旦确定,就在左边图中找到最近一个低于价格B的价格水平(即价格C)。这两个点(B和C)之间的最高价A就是关键价格,它是计算向上回撤价位的重要参考水平。计算A与B的价格差值,然后乘以回撤比率,就可以得到向上的价格投射。注意看,价格到达了A当天的收盘价,却没有到达那天的最高价(参考关于磁性价格的讨论以及图2.5)。

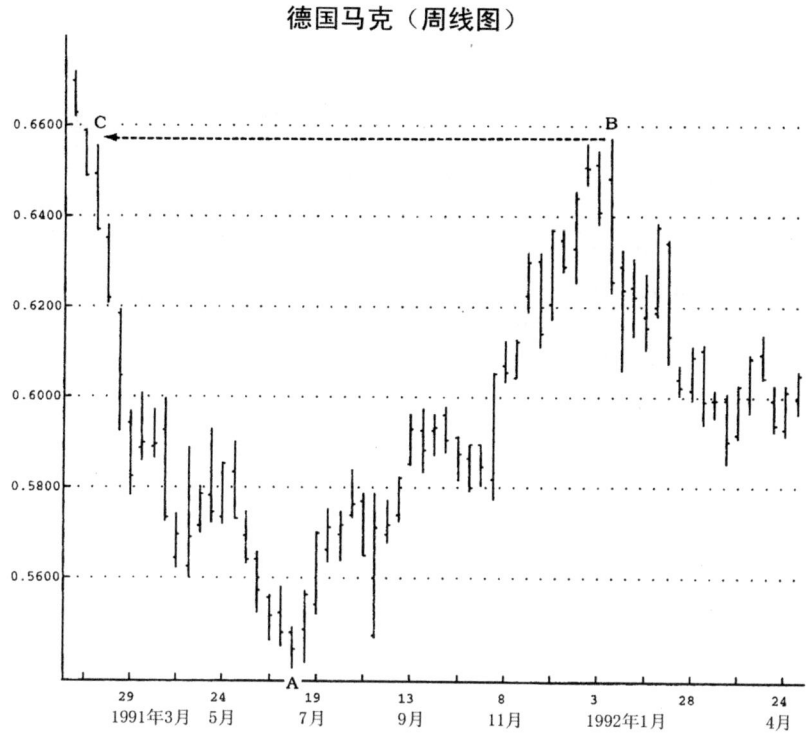

资料来源：Logical Information Machines, Inc. (LIM), Chicago, IL.

图 2.2 在计算向下的回撤水平时，假设有一条水平线从最近的高点 B 开始，向左延伸到最近一个高于 B 的高点（即价格 C）。两个点之间的最低点（A）就是关键价格，它是计算向下回撤的关键价格水平。计算 A 与 B 之间的价格差值，然后乘以回撤比率，就可以得到向下的价格投射。

实践证明，当正确地识别关键价格点后，最初的回撤水平——0.382 和 0.618 将非常有效并且是可预测的（见图 2.3 和图 2.4）。但是，偶然选择了正确点位的大部分分析者，如果认为价格一旦超过了 0.382 和 0.618 水平的回撤位，接下来的目标就是关键价格日的最高价（在反弹中）或最低价（在回调中），那么也是错的。实际上，这个普遍的预期对那些轻信的交易者来说，仅是一个持续了多年的骗局（见图2.5）。我多年前通过对回撤的研究，找到了一个更为关键的水平，可以作为阻力/支撑水平。所以，我把这个价格称作"磁性价格"。你多久会遇到一次这样的情况——等待一个关键价格高点/低点被穿越以平仓或建仓，结果却只等到价格反转，订单没有被执行？在其他情况下，当每个人都预期将会在日内的最低点找到支撑或者在日内最高点找到阻力时，最后却看到价格加速穿过一个关键的价位，并且立即向着1.382的回撤水平挺进，出现这种现象一点也不奇怪。当交易者尚未准备好的时候，意外波动就会发生在这些价格水平上，让交易者措手不及。

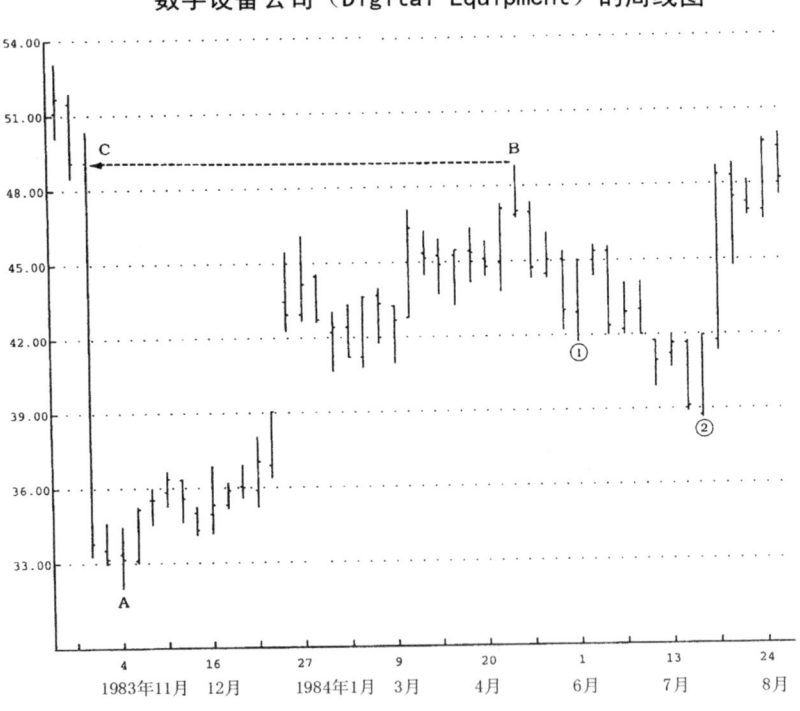

数字设备公司（Digital Equipment）的周线图

资料来源：Logical Information Machines, Inc. (LIM), Chicago, IL.

图2.3 找到最近的高点 B 和最近一个高于 B 的高点 C，然后寻找这两个点之间的最低点 A，就可以计算向下的回撤水平。图上标出了回撤水平①和②，它们分别是从 A 到 B 的 0.382 和 0.618 水平的回撤位。

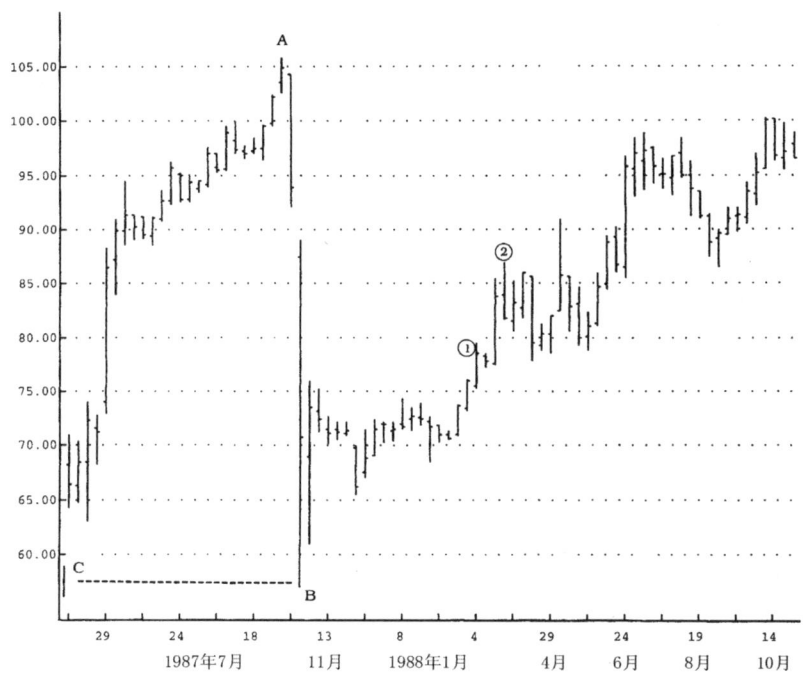

资料来源：Logical Information Machines, Inc. (LIM), Chicago, IL.

图2.4 找到最近的低点 B 和最近一个低于 B 的低点 C，然后寻找这两个点之间的最高点 A，就可以计算向上的回撤水平。图中标出了回撤水平①和②，它们分别是从 A 到 B 的 0.382 和 0.618 水平的回撤位。

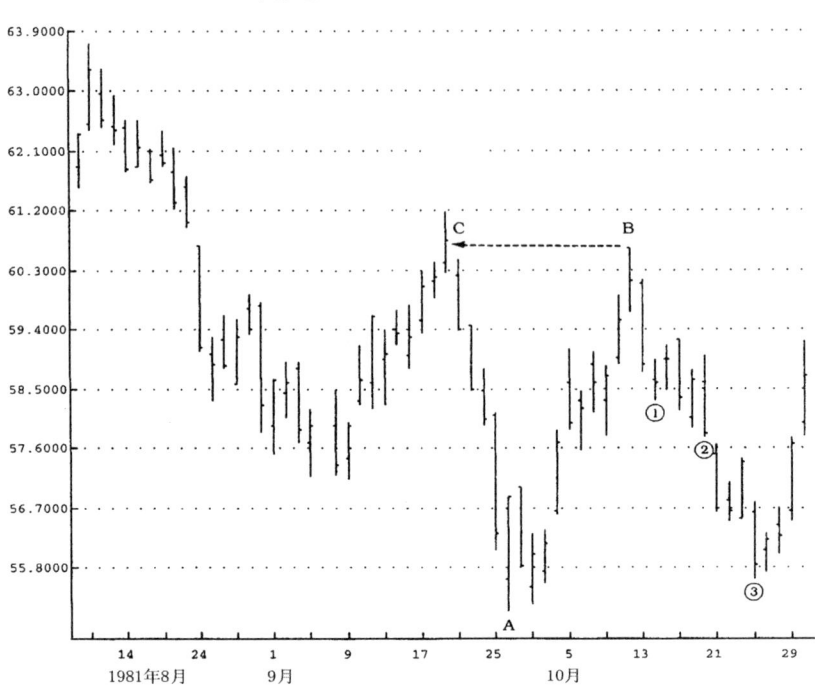

资料来源：Logical Information Machines, Inc.（LIM），Chicago, IL.

图2.5 观察价格是如何回撤到了水平①和水平②的价位，并且最终下跌到最低价日的波动范围内，同时超过那日的收盘价的。有多少交易者在傻傻地期望价格会重新到达 A 点的最低价？关键价位是"磁性价格"——最低价日的收盘价。

以上关于回撤的计算也有例外情况。实践表明以上的例子都是处于区间震荡市。但是，价格一旦上涨到历史最高点，"关键点"（最低点）的选择就不可能了，因为在图中左边不存在其他更高的高点了。在这种情况下，我发现用绝对的顶/底点价格乘以 0.618 和 0.382，也非常有效。有两个事例永远地铭刻在我的记忆中。第一个是我在 1987 年美国股市暴跌前，在纽约向一个读者作出的预测。在当年的 8 月份，道·琼斯工业平均指数的最高点大约是2747——一个创纪录的新高。我用这个数值乘以0.618,就为这个市场算出了一个支撑(回撤)位,约为1697(见图2.6a)。我向这位读者提出我向下的价格投射就是这个价格水平。与此同时,我还提出了1650的迪马克线突破目标(见第一章关于趋势线的讨论)。虽然这两个例子都很机械客观,但令人意外的是它们两个可以相互进行补充,让我的预测更为可靠和可信。

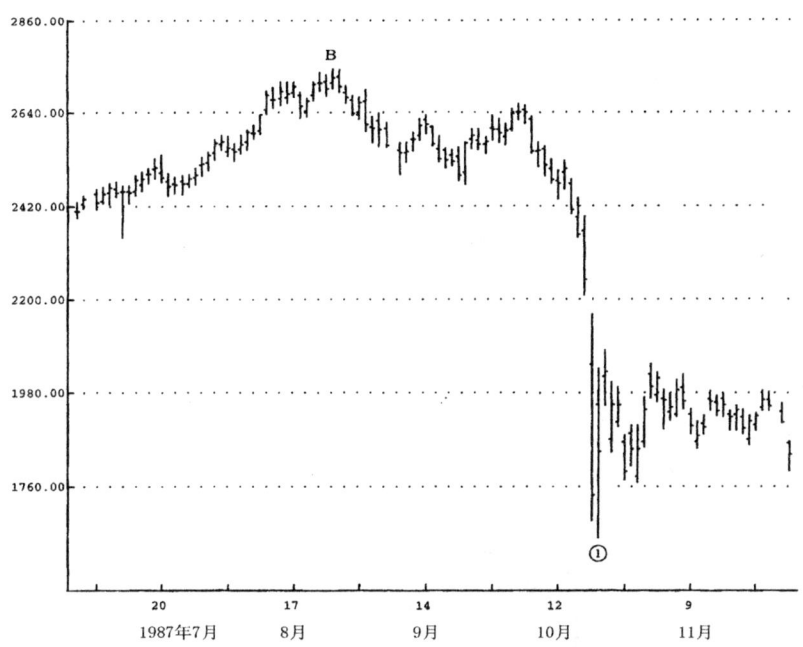

资料来源:Logical Information Machines, Inc. (LIM), Chicago, IL.

图2.6a 如果有人想从B点画一条水平线,向左延伸到最近一个高于B的高点,然后在这两个点之间寻找那个参考低点,那是不可能的,因为目前的价格已经创了历史新高,没有比它更高的高点了。在这种特别的情况下,可以用这个绝对高点乘以0.618和0.382,来计算向

下的价格投射。在本例中，价格在水平①得到了很好的支撑，位置大概在这个最高点的 0.618 处。

另一个事例是我在日经平均指数创下 38957 的历史新高后，运用这个回撤计算方法做出的预测。我当时受到一家经纪公司的赞助，被邀请到日本发表一系列关于日本各个市场的演讲。当然，这种演讲主题一定会指向日本的股票市场。由于当时日本股票市场创出了历史新高，无法找到"关键价格"（低点），所以我对日经平均指数采用了后面这个方法。你将在图 2.6b 中看到，这个方法准确地预测出了向下的价格目标位于 15000 之下。在做出这个预测的时候，出现怀疑和嘲笑的声音是正常的。但是，当价格达到了这个价格目标后，大家就开始重视起这个技术来。

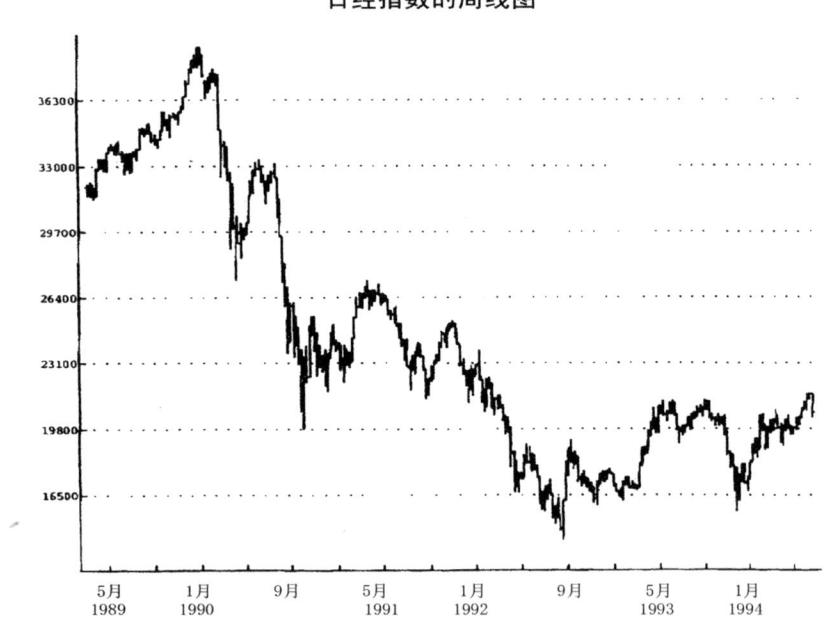

日经指数的周线图

资料来源：Logical Information Machines, Inc. (LIM), Chicago, IL.

图 2.6b　运用迪马克技术来预测向下的价格目标。

迪马克回撤弧

我在多年前发展出另一个计算回撤水平的方法，这个方法综合考虑了价格和时间两个因素。在进行这个研究之前，我还从未见过类似的方法。在这之后，我也再没有见过与它类似的方法。这个方法不像其他大部分技术一样，会去寻找一个回撤价格目标。这个方法有一个随着时间变动做出调整的浮动价格目标。更具体地说，就是这个价格目标在一天一天地改变，具体的价格位于一条弧线上。

要画这条弧，首先要用一条线把关键价格和最近的低点/高点（具体哪个，要取决于预期价格是上涨还是下跌）连接起来。一旦确定这条线上 0.382 和 0.618 的点位，就把最近的低点/高点作为圆心或中心点，从 0.382 和 0.618 的点位分别画一条弧线向前方延伸出去。画出的弧线就是回撤投射（见图 2.7 和图 2.8）。当价格下跌低于/高于中心点，就必须画一条新的弧线。

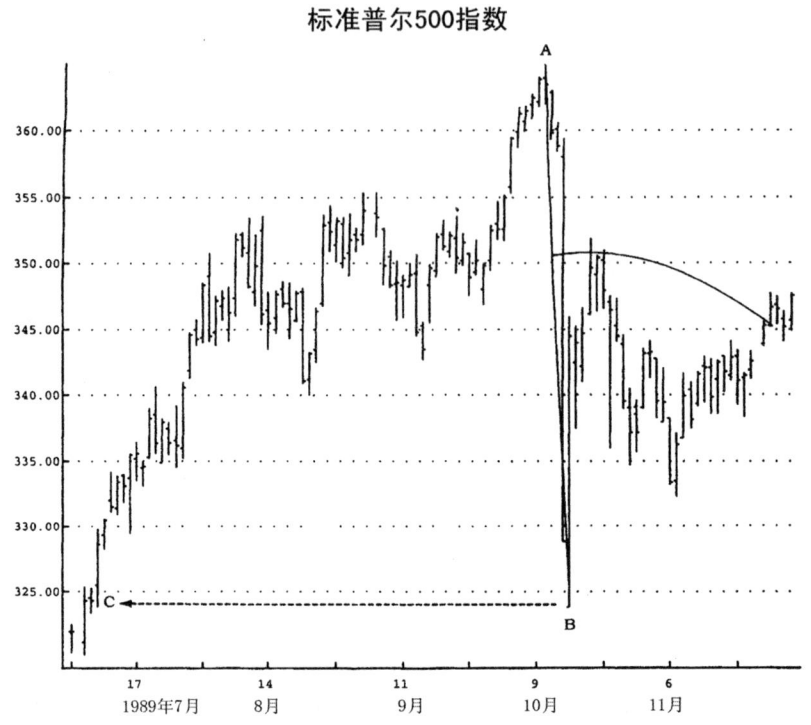

资料来源:Logical Information Machines, Inc.(LIM), Chicago, IL.

图 2.7 这个独特的方法综合了价格和时间两个因素。参考点的确认方法与之前的相同,一旦确认两个点并用直尺把它们连接起来,就确认了价格的回撤水平(0.382、0.618 和磁性价格)。然后,以点 B 为圆心,画弧线向图的右边延伸。一旦价格收盘超过右边的弧线,就进入到下一个迪马克回撤弧线水平。这个方法假设这些点都被适当地固定,以避免当价格或者时间变化时,弧线的形状发生变化。

微软公司

资料来源：Logical Information Machines, Inc.（LIM），Chicago, IL.

图2.8 注意图中画有多条回撤弧线，分别是由线 B-A、C-B 和 D-E 确定的。由 B-A 确定的弧线方向与后来由 C-B 确定的弧线方向相反，之后价格向上突破了后面这条弧线，这被另一个类似的突破所确认，即价格向上突破了由 D-E 确定的更大的回撤弧线。

回撤确认指标

迪马克线的重要组成部分就是迪马克突破确认指标（见第一章关于迪马克线的讨论）。它们是用于预判一个日内突破是否有效的特别过滤指标。同样，超过 0.382 和 0.618 水平的回撤线的波动是否有效，也可以提前反映出来。我通过研究发现，迪马克突破确认指标也非常适用于对回撤的确认。但是为了与本章内容保持一致，我把这些指标称为迪马克回撤确认指标（TD Retracement Qualifier）1、2、3。这里有必要重述一下它们各自的定义。为了确认日内入场的合理性以及上涨将会继续的期望，迪马克回撤确认指标1要求，价格上涨穿越回撤线的前一天的收盘价是下降的（见图2.9）。与此相反的是，为了确认日内入场的合理性以及下跌将会继续的期望，指标1规定在价格下跌穿越回撤线的前一天的收盘价是上升的（见图2.10）。如果任一方向的指标条件没有满足，那么价格在那些精确点位发生反转（而不是继续之前的方向）的几率将显著增加。此外，也存在另一种可能性，那就是迪马克回撤确认指标2。在本例中，假如价格在开盘时就穿过了回撤线，那么向上和向下的穿越都可以作为确认（见图2.11和图2.12）。出现这种情况，表明价格的动力是如此强劲，以致此时入场是合理的，波动也将继续下去。另外还有一个确认指标（迪马克回撤确认指标3）可以纳入交易者的交易工具箱中。在这个指标中，也像迪马克回撤确认指标1一样用到超买/超卖的概念，但是方法有所不同。具体而言，就是要计算突破前一天供给或需求的情况。用突破前一天的收盘价减去同一天的最高价与收盘价的差值，可得到一个供给价格；反之，把突破前一天的收盘价与最低价的差值加到同一天的收盘价上，以获得一个需求价格（见图2.13和图2.14）。之前的方法是，当价格穿越迪马克线时，如果前一日的迪马克线低于供给价格或者高于需求价格，就可以确认一个有效的突破，这个方法也同样适用于回撤点位。事实上，在那些特殊情况下——迪马克线和回撤线都符合条件时，它们彼此之间似乎可以相互加强，并转化为成功的交易。

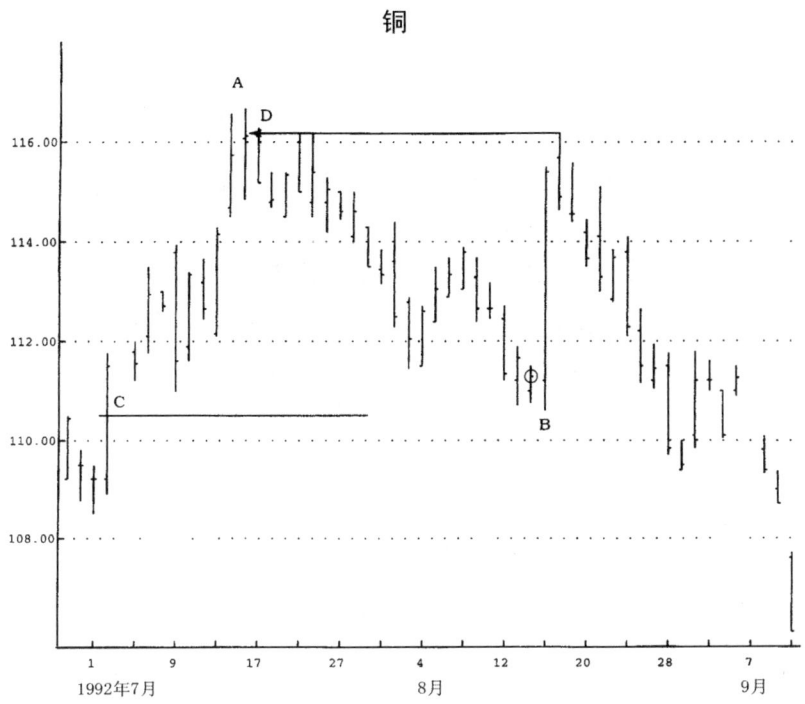

资料来源：Logical Information Machines, Inc. (LIM), Chicago, IL.

图 2.9 B 点前一天的收盘价是下降的（图中被圆圈所标注）——这符合迪马克回撤确认指标 1 的要求，表明市场处于超卖状态，因而提高了日内介入该回撤水平进行交易的胜算率。在本例中，价格在同一天达到了 0.382 和 0.618 水平的回撤位。实际上，价格在第二天就触及了磁性价格 D——最高价 A 当天的收盘价，但是并没有像大多数交易者期望的那样，到达 A 当天的最高价。

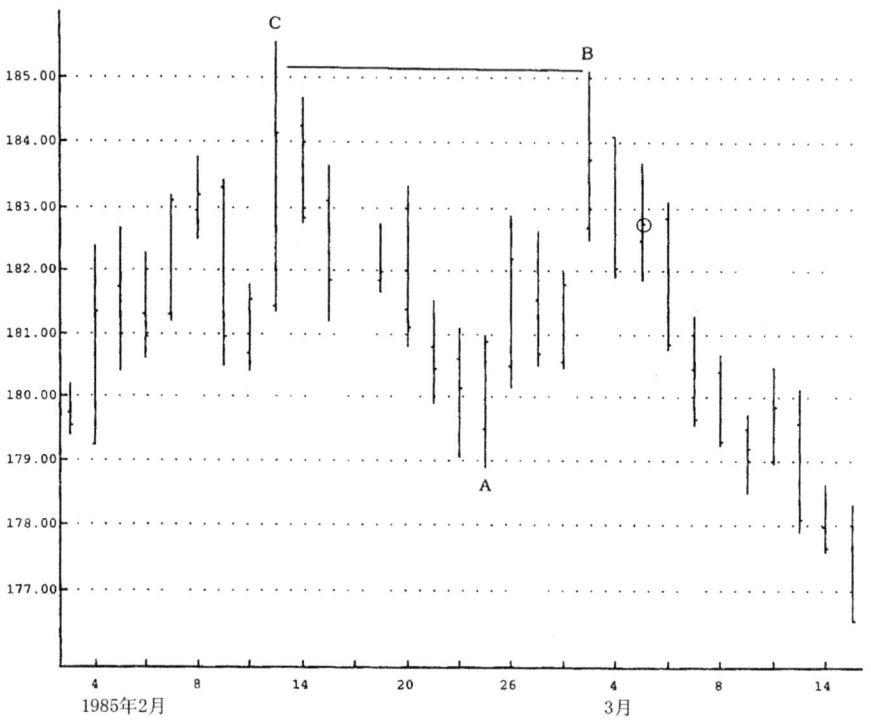

资料来源：Logical Information Machines, Inc. (LIM), Chicago, IL.

图 2.10　在价格下跌穿过 0.618 水平的回撤线的前一天，收盘价是上升的（图中已用圆圈标注出来），意味着这个回撤是有效的，并且证明了日内入场的合理性。迪马克回撤确认指标 1 的条件已经满足。

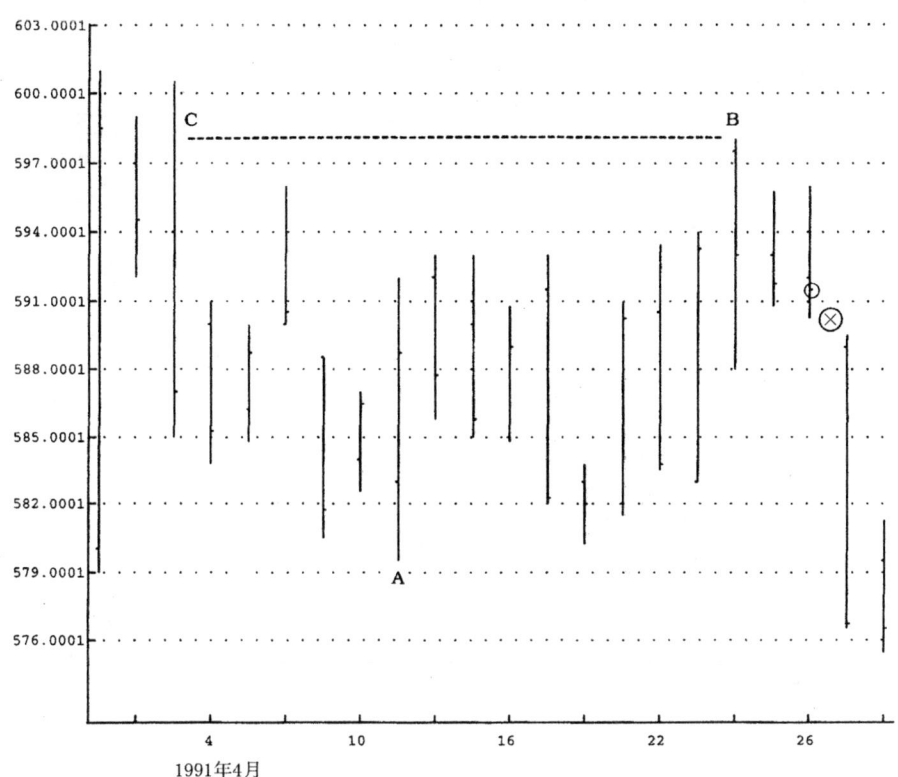

大豆

资料来源：Logical Information Machines, Inc. (LIM), Chicago, IL.

图2.11 请看图中位于0.382水平的回撤线之下的开盘缺口X。虽然穿越前一天的收盘价是下降的（图中已被圆圈标注出来），但由于满足了迪马克回撤确认指标2的要求，也同样确认了这个回撤的有效性。

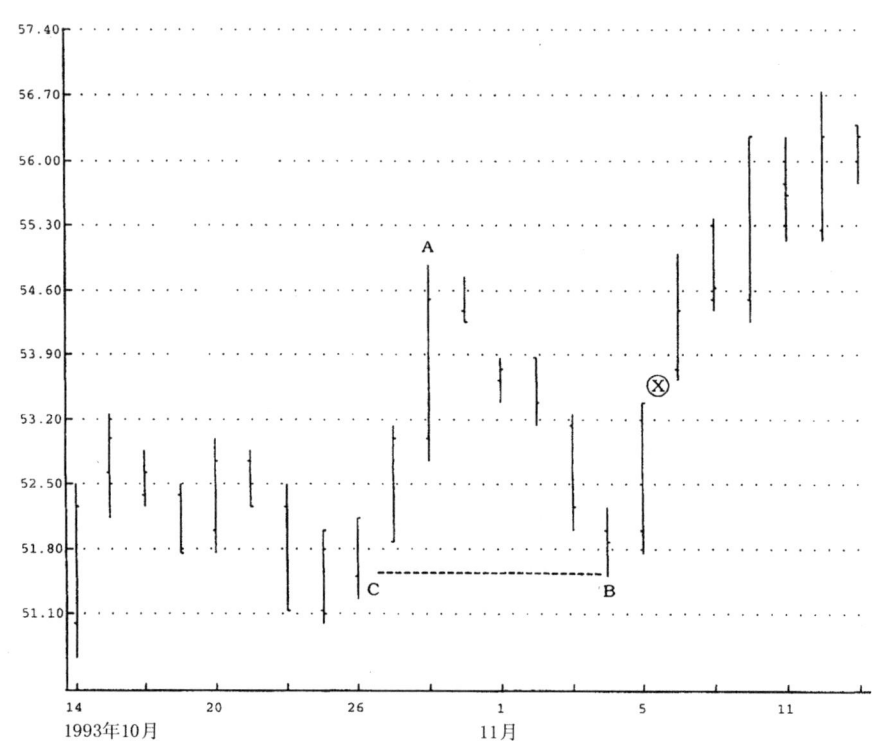

资料来源：Logical Information Machines, Inc. (LIM), Chicago, IL.

图2.12 价格向上跳空越过了0.618水平的回撤线,满足了回撤确认指标2的要求。

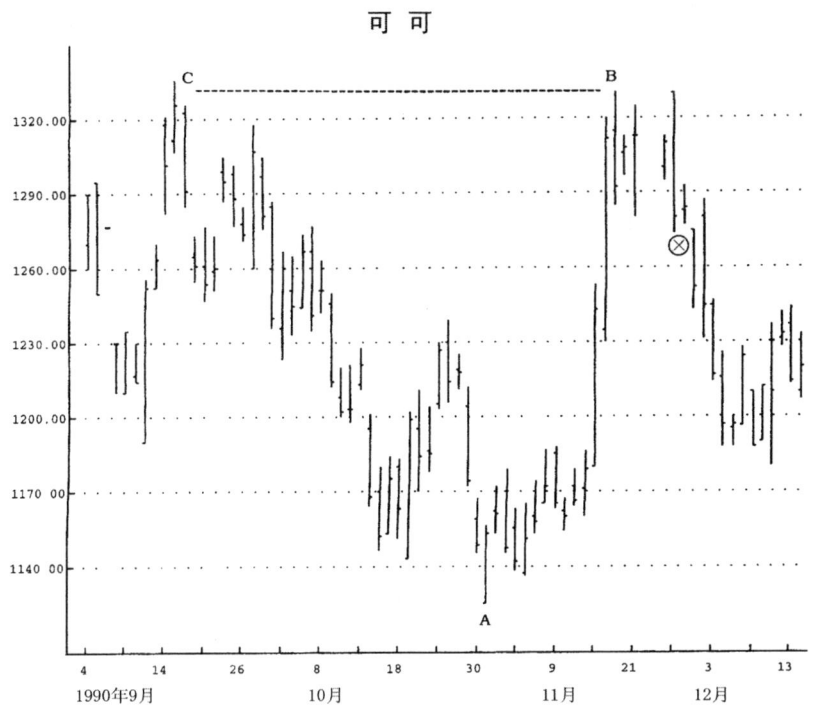

资料来源：Logical Information Machines, Inc. (LIM), Chicago, IL.

图2.13 计算价格穿越回撤线的前一天的最高价（或者选择再前一天的收盘价，如果这个收盘价更高的话）与收盘价的差值，并从这天的收盘价中减去这个差值，然后拿计算结果与回撤线作比较，就可以判断价格将继续下跌到下一个更低的回撤水平还是反转。如果回撤线价格低于这个结果，那么价格将继续下跌；如果回撤线价格高于这个结果，那么价格将试图回升。图中，从X回撤线被穿越的前一天的收盘价中减去同一天的最高价与收盘价的差值，计算结果高于0.382水平的回撤点位。因此，价格将继续下跌。迪马克确认指标3发挥了作用。

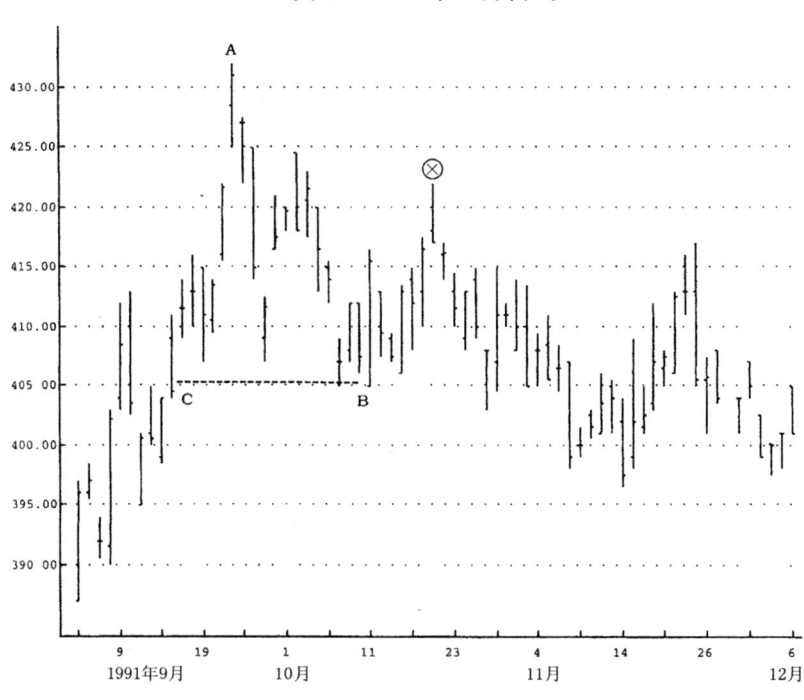

资料来源：Logical Information Machines, Inc. (LIM), Chicago, IL.

图2.14 价格没有突破回撤线，因为把突破前一天的收盘价与最低价的差值，加到同一天的收盘价上，得到的数值大于那个回撤水平。

正如表2.1所示，有一系列的回撤水平。当其中一个被穿越后，价格通常会被下一个回撤水平所吸引。但是，还有一种情况，可以进一步改进回撤期望，这在表2.1中没有包括，之前也没有讨论过。尽管价格可能超过一个回撤水平，并且某个回撤确认指标的要求已经满足，但是还可能出现一种情况，即收盘价无法维持在超过回撤价格的水平。假如收盘价高于前一天的收盘价，唯一需要作出的调整是选择较小的一个回撤水平。不过不是下一个回撤水平——表2.1中列出的某一个，而是两个回撤水平的距离的一半。比如，如果价格超过 0.382 水平的回撤线——已被正确确认，并收盘于前一天收盘价的上方，但无法收于 0.382 水平的回撤线上方，那么这个期望回撤水平就不再是 0.618 的回撤目标，更确切地说应该是 50% 的水平。此外，如果位于 0.618 水平的所有先决条件都已满足，只是收盘价没有达到要求，那么改进后的回撤水平就是从 0.618 到关键价格或磁性价格（选择较小的那个）的距离的一半。反之，当价格下跌时，也采用相同的方法。

最后这个回撤水平综合了价格和时间两个因素，就像迪马克回撤弧一样。不过这个方法不是用一条弧来确定时间和价格回撤水平，而是按比例来计算穿越各个回撤水平所需要的时间。例如，计算从最高点到最低点所经历的天数，然后用这个天数乘以 0.382，就确定了达到这个回撤水平的截止时间。这个思路也同样适用于更大的回撤水平，比如 0.618。

在 20 世纪 70 年代中期，为了简化价格回撤计算的过程，我购买了一个比例尺。这是在 Teledyne-Post 公司订购的，当时还必须从国外寄过来。买到之后，我就和其他很多市场分析者一起分享这个工具，后来他们也各自买了一个。我想如果你的工作也需要分析价格图表，并且想要快速估计回撤位，那么我建议你去你们当地的艺术或绘图工具店购买这个工具。

以上的内容介绍了用于客观计算并确认回撤水平的方法。这些方法的优点在于它们完全是客观的，不允许任何主观因素的干扰或者个人偏好出现。归根到底，没有任何理由可以归咎于错误的推测。需要考虑的所有事情都是确定的，在运用和解释方面都有非常明确的规则。

趋势因子

交易者和投资者的大脑常常充满着各种各样的交易术语。但是，从我的角度看，他们并没有认识或注意到价格波动持续时间和波动幅度的区别。如果我要求为普遍使用的市场周期——比如短期、中期和长期——下定义，我敢打赌大部分人（如果不是全部的话）都是从时间角度进行阐释。虽然这些答案会有些许的不同，但我估计可以听到短期的波动少于 1 个月的时间，中期的波动长于 1 个月但短于 6 个月，长期的波动持续超过 6 个月。这种定义在 20 世纪 80 年代以前就采用了，但是由于金融市场波动率的增长，这种定义已经过时，不再适用了。在过去需要数周或数月才能完成的波动，现在只需数天或数小时就可完成。由于市场换手率低、新闻传播的速度、基金经理的群体心理以及其他一些因素，使得这个趋势得以继续。因此，我用价格波动幅度的百分比来描述短期、中期和长期，而不是用具体的时间段。比如，我把幅度低于 5% 的波动看作短期，幅度为 5% 到 15% 的波动看作中期，幅度大于 15% 的波动看作长期。这个定义不需要考虑完成这些波动所需的时间。在这个前提下，我依靠我在多年前研究出的一个分析工具，来预测一个中期到长期的趋势波动的初始阶段。我把我采用的这一系列比率称为趋势因子（Treand Factors™）。

在 20 世纪 70 年代初，我观察到各个市场有一种主要倾向——它们通常会在由之前的顶点到底点的百分比回撤水平确定的价格段找到支撑和阻力。比如，上方的阻力水平是由最近的低点乘以设定的一系列比率投射来的；反之，下方的支撑水平是由最近的价格高点乘以相反的比率计算得到。经过一个较为乏味的反复试验过程，我终于可以大致估算出非常合适的比率数值。为了确保参考高点和低点的一致性，我确立了一些必要条件。这些确定正确参考值——不管是高点、低点还是收盘价——所必需的选择标准，对于识别价格趋势以及预期价格波动是至关重要的。

要给它下定义，首先必须确定正确的参考低点。因为最小的趋势因子比率是 0.0556，所以价格一旦下跌超过前期一个合格的参考高点日的收盘价的 0.9444 处，就确认了一个合格的低点（见图 2.15）。反之，价格一旦从前期一个合格的参考低点日的收盘处上涨最小的趋势因子 1.0556，就确认了一个合格的高点（见图 2.16）。选择合格的价格点就是这么简单。在更进一步明确之前，我想先向你介绍趋势因子的概念。

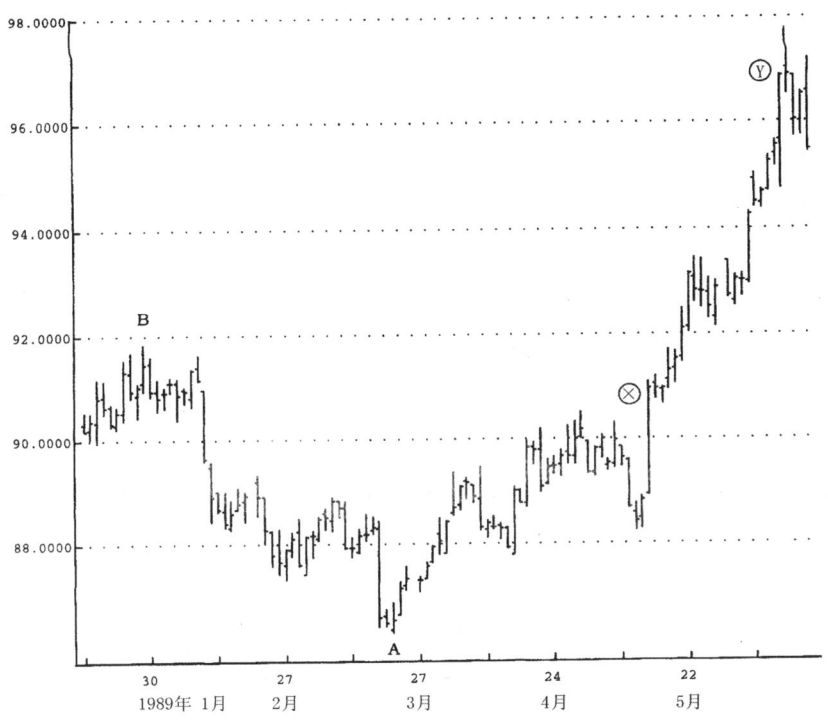

资料来源：Logical Information Machines, Inc.（LIM），Chicago, IL.

图 2.15　价格从 B 点到 A 点，下跌超过了 0.0556——也就是说，A 点的数值低于 B 点数值的 0.9444。这证明 A 点可作为一个趋势因子低点。价格 X 是 1.0556 的水平，而价格 Y 是 1.112 的水平。

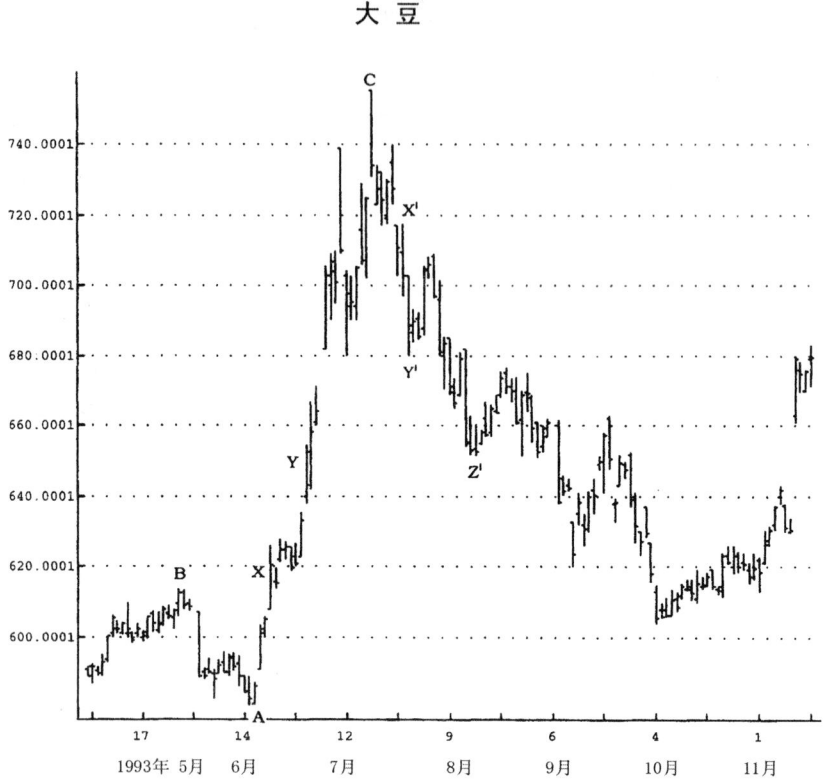

资料来源：Logical Information Machines，Inc.（LIM），Chicago，IL．

图 2.16 A 点低于 B 点的 0.9444，被确认为一个合格的参考点。价格水平 X 和 Y 分别是 1.0556 和 1.112 的趋势因子目标。C 点是一个合格的趋势因子参考高点，因为价格从 A 点上涨超过了 1.0556。X' 和 Y' 是趋势因子目标，Z' 同样也是。

在价格波动中似乎有一个关键点位，在这个点位，一旦收盘价超过了关键的支撑位或阻力位，那么价格就会向着下一个关键点位前进。市场本身会使这个价格波动合法化。一旦价格超过这些关键的价格水平，机警的交易者就可以抓住并利用这个信息。图 2.15 和图 2.16 就说明了这个现象。正如之前确定的那样，这个方法的关键点在于参考点的限定和选择以及趋势因子比率。要判断上方第一个水平的阻力位，必须用参考点乘以 1.0556；要获得上方第二个水平的阻力位，必须用参考点乘以 1.112（2×0.0556）①；而要计算第三个水平的阻力位，必须用参考点乘以 1.14（$2\frac{1}{2}$×0.0556）②。反过来，要判断下方第一个水平的支撑位，必须用参考点乘以 0.9444；要获得下方第二个水平的支撑位，必须用第一个下跌的目标位乘以 0.9444（这与计算阻力位的过程不一样）；而要计算第三个水平的支撑位，必须用第二水平的支撑价位乘以 0.9722（这是 0.9444 与 1.000 的中间值）。

要保证支撑位和阻力位正确，就一定要选择正确的参考点。我通过研究已经找到一些具体形态，这些形态可以识别可用于计算这三个价格水平的参考价。具体而言，如果（1）参考日的收盘价低于其前一天的收盘价，而（2）前一天的收盘价也低于其前一天的收盘价，并且（3）参考日第二天的收盘价大于参考日的收盘价，那么用参考日的低点乘以那几个比率，就可以算出上方的阻力水平和投射值。如果参考日的收盘价或者参考日前一天的收盘价是个上升的收盘价，或者维持不变，那么用于计算第一个阻力水平的参考价要采用参考日的收盘价。有一种特别情况，就是参考日第二天的最低点高于参考日的收盘价。当这种情况出现时，还是要用参考日的收盘价乘以比率 1.0556 来确定第一个水平的阻力位（见 2.17）。而要计算第二个和第三个水平的阻力位，则要采用参考日的最低点。

---

① 原文即如此。——译者注
② 原文即如此。——译者注

资料来源：Logical Information Machines, Inc. (LIM), Chicago, IL.

图 2.17　A 和 A' 标注的分别是两个参考低点日的第二天，这两个交易日开盘都向上跳空——最低点高于其前一日的收盘价。因此，要用趋势因子乘以这两日的收盘价。

在计算第一水平的支撑位，以及接下来两个向下的价格投射时，也必须要做一个类似的收盘价关系评判。如果参考日以及参考日前一天的收盘是上升的收盘价，那么就采用参考日的最高价来投射这个关键的支撑水平。第二个支撑水平要用第一个支撑水平乘以 0.9444 来得到。而第三个支撑水平是第二个支撑水平的 0.9722。如果参考日或者参考日前一天的收盘价是下降的收盘价，那么就用相同的比率来乘以参考日的收盘价。唯一的例外情况就是，参考日第二天的最高价低于参考日的收盘价。在这种情况下，第一水平的支撑位就由参考日的收盘价乘以因子0.9444（见图2.18）。第二和第三水平的支撑位则采用参考日的最高价来计算。

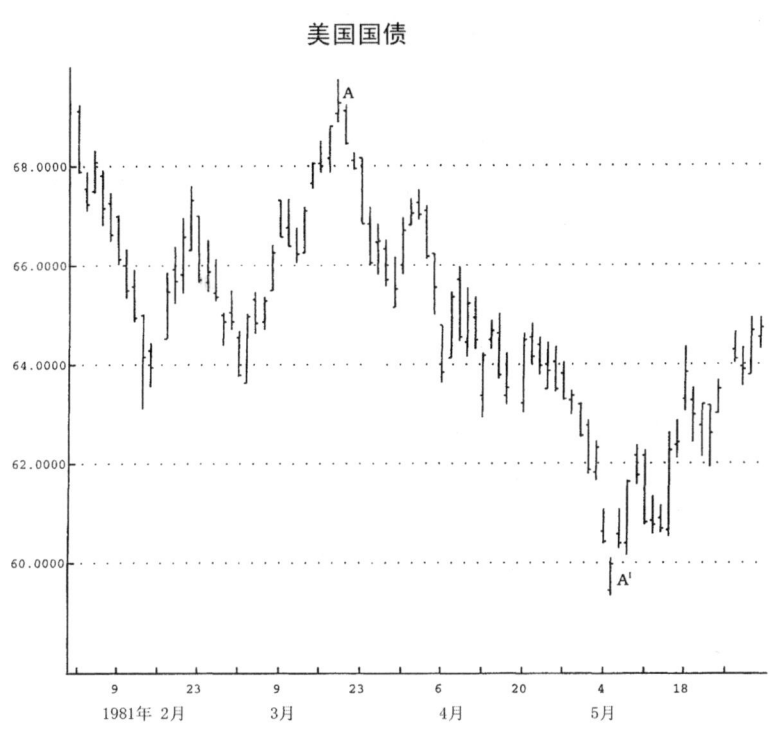

资料来源：Logical Information Machines, Inc. (LIM), Chicago, IL.

图2.18 图中A的最高价低于其前一日的收盘价，因此存在一个价格缺口。所以要用趋势因子乘以A前一日的收盘价。A'是一个参考低点，其后有一个向上跳空的缺口。

总体而言，价格第一次尝试穿过水平1——由最低点或最高点乘以趋势因子而来——是比较容易达成的。但是，如果价格超过了投射价位，但却没有收于这个价位的上方或下方（取决于做多还是做空），那么下一个趋势因子目标位被达到的几率就要减少50%——具体而言，价格投射的两个水平分别是1.0834和0.9722。这种特别情况只在价格于当天确认了水平1，但收盘价却没有达到时。

这些规则也存在一种例外情况。由于一些期货市场的报价不是整数，而是含有多位小数，比如外汇期货市场，那么就一定要对趋势因子（Trend FactorTM）作出调整，在原来0.9444的基础上增加一位，即0.99444，而1.0556也变成1.00556。

我发现由趋势因子投射而来的支撑和阻力水平常常异常准确（见图2.18）。遇到价格在当天接近一个趋势因子水平或者甚至超过这个水平，但是最后趋势却反转的情况一点也不奇怪。但是，价格一旦收盘时超越了某个水平，往往就会朝下一个水平前进。运用这个方法获得成功的关键在于，参考点的正确选择以及趋势因子的正确运用。在本章前面讨论过的确认指标，也能很好地适用于预期突破有效性的确认。

第 3 章 超买和超卖

大部分市场分析者会利用各种指标来识别高风险区域或低风险区域的买入机会。他们把这种区域称为超买或者超卖。通常情况下，他们会把超买的读数与卖出联系起来，把超卖的读数与买入联系起来。不幸的是，这样的分类更多的是误导，而不是帮助。大部分表面看来非常聪明和理智的投资者，常会忽略很多的无效的信号，他们不会去分析这些信号失败的原因。这个问题困扰了我多年。

忽略或者摈弃某个市场择时方法的很多缺点或不足，绝不是我的习惯。我已经推断出对买入/卖出区域的解读无效或不足的原因，但是我还需要实质性的证据，我会坚定不移地追寻下去。不幸的是，没有什么事情能比陷入快速亏损的个人交易更催人奋进了。我的交易经验表明积极主动的参与——交易你的个人账户并运用各种技术——与消极被动的参与——仔细研究图表然后做假想的交易——之间有很大的区别。你的个人账户的每一个价格最小变动单位的亏损，似乎都会激发更大的决心，去揭示一个可以阻止未来再度发生类似不愉快情形的决策规则。在15年前，我通过反复试验，找到了这样一组在解读指标时需遵循的规则。这些研究成果将呈现在本章节中。

大部分普遍使用的指标，比如 RSI 或者随机震荡指标

（stochastics），身后都跟着一帮虔诚的信徒。这些信徒像信奉教条一样，完全认可那些被普遍遵循的规则以及对这些指标数值的解读。但是，令人惊奇的是，他们在把这些指标加入他们的指标库之前，对这些指标的研究却是如此的少。大量的资金被置于危险之中，却只用很小的努力来完成确定指标功效所需的最小量的调查。为了证实这一点，我想与你分享一件我在多年以前遇到的事情。

随着电脑和市场交易软件在20世纪70年代后期的引入，市场分析者研究短期价格波动以及指标的变化已经不是稀奇的事情。我亲自观察过这样一个交易者，但观察的结果让我无法相信自己的眼睛——他的做法毫无成效，又显得十分可笑。如果结果不是这么令人悲痛的话，它一定会是一部伟大的喜剧。这个交易者就像大部分交易者一样，在使用着各种现成的指标，但他对于自己选用的指标的组成毫不知情。他所知道的就是这个指标从历史来看，似乎是有效的。他应该知道，单一的这种理由只会把交易引向不归路。就像大部分指标一样，在某段时间之后出现的入场机会已经失去了。发生在这个时间段里的各种波动不会显现在走势图上。正如你可能预料到的，这个交易者陷入了指标"出师就不利"的游戏。我的意思是隐藏在两个指标入场点之间的，常常是产生信号但信号又在正式的入场时间之前消失的波动。

在30分钟的时间内，这个交易者进场了三次，并且全部亏损出场。不幸的是，采用这种形态交易的人，没有一个是获利的，除了做市商。这种情况并不罕见，当交易者坚信自己不用做准备工作，就可以轻易获得成功和财富时，就会出现这种结果。我想提醒这个交易者，要想更好地理解和评价自己使用的指标的构造和难点，需要付出巨大努力。如果进行了这样的研究，他就会意识到指标的变幻无常和细微差别，也会意识到发出一些假信号是指标固有的特性。要想对指标的价值进行准确的评估，我建议交易者（1）要判断真正的入场价位，应该关注与指标时间结束一致的收盘价。(2) 忽略价格波动范围,因为展示每日高点和低点的走势图,会让交易者对真实情况产生一个错误的认识。我一直致力于阻止这类情况发生,所以我会反复试验那些使用范围最广的指标,并研究出我自己的可靠指标。接下来的讨论主要是如何正确解读大部分技术指标相关的超买/超卖的读数,这是我通过反复研究发现的。

正确解读"温和的"和"严重的"超买/超卖状态

在1982年8月,股票市场出现了一个低点。之后不久,市场聚集了前所未有的力量向上爆发。所有被广泛使用的价格指标立即从温和的超卖水平摆动到一个严重的超买水平。正如我当时预测的那样,由于严重的超买状态,市场追随者都认为市场将迎来一波下跌行情。但这种情况没有出现(见图3.1)。就像火箭需要极大的推力才能离开地球大气层进入轨道一样,如果交易市场也有着类似的规律,那么也会出现类似的结局:市场的重力定律至少暂时会失效。我的观测结果和实践经验证明,这样的市场状况是不寻常的。比如,在这种情况下,严重的超买状态并不意味着此时买入是高风险的,或此时正是卖出的好时机,而是意味着一个特别的买入机会,因为此时的上涨是因为买盘蜂拥而入。格外急迫的买入与价格顶点无关。一般来说,此前达成的供给-需求均衡状态被需求的激增打破,要达到新的均衡,还需要花大量时间。我在不久前发现这种不均衡也有类似的特性。

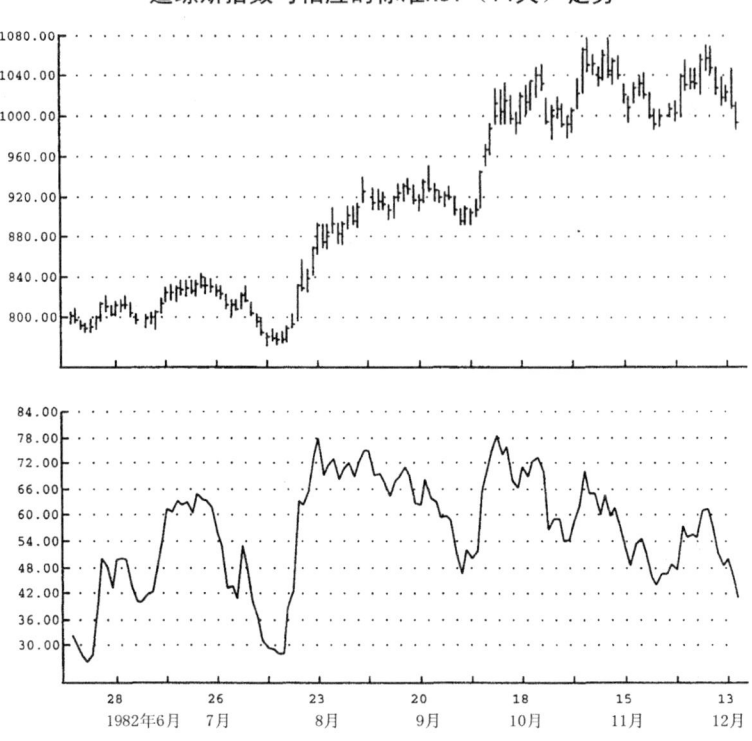

资料来源：Logical Information Machines, Inc. (LIM), Chicago, IL.

图3.1 14日RSI指标在整个8月和10月期间一直逗留在超买区域——超过65。这两个超买时期都不是卖出的时机，此时反而应该观望或者甚至入场，因为需求如此强劲，以致指标读数会先下降，然后再上升到读数温和、不太严重的超买区域。

通过大量的研究，我发现有很多超买和超卖状态意味着价格反转的例子。我找到了这些例子的一个共同特性。具体情况就是，温和的超买/超卖读数能与价格的反转点很好地吻合，而严重或极端的超买/超卖读数却不能，以致大部分分析者为此感到不解。我的研究结果表明，所需要的只是一个"再循环"——离开极端状态回到中性区域，然后第二次或者第三次（如果有必要的话）回到超买区域，但是指标读数相对温和——这就是价格反转的预兆（见如3.2）。

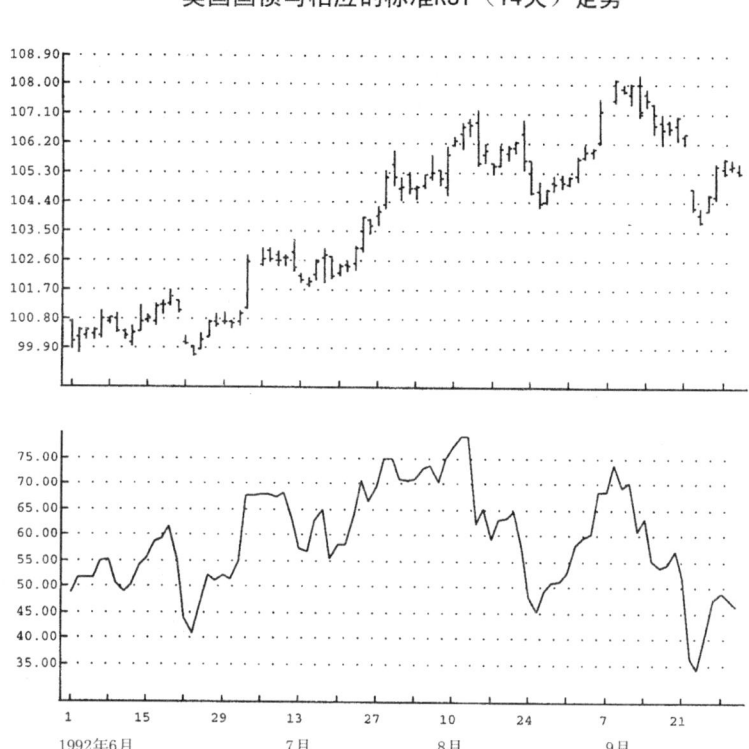

资料来源：Logical Information Machines, Inc.（LIM），Chicago, IL.

图3.2　在7月和8月，以及9月的小部分时间，超买读数都大于65。

我得出的关于正确解读超买/超卖的结论，与其他大部分分析者讲授的和认为的不一样。具体而言，大部分分析者使用的指标常常发出不成熟的信号，为了应对这个问题，这些分析者通常会依靠一种被称为背离的分析。事实上，这个方法完全没有抓住问题的关键。它只是"症状"，不是原因。让我来解释一下，无论市场状态被归类于温和还是严重，时间才是关键的决定因素。超买/超卖的程度是次要的。通过反复试验，我总结出在通常情况下，如果一个指标显示市场处于超买/超卖状态，并且持续时间仅为5天或更少（也可以选用其他时间单位），那么就认为是温和的；如果一个指标显示市场处于超买/超卖状态，并且持续时间超过5天，就被认为是严重的。正如你看到的，关键的区别在于持续多长时间（见图3.3）。

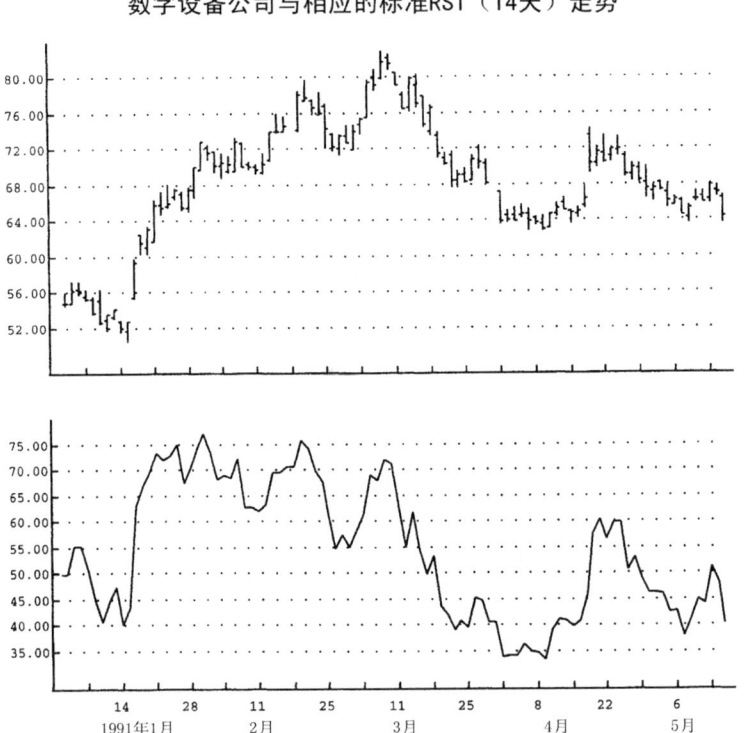

资料来源：Logical Information Machines, Inc. (LIM), Chicago, IL.

图3.3　看看下图3月份中持续时间较短的超买时期是如何与上图中价格顶峰出现的时间相吻合的。

还有一种较为罕见的情况，就是指标在一段时间内显示的读数极端得不能再极端。这种极端读数的意义等同于那些"温和"的读数，预示着市场将反转（见图3.4）。此时的指标正处于一个极端得似乎要跳到图外的水平。

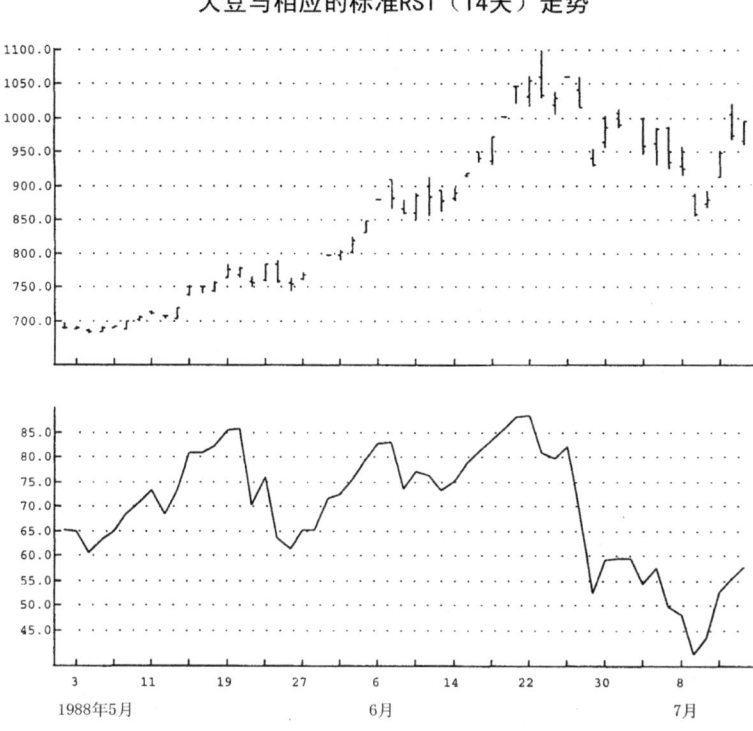

资料来源：Logical Information Machines, Inc. (LIM), Chicago, IL.

图3.4 超买读数持续的时间如此长，导致需求最终耗竭。这是一般规则的例外情形。

整体市场环境

可以利用其他技术来完善这个指标评估和解读的方法，以提升其表现。具体而言，为了正确把握市场的方向，我强烈建议要对价格的长期波动有一个整体的看法。也就是说,一旦识别了市场的整体环境,就只做与这个趋势方向一致的交易。例如,如果趋势是向上的,并且当前指标读数是温和的超卖,就可以采取相应行动。反过来,如果趋势是向下的,并且当前指标读数是温和的超买,也可以展开相应行动。除此以外,如果趋势与当前指标是相互矛盾的,就要推迟采取行动。

我的经验告诉我,对于超买/超卖状态是温和还是严重的描述才是关键因素,但这个因素被大部分分析者都忽略掉了。我把这种疏忽归咎于缺乏研究的雄心和创造力。但是,我的目的并不是想显示我的做法在各方面都比其他人好。这只是我对目前被广泛采用的、也是最原始的指标解读方式的一个看法。

波幅扩张指数(REI)和 DeM 震荡指标

在这里,我要介绍两个我自己创建并使用了一段时间的指标:(1)波幅扩张指数(Range Expansion Index)(REI)和(2)DeM 震荡指标(DeMarker Indicator)。我用这两个指标来替代目前很多被广泛使用的交易指标,其中有些指标,我也顺带做了些改进。

REI 和 DeM 震荡指标都是用来识别通常与价格高点和低点相符合的价格衰竭区域。以上关于正确解读超买/超卖读数的论述,也同样适用于这两个指标,但是由于这两个指标是通过算术方法,而不是指数方法计算的,所以长期的极端水平被实现的可能性有所降低。此外,REI 需要统计的时间为 8 天,而严重或极端的读数几乎从不出现,即使出现也只出现很短一段时间。下面将介绍 REI 和 DeM 震荡指标的规则和原理。

波幅扩张指数（REI）

我总是会对交易者普遍使用的指标保持怀疑的态度。我认为普遍的使用和认可会有效地抵消它们中任何一个带来的益处。所以，我要么改进这些指标，要么创建我自己的指标。波幅扩张指数〔Range Expansion Index（REI）〕就是这样一个指标。我需要有一个指标，在价格上涨和下跌的时期敏感，而在价格横盘整理以及急剧上涨和下跌的时期却不作出反应。为了达到这一目标，我制定了以下规则。我将拿当天的最高价和最低价与其前两天的最高价和最低价作比较。如果当天的最高价高于两天前的最高价，就得到一个正的差值；如果当天的最高价低于两天前的最高价，就得到一个负的差值；如果当天的最低价高于两天前的最低价，也得到一个正的差值；如果当天的最低价低于两天前的最低价，也得到一个负的差值。把其中两个差值加起来，得到的结果就可用于对那天价格走势的判断。

表3.1列出了今天的价格波动范围与两天前的价格波动范围的四种关系。主要是与两天前的最高价和最低价作比较：
1. 今天的最高价和最低价都相对较高；
2. 今天的最高价和最低价都相对较低或相等；
3. 今天的最高价较高，而最低价较低或相等；
4. 今天的最高价较低或相等，而最低价较高或相等。

表3.1 价格波动范围的比较

今天的最高价高于两天前的最高价

和

今天的最低价低于或等于两天前的最低价

或

今天的最高价低于或等于两天前的最高价

和

今天的最低价低于或等于两天前的最低价

或

今天的最高价高于两天前的最高价

和

今天的最低价高于两天前的最低价

或

今天的最高价低于或等于两天前的最高价

和

今天的最低价高于两天前的最低价

我没有比较今天和前一天的价格的关系,这样就剔除短期波动的干扰,并使趋势形态有了更大的保证。还有一种情况要求两天前的最高价高于或等于7或8天前的收盘价,或者当天的最高价高于或等于5或6天前的最低价。通过要求价格表现出下跌正在减速的一些证据,从而避免交易者在急剧的下跌中进场买入。同时,两天前的最低价必须低于或等于7或8天前的收盘价,或者当天的最低价必须低于或等于5或6天前的最低价。同样的,这也确保了上涨的速率不是过快,有助于避免在暴涨中卖出。在这两种情况中,如果价格行为没有确认上涨或下跌的速

率有所放缓，就标记为 0 值。把 8 天时间内所有的正值和负值加起来，然后除以价格波动（正值和负值）的绝对值，就可以得到在100和-100之间浮动的一个指标（比率），即波幅扩张指数（REI）。

实践表明，如果 REI 的读数超过 60，之后又下降到 60 以下，价格的疲软之态就会变得明显。反之，如果 REI 的读数跌到-60 以下，之后又上涨超过-60，价格的强势就会变得明显。图 3.5 和图 3.6 就证实了这一现象。表 3.2 列出的是 Logical Information Machine 公司用于定义 REI 指标的程序代码。

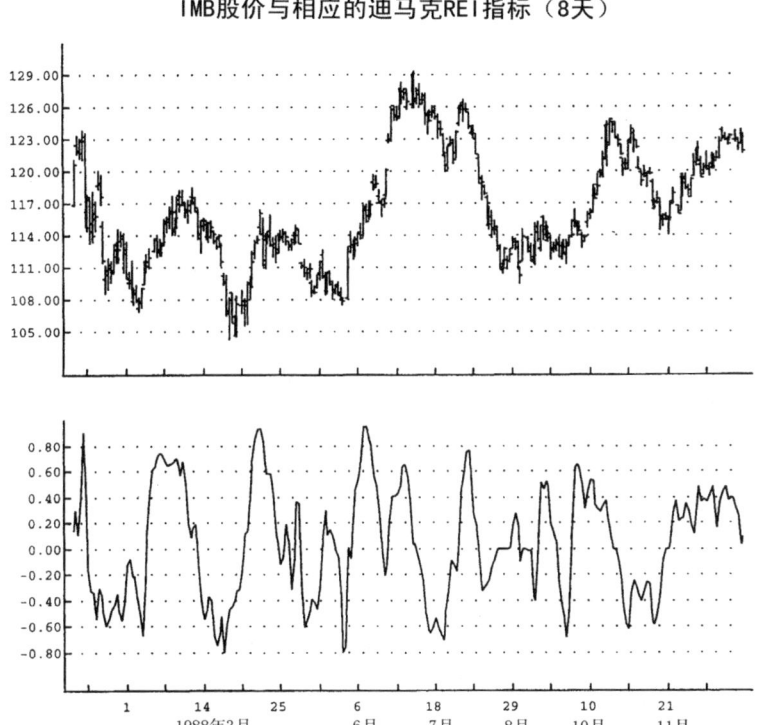

资料来源：Logical Information Machines, Inc. (LIM), Chicago, IL.

图 3.5　REI 波动到-60 以下，通常与价格的低点相吻合。反之，REI 波动到 60 以上，通常就是价格的高点。

美元指数与相应的迪马克REI指数(8天)

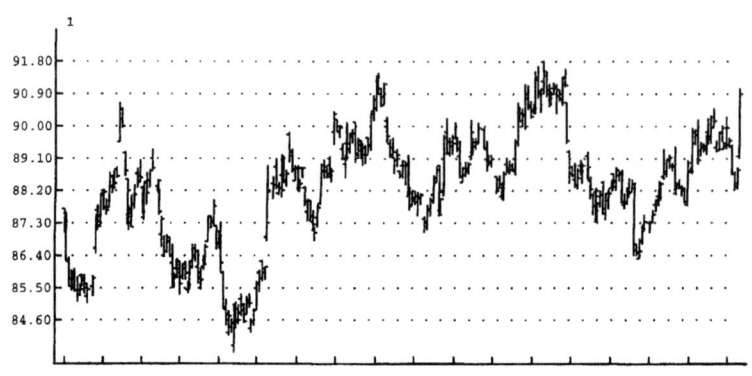

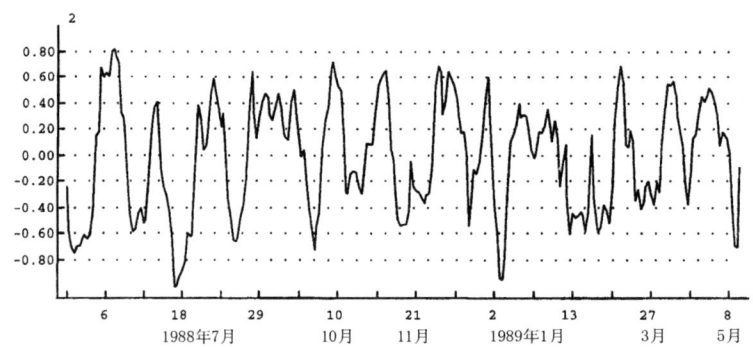

资料来源: Logical Information Machines, Inc. (LIM), Chicago, IL.

图3.6 两幅图(图3.5和图3.6)都描述了波幅扩展指数(REI)的波动与相应的交易品种价格波动的关系。REI高于60或低于-60时,常与价格的高点或低点相吻合。更具体地说,一旦价格从-60以下向上穿过-60,或者价格从60以上向下穿过60,就发出了价格反转的信号。

表 3.2 迪马克 REI（8 天）

```
ATTR MACRO REI2   (SECURITY sec, PERIOD TimePeriod )
       DEFINE
       COLUMN MACRO sub_values (SECURITY sec )
            VARS
                 var1
                 var2
                 num_zero
                 num_zero2
            INITIALIZE
                 var1 := High of sec - High of sec 2 units ago
                 AND
                 var2 := Low of sec - Low of sec 2 units ago
                 AND
                 num_zero := if High of sec 2 units ago < Close of sec 7 units ago AND
                             High of sec 2 units ago < Close of sec 8 units ago AND
                             High of sec < Low of sec 5 units ago  AND
                             High of sec < Low of sec 6 units ago then 0 Else 1 Endif
                 AND
                 num_zero2 := if Low of sec 2 units ago > Close of sec 7 units ago  AND
                              Low of sec 2 units ago > Close of sec 8 units ago AND
                              Low of sec > High of sec 5 units ago AND
                              Low of sec > High of sec 6 units ago then 0 Else 1 EndIf
            RETURN
                 ( num_zero * num_zero2 * var1 ) + ( var2 * num_zero * num_zero2 )
       ENDMACRO
       COLUMN MACRO AbsDailyVal ( SECURITY sec )
            VARS
                 var3
                 var4
            INITIALIZE
                 var3 := AbsVal ( High of sec - High of sec 2 units ago )
                 AND
                 var4 := AbsVal ( Low of sec - Low of sec 2 units ago )
            RETURN
                 var3 + var4
       ENDMACRO
RETURN
       TimePeriod sum of sub_values ( sec )  / TimePeriod sum of AbsDailyVal ( sec )
ENDMACRO
```

DeM 震荡指标

DeM 震荡指标（DeMarker Indicator）是通过下面的比较关系构建的。把当天的最高价与前一天的最高价作比较，如果当天的最高价更高，就得到一个差值；如果当天的最高价低于或等于前一天的最高价，就标记为 0 值；然后把 13 天内所有的差值加起来，得到 DeM 指数（DeMarker Index）的分子。同样的，把当天的最低价与前一天最低价作比较，如果当天的最低价高于前一天的最低价，就标记为 0 值；如果低于前一天的最低价，就得到一个差值。然后把 13 天内的所有差值加起来，再加上之前计算得出的分子数值，就得到 DeM 指数的分母。最后用分子除以分母，一个灵敏且简单的指标就建成了。

图 3.7 和图 3.8 就清楚地说明了这一现象。就像你看到的那样，指标在 0 到 100 之间浮动。一旦 DeM 震荡指标下降到 30 以下，就确认了一个潜在的底部。反之，一旦指标上升到 70 以上，就确认了一个潜在的顶部。

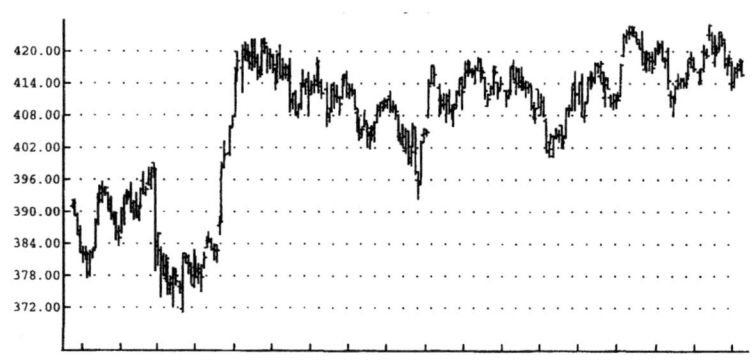

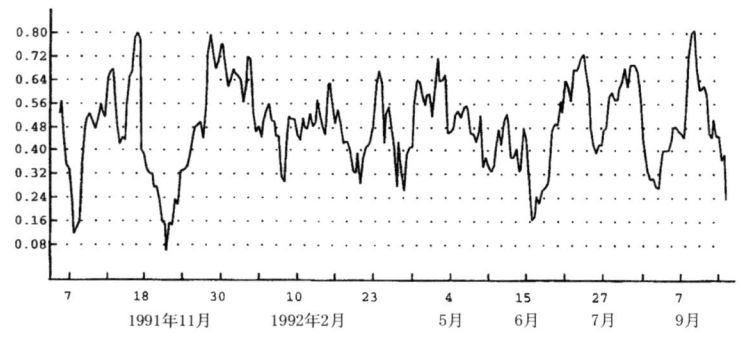

资料来源：Logical Information Machines，Inc.（LIM），Chicago，IL.

图 3.7　注意看，图中当 DeM 指数波动到 70 以上，随后又下跌到 70 以下时，都是价格见顶的时候。此外，当指数波动到 30 以下，随后又上涨到 30 以上时，也确认了价格的底部。

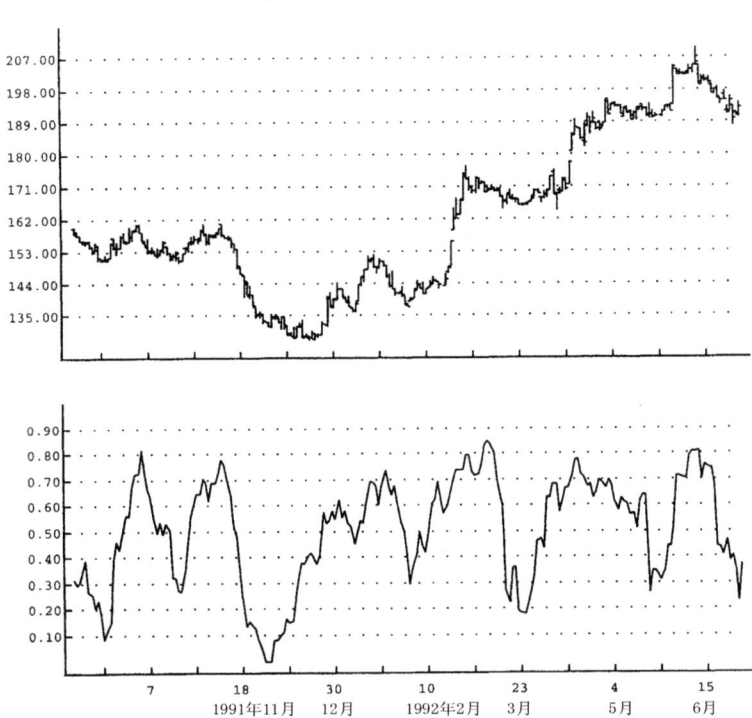

哥伦比亚广播公司股价与相应的DeM指标（13天）

资料来源：Logical Information Machines, Inc.（LIM），Chicago, IL.

图 3.8 注意观察，指标一旦下降到 30 以下，或上涨到 70 以上，都确认了潜在的价格转折点。

和 REI 一样，DeM 震荡指标也是旨在区分高风险和低风险的买入区域。不过 REI 是拿隔一天的价格作比较，以保证正确识别趋势，而 DeM 比较的是相邻两天的价格。此外，REI 计算的时间为 8 天，而 DeM 是由 13 天的平均值构建的。（两个指标的标准时间参数分别为 8 天和 13 天，这两个时间参数都可以进行调整。）表 3.3 列出的是 Logical Information Machine 公司用于定义 DeM 指标的程序代码。

表 3.3 DeM 震荡指标（13 天）

```
ATTR MACRO DeMarker (SECURITY Sec, PERIOD TimePeriod )
    RETURN
        MovingAvg ( If High of Sec > High of Sec 1 unit ago
                then High of Sec - High of Sec 1 unit ago Else 0
            Endif, TimePeriod ) /
        MovingAvg ( if High of Sec > High of Sec 1 unit ago
                then High of Sec - High of Sec 1 unit ago Else 0
            Endif  + If Low of Sec > Low of Sec 1 unit ago Then 0
                else Low of Sec 1 unit ago - Low of Sec endif, TimePeriod )
ENDMACRO
```

  长期和短期的指标我都建议你试用一下。采用长期的参数，你可以在长期的趋势或者市场整体环境中定位。使用短期的指标，可以在一个低风险的点位进场交易，这样你就可以对你的入场点进行微调，并确定是在顺着市场趋势进行交易。

  我用 REI 和 DeM 震荡指标来说明创建自己的指标是多么容易的事情。除了少许的创造力，还需要具有超越其他交易者的真诚愿望。当我首次尝试实现这一目标时，还没有个人电脑或软件可用。如今当然不一样了。总之，如果你决心成为一个成功的交易者，你就没有理由不运用这项功能。

第 4 章　波浪分析

在 20 世纪 70 年代，艾略特波浪理论被提出后不久，我就寻找高手来教我这个方法。遗憾的是，这方面的高手我只认识来自圣路易斯市的乔·柯林斯（Joe Collins）和加拿大的杰克·弗罗斯特（Jack Frost）。我联系了他们，他们向我介绍了很多投资者，这些投资者都用过艾略特波浪分析和菲波纳奇数列。其中特别介绍了两个交易者，他们都来自佛罗里达州。他们提供的经验和信息——或许更精确地说，也没提供特别有价值的东西——对于创建我自己的波浪分析方法有极大的帮助。

于是，我决定自己研究，希望研究出属于我自己的关于这个理论的结论。我确信这里面存在非常具有价值的东西，只是我还没有发掘出来而已。从埃及金字塔的结构到公里和英里之间的转换，菲波纳奇数列在自然界广泛存在着。不过要解释并定义菲波纳奇和波浪行为在市场中所扮演的角色，还要经过一番努力。我得出的关于菲波纳奇回撤的结论，已在第 2 章中进行了讨论。在本章节中，我将介绍我的波浪技术。

波浪分析在 20 世纪 70 年代时期还完全默默无闻，到今天被普遍接受，这个转变至少可以说是令人感叹的。大约 20 年以前，我竭尽所能地想整合波浪的识别和运用两方面。现在回想起来，除了前瞻性地运用接近于不可能外，其他没有更好的表现。没有严格的规则来正确定义结束阶段，更别提波浪形态显露时的初始阶段了。这就好像一个人试图抓住烟雾——虽看得见，却飘渺无形。

有些交易者把这个理论运用得非常成功，但是当问起细节时，他们的答案却前后不一致，并且总有例外情况。既然这个"理论"被这样广泛地使用，为什么对于这个理论的解读却如此不同？这个问题总是困扰着我。我发现一个有意思的现象——让10个艾略特波浪理论"专家"独自分析同一幅走势图，会得到10个完全不同的结果。假设把所有的衍生指标都运用上，比如回撤比率，如果连核心都是缺乏实质性的，那从它衍生出来的东西又如何靠得住呢？为了打消那似乎合理的忧虑，同时也为了利用这个波浪的原理，我研究出了自己的波浪识别的方法。这个方法与传统的方法有所不同，我这个方法的特点是明确、简要、合理的。

菲波纳奇数列贯穿了整个艾略特波浪理论。从波浪的数量到回撤的幅度以及价格的投射，都以菲波纳奇数列为基础。遗憾的是，在我发展出这个完全机械的波浪分析方法之前，没有一个人创建出客观的波浪分析方法所必需的这种结构。我的方法很简单，只是综合了由一系列高点和低点确定的形态。我把这个方法称为 D-波浪（D-Wave）分析。每个系列选择的天数，都源自于菲波纳奇数列。虽然使用的具体菲波纳奇数字会有所改变，但是要求都是相同的。不过在每次使用时，必须累积足够的数据以构建一个可行的模板。具体而言，我要先找出一个 13 日最高收盘价——这个收盘价要高于其前 13[①] 天的最高价。然后，紧随 13 日最高收盘价之后，找到第一个 8 日最低收盘价——这个收盘价低

[①] 作者把 13 日最高收盘价定义为高于其前 13 天（而不是前 12 天）所有高点的收盘价。后面的相关定义也是如此。——译者注

于其前 8 天的所有收盘价。一旦确定这两个点，第一浪①就完成了。第二浪在 21 日最高收盘价（高于其前 21 天所有的收盘价）确定时开始。一旦 13 日最低收盘价（低于其前 13 天所有的收盘价）形成，就认为第二浪已经走完。最后，一旦 34 日最高价出现——高于其前 34 天所有的高点，第三浪就开始了。当 21 日最低价形成——低于其前 21 天所有的低点，就认为第三浪结束了（见图 4.1）。与本书中其他大部分走势图一样，本章中的例子都是采用日线图。但这绝不表示它们的运用只局限于这个时间框架。这些规则也同样适用于其他所有时间框架，不管是小时图还是月线图。

---

① 根据作者前后文意思，此处的第一浪应该指作者定义的 D-波浪 1，包括传统波浪定义中的第 1 浪和第 2 浪，后面的第二浪包括传统波浪定义中的第 3 浪和第 4 浪，而第三浪指的是第 5 浪。——译者注

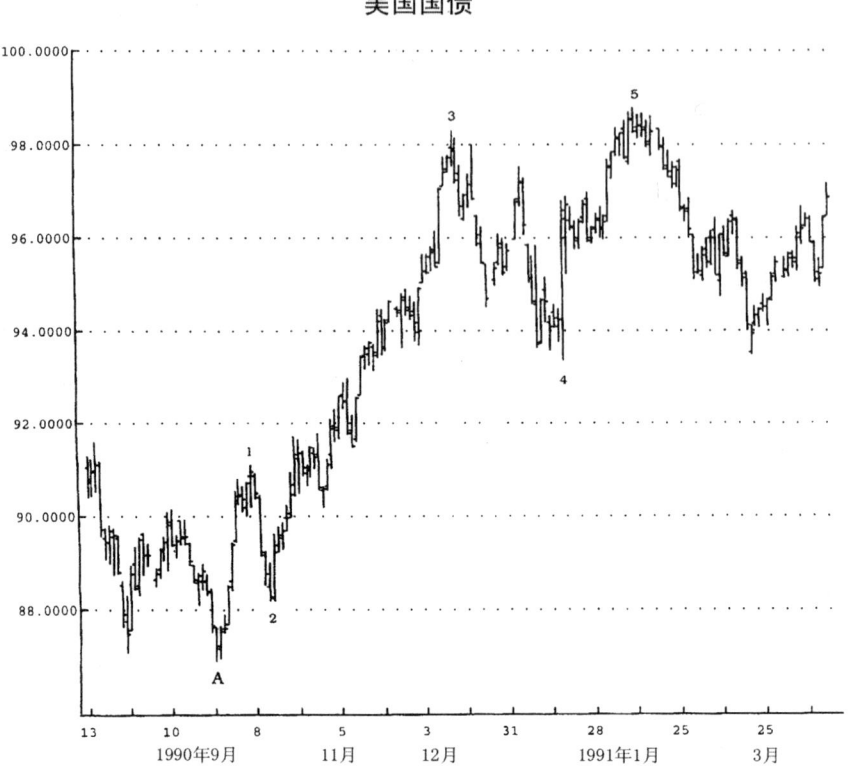

资料来源：Logical Information Machines, Inc.（LIM），Chicago, IL.

图4.1 图中标记出了D-波浪方法确定的各浪的位置。A点已确认为21日最低点——低于其前21天所有的低点。被标记为1的上升波浪实际已在价格见顶之前4天被确认——因为那天收盘价大于其前13天所有的高点。一旦随后第一个低于其前8天所有收盘价的收盘价出现，D-波浪1就正式结束。当第一个高于其前21天所有收盘价的收盘价形成时，接下来的一个上升浪就开始了。一旦价格收盘的位置低于其前13天所有的收盘价时，第二浪也完成了。当34日最高价出现时——高于其前34天所有的高点，最后一个上升浪也开始了。之后一旦出现21日最低点，那么这一浪也算完成了。除了在确定波浪完成时要计算天数外，时间并不是一个关键的因素。价格波动才是最重要的。

仔细观察一下确定这三个波浪的天数，就会发现一个现象，确定最低点所需的天数是确定最高点所需天数的 0.618。这里关键的考虑因素是起始点。在第一个 D-波浪开始计算之前，至少 21 日最低收盘价已经形成，这是非常重要的一点（见图 4.2）。一旦掌握了 D-波浪技术，在第二章中介绍的回撤方法，包括关键价格的识别以及迪马克回撤确认指标的运用，也同样适用。

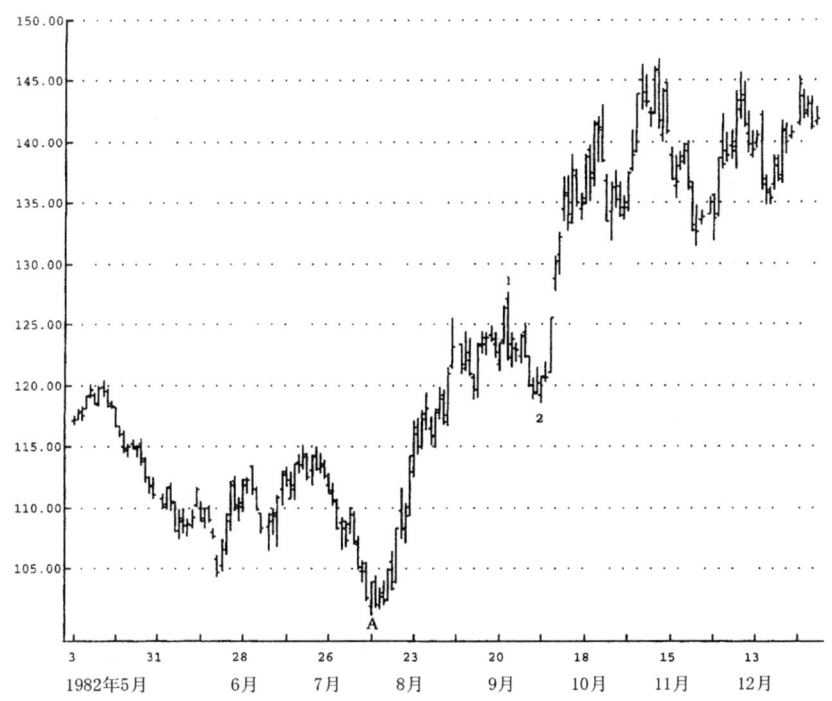

标准普尔500指数

资料来源：Logical Information Machines, Inc.（LIM），Chicago, IL.

图 4.2 点 A 是 21 日最低收盘价——一个低于其前 21 天所有的收盘价的收盘价，因此，D-波浪 1 的起始点就确定了。一旦 13 日最高收盘价形成，并且随后第一个 8 日最低收盘价也形成，D-波浪 1 就完成

了。注意点A，它是21日最低收盘价。

用于确认波浪的菲波纳奇数字不必与上面选择的一致。想要对市场有一个较长期的视角，这个系列的数字可以从大于13的数字开始，比如21、34、55，等等，这些数字都可以使用，但是一旦选定了初始数字，随后所有的数字就必须按照菲波纳奇数列排列，每一浪的调整浪所经历的天数都必须是上升浪所需天数的0.618（见图4.3）。

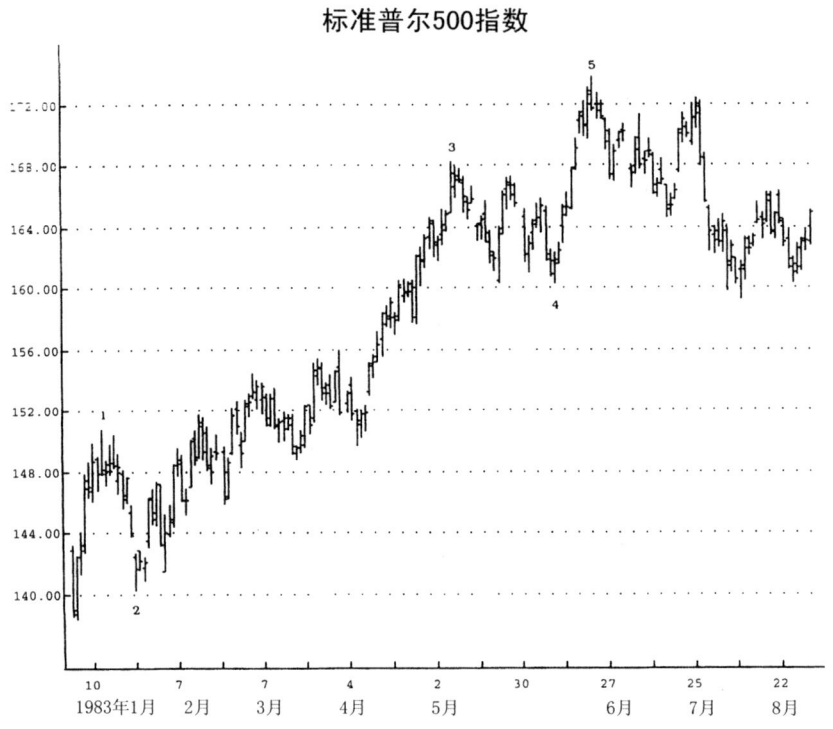

资料来源：Logical Information Machines, Inc. (LIM), Chicago, IL.

图4.3 D-波浪1的起始点被正确地确定，并且到点5的波浪都严格按照规则来确定。这次是用小时图，而不是日线图，不过要求和规则都是相同的。

一旦理解了D-波浪分析法，并且在D-波浪开始形成时，用第一浪乘以不同的菲波纳奇数字，比如1.618、2.618和3.618，就可以推算价格目标（见图4.4和图4.5）。

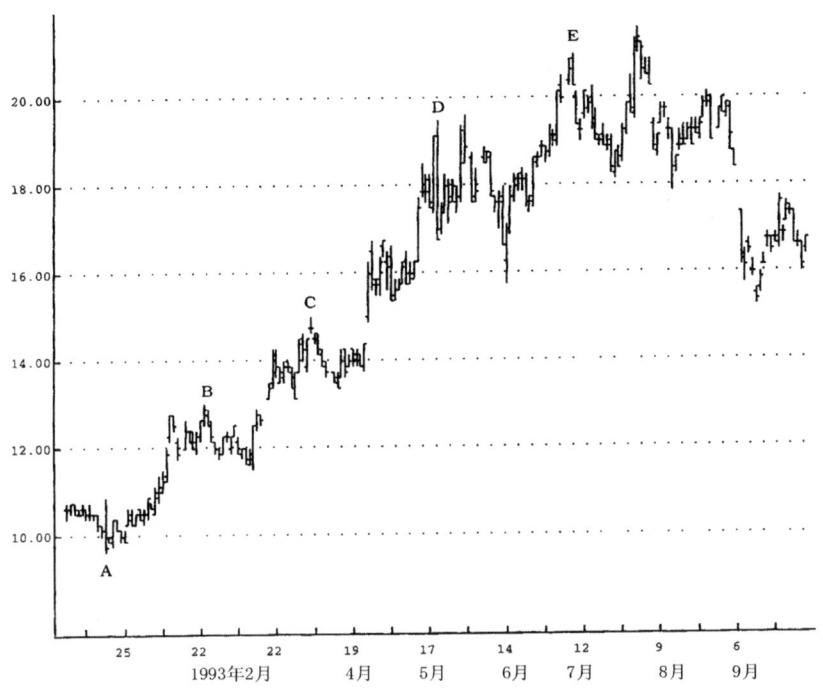

资料来源：Logical Information Machines, Inc. (LIM), Chicago, IL.

图4.4 分别用第一浪的A-B乘以1.618、2.618、3.618和4.618，就可以得到随后的几个价格目标，分别是点C、D和E。

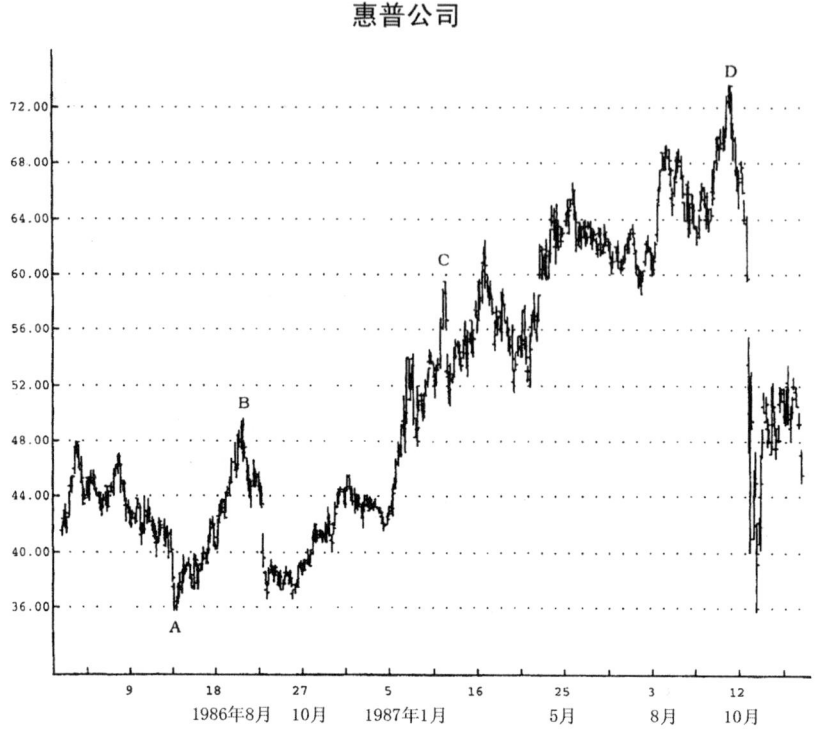

资料来源：Logical Information Machines, Inc.（LIM），Chicago, IL.

图4.5 注意观察，分别用D-波浪1（A-B）乘以1.618、2.618和3.618，就可以得到价格目标C、D和E。

我一直认为持仓的时间可以分类为短期、中期和长期。我相信大多数交易者都接受这种分类。但是，我认为那些交易者对这几个词的定义跟我的定义肯定不一样。他们眼中的这几个词，一定跟具体的时间长度有关，但我是以价格波动来定义它们的。在过去，市场波动率不像现在这样高，所以，价格波动10%至少要花1到2个月，波动10%到20%需要2到6个月，波动20%到30%则要6个月以上，这种现象一点也不奇怪。由于大量基金使用相似的趋势跟踪技术，并同时享有差不多的信息，所以他们几乎是同时买入或卖出，这就常常造成价格缺口。在过去需要数周才能完成的波动,现在只需要数分钟就可以达到。这就是为什么周期如此难以预测的主要原因之一。其实这也是我认为关注时间而不是价格波动是过时的做法的原因。D-波浪分析就认可价格波动的重要性,而且我认为这个认可是这个理论最重要的组成之一。

这些都是对D-波浪分析较为表面的描述,但还是传递出了一个明确的意思:如果分析者赞成这个看法,认为市场价格的上涨和下跌都是以波浪形式展开,那么把这些波动转化为可以客观识别和确认的形态,就不是什么难事。这个过程有助于价格投射和回撤的计算。此外,它也保证了波浪识别和选择的一致性。

第 5 章　累积/派发指标

我初次接触传统技术分析方法时，被它那充满主观性和艺术性的解读方式搞得失望透顶。所以，我坚决进行反抗，以至到了另一个极端——我要寻找完全客观和机械的交易技术。在我专研各种走势图并研究机械交易技术的同时，我利用我的经济学和数学知识创建了供给-需求模型，这个模型可以识别很好的买入和卖出机会。本章节将为你讲述我为了达成这一目标所经历的过程。

虽然我最初试验并发展出的这些各种各样的技术是用于股票市场，但是实践证明，只要稍微做些调整，这些方法也同样适用于期货市场。在进行了各种价量研究并运用了很多公式后，我终于研究出了满足我需要的技术。

我从《经济学101》（Economics 101）①上了解到，在需求增加的同时供给不变或减少，将导致价格上升。反之，在供给增加的同时需求不变或减少，将导致价格下降。

搞清楚这些规律后，我开始研究我能找到的所有关于价格波动和成交量的技术，其中包括被各种市场分析者使用的基本的平衡成交量指标

---

① 经济学入门课程，大学入门课程一般在101教室上课，所以入门课程又被称为101课程。——译者注

(On-Balance Volume），也称为 OBV 能量潮指标。具体地说，这些方法都是拿价格活动与各种各样基于成交量的指标作比较。这种分析方法的基本思想很简单：把成交量看作是推动价格上涨、下跌的燃料。能够成功辨别是否是大买家在收集或派发筹码，交易者就可以从中获益。大幅度的股价波动往往与那些资金雄厚、精明老练、消息灵通的投资者有关。为了利用并参与他们的研究和预期，这个市场模型一定要对由他们的活动导致的供给-需求变化反应灵敏。

我总是说技术分析者是"寄生虫"，因为就其本质而言，他们既不见多识广，也不关心影响投资决策的基本面因素。他们唯一的目标就是识别并顺应趋势。发生在多年以前的一件事情就证明了这句话的正确性，这件事完全是这类交易者性格和态度的典型写照。那时候，我把我研发出的市场择时系统介绍给我的一个好朋友。这个系统能够机械地识别并预测价格的趋势，这个朋友对此非常感兴趣，于是用他自己的钱开了个账户，并根据这个系统发出的信号进行交易。当时，我并不知情。一次偶然的机会，在我们的电话交谈中，他被网上发布的有关零售业的消息打断。很显然，这条消息完全出乎意料。他大喊"我的利润泡汤了！"我问他什么意思。他说我之前给他讲的一个技术让他太着迷了，所以他买了一只发出了该信号的股票。他说他现在担心的是这条基本面消息会对他的头寸产生不利影响。我说他不是基本面交易者，没必要关心任何消息。他同意我的说法，但让他感到奇怪的是，这条消息导致其他零售业股票都下跌，而他的头寸盈利却在继续扩大。我问他买的是什么股票，他说是贴现公司（Discount ① Corp.）。我听后立马笑喷了——他完全不了解他投资的这个公司的基本面，更别说它在从事什么事务。

---

① Discount 既有折扣的意思（零售术语），又有贴现的意思（金融术语）。——译者注

这家他认为从事零售业的公司，实际上是政府债券经纪商。这个交易者是一个市场的忠实门徒，这次一时的失误只是个例外，他不会允许基本面因素与他使用的这个系统发出的信号相抵触。不可否认，这只是一个极端的例子。然而，这件事情也生动地说明了一些交易者忽略基本面、只专注于自己的择时模型到达了一个什么样的程度。在他们的交易生涯中，不存在灰色，只有黑色和白色。

然而，在长期驱动价格波动的还是基本面因素，短期的价格起伏可以通过市场择时工具和技术很好地识别出来。但是由于成交量往往先于价格波动，所以有时短期的价格波动可以很好地掩盖由大玩家主导的根本的价格趋势，不过这种主导趋势也可以通过价格变化和成交量分析识别出来。

这里有一个用于识别基本趋势的技术，只涉及每日的成交量。具体而言，如果某天的收盘价是上升的，那么这天就得到一个正的成交量值，把这个正值加到此前的累计成交量值中。反之，如果这天的收盘价是下降的，这天就得到一个负的成交量值，也把这个负值加到此前的累计成交量值中。最后把得出的数值与每日实际价格波动作比较，通过背离就可以预测出价格的波动（见图5.1）。

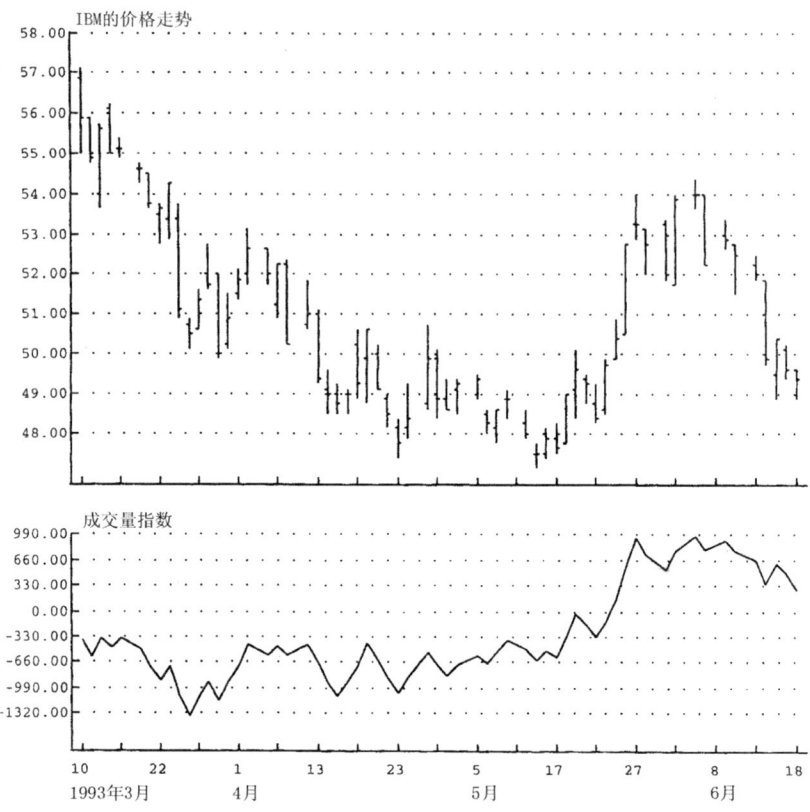

资料来源：Logical Information Machines, Inc. (LIM), Chicago, IL.

图5.1 这个方法背后的原理很简单——成交量的变化先于价格的变化。如果收盘价高于其前一天的收盘价，就表明当天市场在吸收筹码；如果收盘价低于其前一天的收盘价，就表明当天市场以派发筹码为主。这个方法的实践者认为，累积和派发的累计读数会提醒交易者注意隐藏在看似随意的价格波动背后的真实状况。

另外，稍微复杂一点的方法是分析每一笔交易（最小价格变动单位）并且不断重新计算指数——用价格的变化乘以股票成交量（或期货合约的成交数量）。但是其他技术分析者不会统计每一笔交易，而是只关注那些大笔成交单（大于10000股），因为他们认为这些大单是由那些消息灵通、精明老练的投资者成交的，通过对价格波幅的分析可以看出精明投资者的动向。其他成交量分析者依靠价格的变化和成交量，但是只在交易结束的时候进行他们每日的计算。他们用这天的价格变化乘以成交量来得到这个指数（见图5.2）。

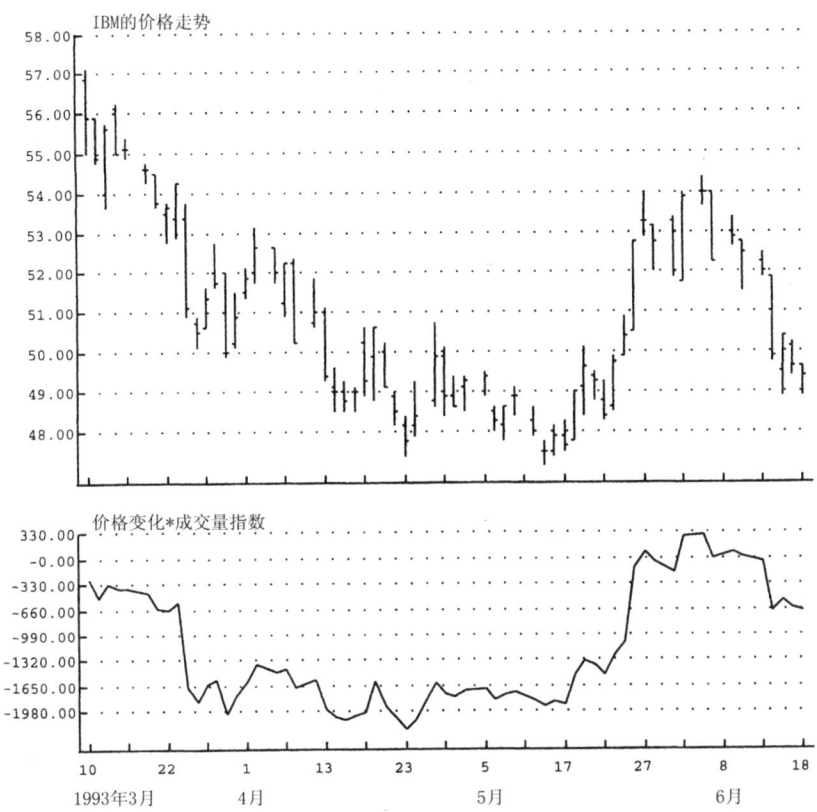

资料来源：Logical Information Machines, Inc. (LIM), Chicago, IL.

图5.2　同时考虑成交量和收盘价到第二天的收盘价的波动幅度，累积-派发指数的效用就会得到提高。

所有这些技术都是有用的，但是没有一个可以满足我的要求。我需要的是更准确、更灵敏的技术。我的一个好朋友兼同事拉里·威廉姆斯（Larry Williams）是市场择时交易者，他也在进行着同样的研究。他使我相信正确的参考点是当天的开盘价，而不是前一天的收盘价，因为所有的报价服务——不管是每日登在报纸上的或其他媒体上，还是从报价机器上获得的——都是报道从前一天的收盘价开始的价格变化，但是这种做法并不能表现价格累积或派发的真实景况。昨天发生的已成为历史，意识到这一点并不困难。新闻事件可以导致价格大幅度地高开或低开，所以，这天的收盘价可以高于前一天的收盘价。但是表面看来是根据当天收盘价与其前一天的收盘价的关系得出的累积或派发的结论，很可能在与当天的开盘价作比较时，得出完全相反的结论（见图5.3）。此外，也要考虑到一种例外情况，即开盘价与其前一天的收盘价差值很大。这时，就要对公式进行调整，以降低这种价格缺口的影响。

显然，当天的价格波幅是测算累积或派发的主要组成部分。通过计算当天的收盘价与开盘价的差值，以及最高价与最低价的差值，并融入成交量因素，就构成了一个合理的供给-需求模型的重要基础。但是，比起这个相对粗略的方法，我最终研究出的方法更复杂，对供给和需求的变化也更敏感。具体地讲，虽然价格波动和指数之间的关系是指示价格方向的很好的指标，但是由于某些股票比其他股票更为活跃（在成交量方面），所以实际上无法比较各种股票的相对吸引力。现在我要更详细地为你讲述我是如何协调股票的比较和排名问题的。

我之所以要与你分享我总结出的关于价格变化与成交量之间的关系的结论，并不是要说明我的方法就一定是最好的方法，而是想要告诉你这是我经过研究，并试验了其他数不清的方法后得出的方法。这个方法的特点是富有逻辑性、操作简单、用途广泛，并且综合了多种分析方法。一旦掌握这个方法，使用者就可以在相对的基础上对很多股票进行评估。从理想上说，他还可以推断出价格上涨或下跌的原因——是持续性上涨的开始还是仅仅是空头回补？我不会只列举这个技术的其他很多优点，我会同时强调它们的优点和缺点。

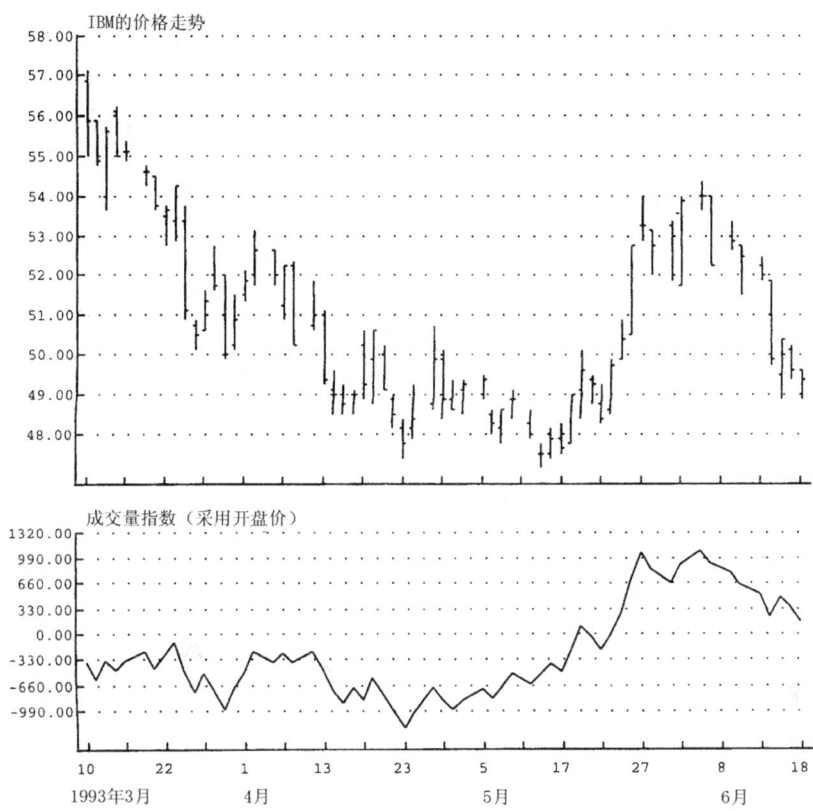

资料来源：Logical Information Machines, Inc. (LIM), Chicago, IL.

图5.3 昨天发生的已成过去。比收盘价间的关系更有意义的是收盘价与当天的开盘价的关系。如果收盘价高于开盘价，市场就在吸收筹码；反之，如果收盘价低于开盘价，市场就在派发筹码。

以下的技术是相互关联的，而这个综合方法是我经过了多年的时间才研究出来的。其中，核心的创建是整个过程中最关键的部分。我常常会反复考证我提出的那些基本假设的逻辑和根据。但是，从目前从公共领域获得的一些资料来看，我确信这个基础能够非常有力地支持我所有的衍生工具研究。就像我上面讨论的那样，累积（需求）和派发（供给）的关键区别在于参考点的选择。在我指出开盘价才是几乎所有累积/派发计算的合理关键价格很多年以后，我的这个结论得到了一个股票市场主要经纪人的认可。每个人都知道纽约证券交易所的专营经纪人的地位和优势。我有幸与其中备受尊敬的一个专营经纪人建立了特殊的亲属关系。我与他分享了我关于累积和派发的理论和公式，并告诉了他开盘价的重要性。他听到后，对我的发现和分析方法感到非常吃惊。他指出我已经从数学上精确地表达了他在交易场内多年凭直觉获得的东西。要把它转换成投资者可以同时监测大量股票的切实可行的法则，是他以前认为不可能做到的事情。他的认可增强了我对这个方法的信心，我将对其展开进一步的研究。

虽然这个公式是基础，但是为了彻底提高它们的效用和潜力，我建议你试验一下这个累积/派发理论的各个方面（见图5.4）。下面这个公式是所有计算的基础：

换句话说，这个公式描述了收盘价与当天开盘价的关系。如果结果是正值，就可以认为市场在吸收筹码；如果结果是负值，市场就在派发筹码。把开盘价到收盘价的波动，与当天的价格波幅（从最低点到最高点）作比较，会得出一个比率，然后用这个比率乘以当天的成交量，就可以据此判断累积或派发的强度。就其本身而言，当逐渐累计下去并与基本的价格活动作比较时，这个指数值就是一个指示未来价格波动的很好指标。

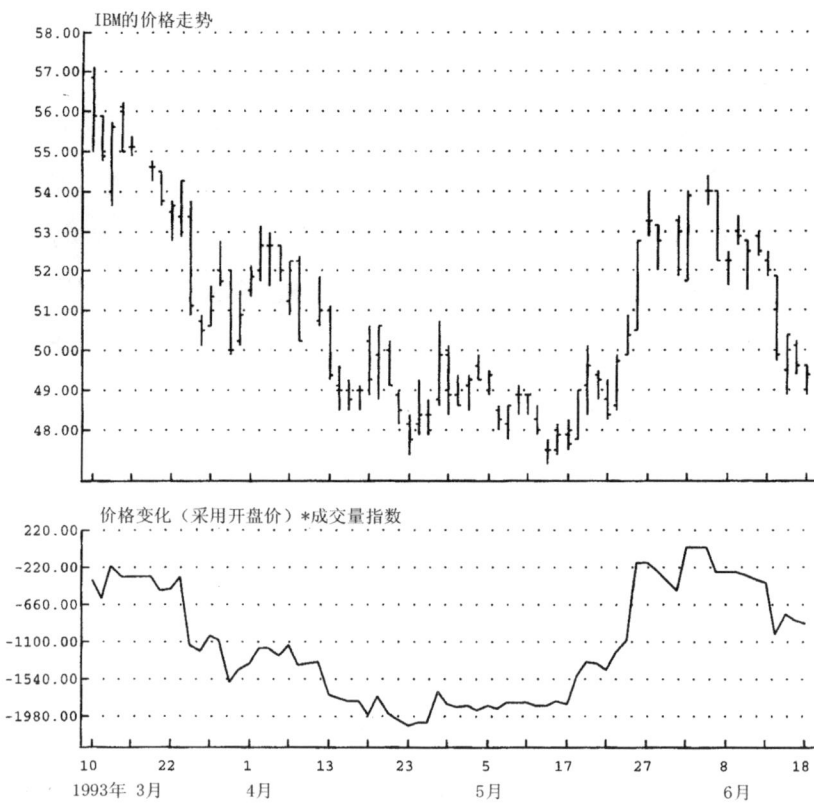

资料来源：Logical Information Machines, Inc. (LIM), Chicago, IL.

图5.4 利用从开盘价到收盘价的价格变化，以及成交量，就可以构建另一个指数。

在讨论如何把这个技术运用于标准化的股票之前，一定要先对这个公式进行调整，以应对8%或更大的显著价格缺口出现（见图5.5）。当出现这种罕见的情况时，即使价格返回到开盘价，开盘时向上或向下的大幅跳空也必须被考虑进这个公式，不能沿用最初那个公式。在开盘价高于前一天的收盘价8%或更多时，要计算买入（累积）压力，就要用今天的最高价与前一天的收盘价的差值，加上今天的收盘价与今天的最低价的差值。之后，再减去今天的最高价与今天的收盘价的差值。然后，用计算出的数值，除以今天的最高价与前一天的收盘价的差值。最后用计算出的结果乘以这天的成交量，并加到此前累计的指数上。反之，在开盘价低于前一天的收盘价8%或更多时，要计算卖出（派发）压力，就要用前一天的收盘价与今天的最低价的差值，加上今天的最高价与今天的收盘价的差值。然后从这个和中，减去今天的收盘价与今天的最低价的差值。随后，再用计算出的数值，除以前一天的收盘价与今天的最低价的差值。最后，用计算出的结果乘以这天的成交量，并加到此前累计的指数上（见图5.6）。

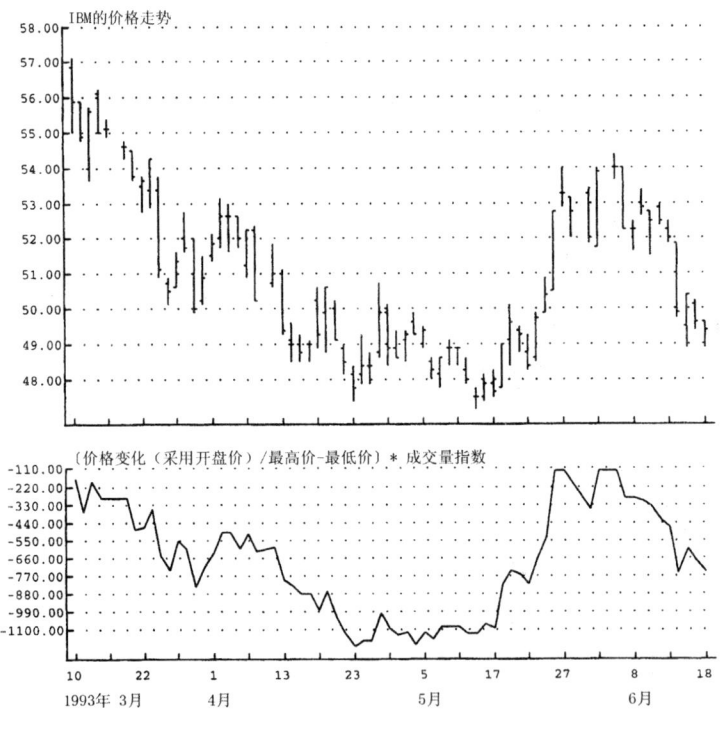

资料来源：Logical Information Machines，Inc.（LIM），Chicago，IL。

图5.5a 用开盘价到收盘价的价格波幅,除以这一整天的价格波幅(从最低价到最高价),就可以判断出市场激进程度。比如说,如果某一天的开盘价是这天的最低价,收盘价是这天的最高价,那么这天的买入活动就比开盘价或收盘价处于当天整个价格波幅的中间位置时要强很多。

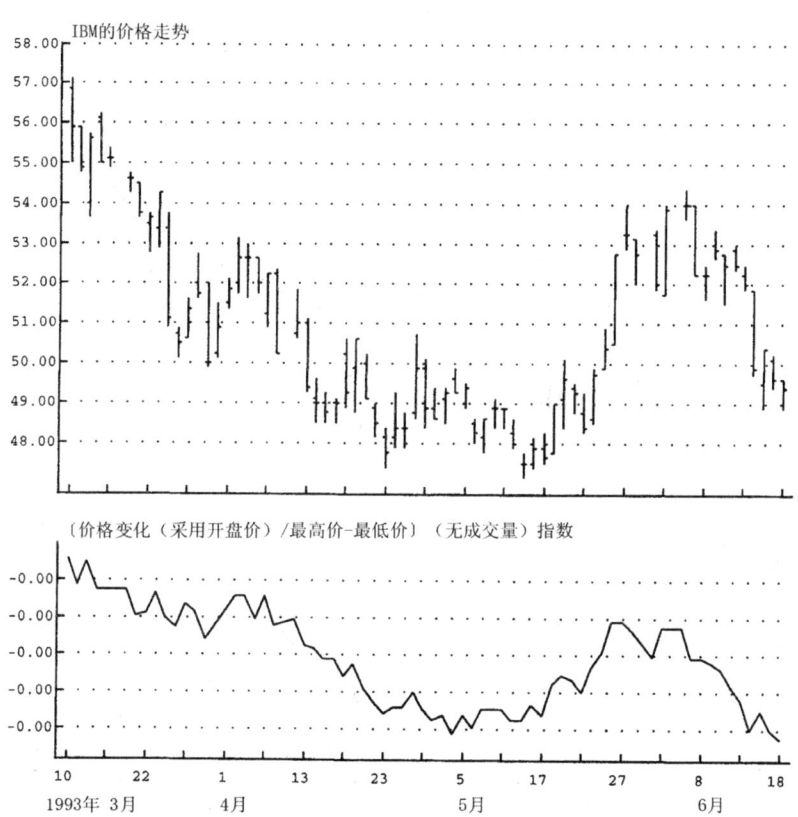

资料来源:Logical Information Machines, Inc.(LIM),Chicago, IL.

图5.5b 图5.5a中包含了成交量,而这幅图中没有涉及成交量。

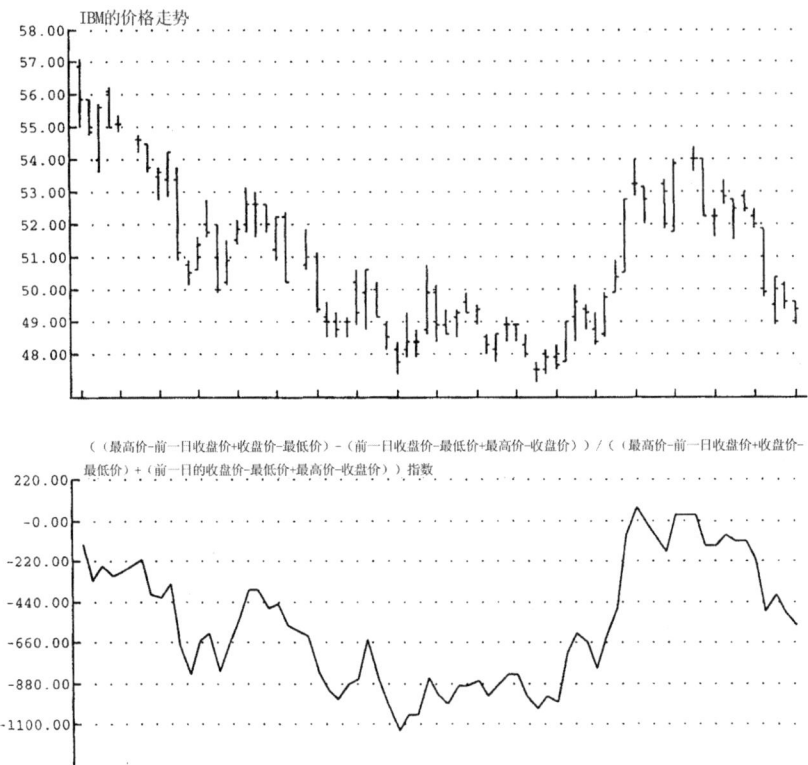

图5.6 当一个开盘价高于或低于其前一天的收盘价8%或更多时，就必须要对公式进行调整，以突显这一不寻常的价格行为。此外，这个公式也可在无法获知开盘价时使用。

不管出于什么原因，如果无法获知开盘价格，就可以把价格缺口校正公式作为一个很好的替代。不过，还需要作出一些调整：

1. 计算今天的最高价与前一天的收盘价的差值（如果小于0，就忽略），以及今天的收盘价与今天的最低价的差值，以获得一个买入压力的测算值（买入压力）。

2. 计算前一天的收盘价与今天的最低价的差值（如果小于0，就忽略），然后加上今天的最高价与今天的收盘价的差值（卖出压力）。

3. 把买入压力和卖出压力加起来，得出它们的和。如果今天的收盘价是上升的，就用买入压力除以它们的和；如果今天的收盘价是下降的，就用卖出压力除以它们的和。

4. 用计算出的数值乘以这天的成交总量，并加上此前累计的指数（见图5.7a）。

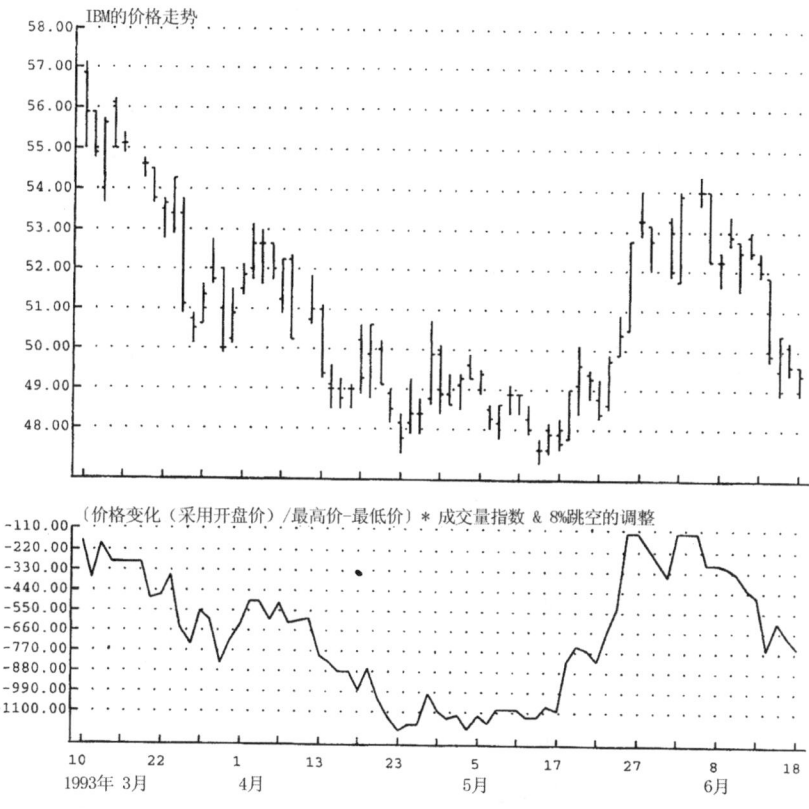

资料来源：Logical Information Machines, Inc. (LIM), Chicago, IL.

图5.7a 对于异常的开盘跳空（8%或更多），原来的基础公式要作出相应的调整。本图包含了成交量。

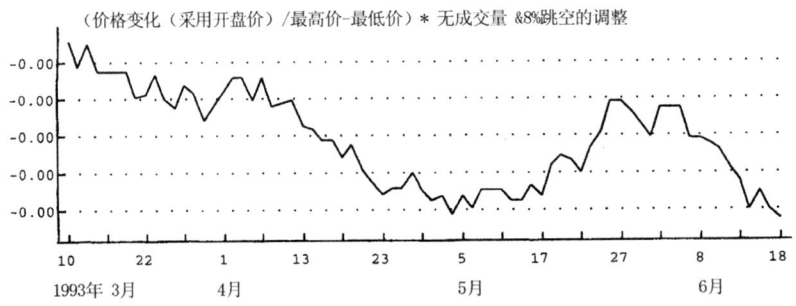

资料来源：Logical Information Machines, Inc.（LIM），Chicago, IL.

图5.7b 本图不包含成交量。

到目前为止，你从本章中学到的方法都是从你在公开领域了解到的方法中衍生过来的。现在，我将与你分享的东西是在比较各种股票的相对吸引力时所必需的，也是我独家所有的。它的观点很简单，非常易懂，但是一定要按照每一步进行操作，以确保能够完全理解和掌握。

在选择了用于计算累积/派发的公式后——我建议选择以开盘价作为参考价，并且对8%或更大的开盘跳空做出调整的那个公式——就要选择一个时段。我建议可以从5天开始选择菲波纳奇数列，并扩大到13、21、34、55、89、144、233和377天。每一天都会产生一个代表买入或买入压力的数值。然后把指定时间内的所有正值（买入压力）加起来，再把相同时期内的所有负值（卖出压力）加起来。用所有买入压力数值的总和，除以所有买入压力与卖出压力数值的总和的绝对值。最后得出的这个数字只是用买入压力除以总活动（买入压力加上卖出压力）得到的一个比率，再用它乘以100%，就可以转换为百分数。

为了了解发生的市场动力情况，可以把这个方法运用于其他时段。这些百分数度量的是各种时间段内的需求情况，所以可以对两只股票进行比较，以判断哪一只股票在更激进地进行累积或派发。按照这种方法作出来的对比图在展现震荡波动方面更有帮助（见图5.8）。

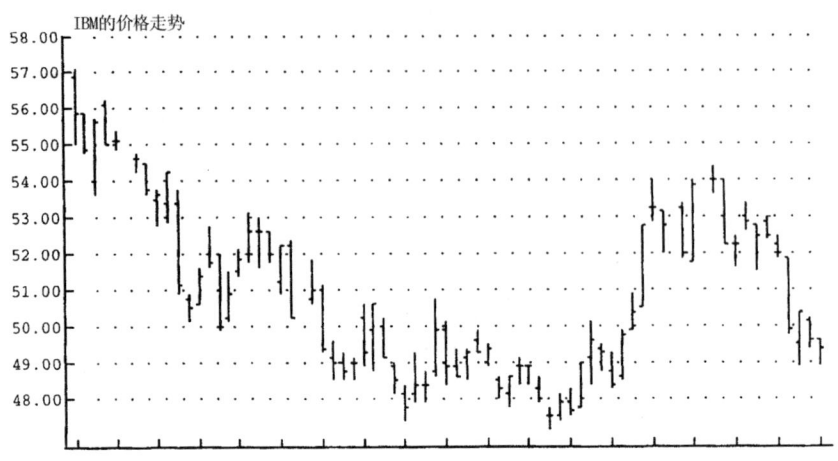

资料来源：Logical Information Machines, Inc. (LIM), Chicago, IL.

图5.8 比较一只股票与另一只股票的相对吸引力，总是很困难的事情。用买入压力除以总压力（买入压力和卖出压力的总和），再转换为百分数，就可以进行这方面的比较。这个方法是交易分析中的重大突破。

但是，更为重要的是一个显示百分数的变化比率的指标。事实上，我已通过研究证明，这个数值在识别具有吸引力的投资机会方面是最可靠的。变化比率的计算是很简单的——用当天的百分数除以 X 天前的百分数。这个天数我通常采用菲波纳奇数字。一旦选定了某个具体的数字，就用当天的数值除以至少 4 个菲波纳奇等级以下的数值来计算变化比率。例如，如果选用 89 天系列，要计算变化的比率，我会把今天的数值与 13 天前的数值作比较，因为在菲波纳奇数列中，13 之后就是 21、34、55，接着就是 89。所以，正如你看到的一样，13 处于 89 的四个等级以下。如果有谁想选 144 天系列，那么就要用当天的数值与其 21 天前的数值进行比较。如果想用 233 天系列，就要在当天的数值与 34 天前的数值间进行比较。请记住，这只是我的一个建议。或许你采用其他数字系列或比较变化比率的其他时期，会获得更大的成功。但是一旦选定，所有股票进行比较的时间就应该保持不变。例如，如果某只股票选用的是 89 天，并且变化的比率是基于 13 天前的数值，那么在评估其他候选股票的相对吸引力时，应该选用相同的时期（见图 5.9）。一旦选定一个数值，大部分股票的指数将在相同的区间内波动。运用这个指数，会产生有着价格顶峰和谷底的区间。通常情况下，这个指数的变化比率会在真正的价格反转之前反转。结合其他一些技术，就可以识别很好的入场点和出场点，也可以对很多交易机会的相对吸引力进行比较。

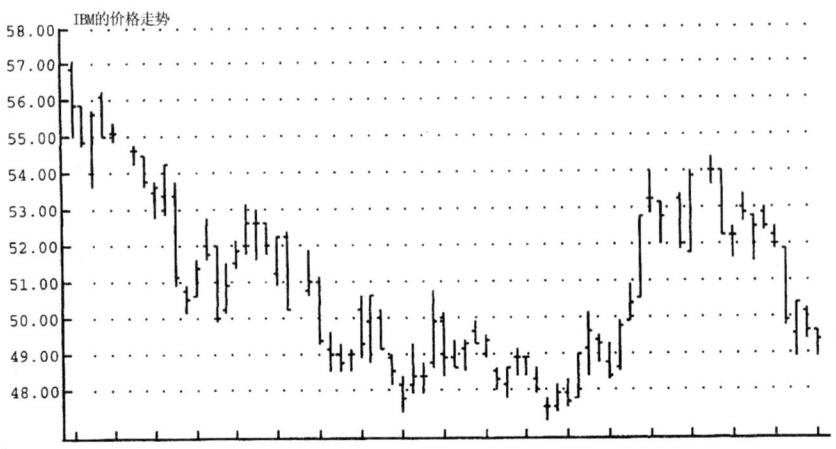

资料来源：Logical Information Machines, Inc.（LIM），Chicago, IL.

图5.9 通过判断由买入压力除以总压力（买入压力和卖出压力的总和）得出的变化比率，就可以测量各种股票之间的相对激进程度，以及个别股票的激进程度。

以上技术描述了一个股票的累积/派发模型。这个方法也同样适用于期货，只是有个例外。股票市场没有每日上涨或下跌的幅度限制，但期货却有一个价格限制，因为这个市场有着极高的财务杠杆。当价格波动到限制价位时，交易实际上就被中止了。虽然在这些限制价位，交易仍然可以进行——取决于买入或卖出的总资金规模，但是市场能够产生的成交量可能显著低于市场无价格限制时的成交量。要算上被抑制了的供给或需求，我建议把从波动被限制的第一天开始到这个系列的最后一天为止的所有交易日联合起来。把第一天的开盘价和最后一天的收盘价，以及整个期间的波动区间和成交量，都看作发生在一天之内。这个方法综合了上面介绍的那个基本方法，并弥补了波动受限制所带来的缺点。有些成功则源于运用图5.9中描述的公式，并采用其他长期和短期的时段，且完全把成交量排除在外（见图5.10）。

正如你看到的，刚刚讲的这个模型同时适用于股票和期货两个市场。这个模型的衍生模型也同样适用于这两个市场，得到的结果也差不多。如果结合运用本书介绍的其他技术，最好是结合其他被证明了的方法，就可以获得最佳的结果，从而提高交易成功的几率。所以，我的建议是不仅要试用累积/派发模型，并把它加入到你的交易工具箱中，还要利用其他方法来确认你的交易规则。

IBM 的价格走势与成交量指数①

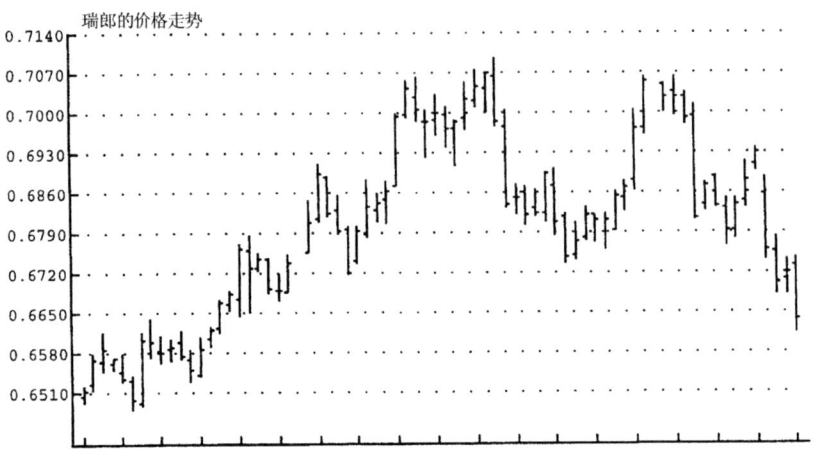

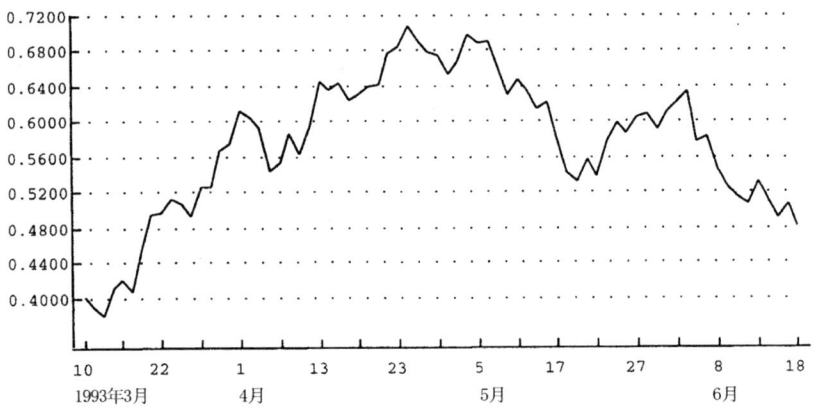

资料来源：Logical Information Machines, Inc.（LIM），Chicago, IL.

图 5.10　本图不涉及成交量，时期也是不同的（34 天与 5 天前）。

---

① 此处应该是瑞郎的价格走势与成交量指数。——译者注

第6章 移动平均线

多年以来，移动平均线已经成为最受欢迎的趋势跟踪技术之一。它的结构简单，解读起来非常容易，从而被广泛地接受和运用。不过，这个工具的成功，还有赖于一个能够形成趋势的市场。我通过研究发现，市场一般在区间内波动，较少处于趋势市中。我对历史数据的观察结果表明，股票的价格通常在大约75%到80%的时间内，都是处于区间内波动。在剩下20%到25%的时间内，价格要么向上，要么向下。此外，通过进一步的研究还发现，价格下跌的速率通常比上涨的速率快2到2.5倍。这个现象很容易解释，交易者吸收筹码通常是在一段时间内逐步进行，但他们对于价格下跌的认识是快速的，他们更倾向于一次性了结全部头寸。

移动平均线最常见也最基本的计算方法是算术式方法——把某只股票在一定时期内的收盘价加总起来，除以这段时期的总天数，然后把计算出的数值连同这段时期的价格区间标注在图上。不幸的是，这虽是常见的做法，但不一定是最理想或最正确的做法。大部分市场择时交易者忽略了或者没有认识到出现的很多问题。比如：

· 最近的价格行为比起之前的要更重要些，但为什么每个时段都是平均加权的？

· 在计算平均值时，为什么把最终计算值标注在最近的价格下方？

・为什么只计算收盘价的平均值，忽视其他关键价格点位，比如开盘价、最高价和最低价？

・为什么有些时段比其他时段更受欢迎？

・为什么移动平均线在大部分情况下都是运用于震荡市，但还是被如此广泛地接受和运用，到底是哪个导致使用者连续双向受损的？

实践证明，运用传统移动平均线获得的结果，不比运用其他大部分传统趋势跟踪技术获得的结果更好。移动平均线的计算非常简单，也非常容易理解，它在大部分行情图表服务中以及几乎所有的图表软件包中都能找到。但是，别把广泛的应用和有效性及交易成功搞混了。我发现在这个行业中，接受度/使用率与绩效结果之间没有联系——实际上，在大多数时候，情况正好与此相反。

鉴于一些例外情况，尽管经过广泛的研究，但我还是只发现了少数移动平均线适用、并有可能获得可观收益的市场环境。根据定义来看，移动平均线可以在趋势的转折点出现后很好地将其识别出来。就像我之前说过的那样，市场大部分时间都在区间内运行，但是偶尔也会打破这种格局。我改进后的移动平均线分析方法，已经被证明在这种突破上非常具有价值，因为双向受损的风险被大大地降低了。

我推荐的所有各种不同的移动平均线技术，基本上都可以解决交易区间双向受损的问题。其中一个方法是把移动平均线投射向未来。另外一些方法是把一段时间内的最高价、最低价和收盘价进行平均，以创造一个假定的平均价格，用来与移动平均线作比较；还有一种方法是只在价格突破交易区间时，才使用移动平均线。后面将具体介绍每一种方法。

传统的交易分析中，总是把移动平均线和交易日放在一起使用（当日均线值对应于当日，没有将均线值前移或者后移），这样的话，就使得最近的移动平均值和最近的价格出现在同一时刻。其实，最近移动平均值和最近价格的关系并没有那么重要，所以对它们进行比较的做法让我感到不解。为此，我集中精力对移动平均线进行了研究和试验，并找到了可以提高移动平均线绩效的一些措施。绝大多数的交易者将计算出来的移动平均线值对应于最近的价格，但我不是这样，我将移动平均值向右平移到当天价格之前。在某种意义上，你或许会说，移动平均线38%的部分在当前价格之后，而剩下的62%部分处于未来的时间坐标上。也就是说，移动平均线62%的部分被投射向了未来。我发现这种平移保留了移动平均线的形态，同时降低了震荡交易中固有的双向受损的概率。

另一个计算一系列移动平均线的方法，也可以避免交易区间和双向受损的问题，具体方法是通过确定短期移动平均线向上穿越长期移动平均线时发出买入信号，短期移动平均线向下穿越长期移动平均线时发出卖出信号。同时，短期和长期的移动平均线必须超过假定的价格顶峰或谷底——最近两天最高价的平均值和最近两天最低价的平均值。我现在已经习惯使用5天和21天的移动平均线。下面我就为你演示这个方法的具体操作过程，先把各自时段内的开盘价、最高价、最低价和收盘价加总起来，计算每条移动平均线的值。然后，把两条均线投射向未来：把5日移动平均线向未来平移3日，把21日移动平均线向未来平移13日。如果5日的投射值高于21日的投射值，就准备买入；如果5日的投射值低于21日的投射值，就准备卖出。

只要确定两条均线都超过了假定的两日价格最高价（买入）或最低价（卖出），就可以进一步提高该方法的绩效。如果两条均线都一起下跌或上涨，则将更进一步提高。最后，如果把5日均线高于21日均线确定为买入信号，低于21日均线确定为卖出信号，你将获得更好的结果。

为了避免市场处于区间震荡市时发出大量信号，我创建出一个移动平均线系统。这个系统只会在价格创出13日最高价的低点或13日最低价的高点时，才变得活跃。让我为你进一步解释这个概念。如果价格上涨，并且出现一个高于其前12天的所有最低价的最低价，那么建立最低价的3日移动平均线，并关注4个交易日，以确定一个卖出的价位。反之，如果价格下跌，并且出现一个低于其前12天的所有最高价的最高价，那么建立最高价的3日移动平均线，并跟踪4个交易日，以确定一个买入的价位。这条移动平均线只在更高的最低价和更低的最高价出现后4日内活跃。正如你看到的，要运用这条移动平均线，还需要各个首要条件得到满足。从这个方法衍生出来的其他方法也可以运用。但是，不管在什么情况下，任何一个方法的关键都是当价格横盘整理时能够保持平静。一旦价格突破交易区间，这个方法就应该非常灵敏地察觉先于趋势反转的任何波动。

多年以来，我观察到价格的波动有一种主要倾向，即价格往往在由每天的最低价乘以110%，以及每天的最高价乘以90%确定的移动平均带定义的区间内活动。要把这条移动平均带变得更为平滑，可以把每天的最低价和最高价分别改为前3天最低价的平均值和前3天最高价的平均值，并把区间因子从110%增加到115%，90%减到85%。当价格超过了这条移动平均带，就会产生超买和超卖的读数。此外，可以根据不同的市场，对百分比系数的数值进行相应调整。

我在多年前发展出了一个技术，被我称为迪马克移动平均（TD Moving Average）技术。这个技术是用来在两条移动平均线——长期和短期——第一次同时转向上或转向下时，发出买入或卖出的信号。通常来讲，短期移动平均线最先作出反应，随后长期移动平均线进行确认——这是采取行动的日子。也就是说，当它们第一次同时相对于前一天的迪马克移动平均读数向上或向下波动时，就可以采取行动。我通常采用的移动平均线参数为13天和55天，但是后面这个参数现在已经调整为 65 天。

我认为另一个方法也是有价值的,但是以前因为软件和数据的限制,我无法测试这个方法。这个方法需要识别并计算一定时期内每一天价格中值的平均值。现在,我准备试验一下从这个技术衍生出来各种方法,因为现在有了所需的电脑软件,只需要等待必要的数据即可。

我的移动平均技术是非常规的技术,旨在克服所有移动平均方法都具有的致命缺点——在区间震荡市中交易。我认为这些方法都在设法避开普通交易者所面临的各种障碍。结合本书介绍的其他交易思想,聪慧的交易者将从这些方法中获得极大的优势。

第7章 迪马克序列

在我刚进入投资领域的时候，我常常试图通过周期来预测价格的峰顶和谷底。这些周期的长度是由一个价格底部到随后的一个价格底部之间的天数，或者一个价格底部到随后的一个价格峰顶之间的天数决定的（见图7.1和图7.2）。这种市场择时方法非常主观，而且因为这个时间并不是固定不变的，所以不适用于统计分析和测试。事实上，对周期的这种界定十分不明确，常常在被认为是低点或高点的地方，会发生一种称为"反转"的情况——价格实际的波动与预期刚好相反。这种完全缺乏预见性的方法让我感到不安。因此，我开始试着把菲波纳奇时间序列运用到周期上，并获得了稍微好些但也不值一提的结果。

资料来源：Logical Information Machines, Inc. (LIM), Chicago, IL.

图7.1 从一个价格谷底到随后一个价格谷底的时间大约是39周。这个周期的每一个价格谷底都被 X 标注出来。

黄金的周线图

资料来源：Logical Information Machines, Inc.（LIM），Chicago, IL.

图7.2 从一个价格谷底到随后一个最高收盘价的时间大约是10周。这个时段用 X 和 Y 标注。

我一直对依靠周期来识别价格的峰顶和谷底的做法保持怀疑。我很难接受一个随意得出的天数拥有重复属性（规律性）的观点。恰恰相反，我的研究结果表明一些交易天数内的价格行为实际上毫无意义。

因此，我进行了彻底详尽的研究，希望开发出一种技术，可以运用机械刻板的择时方法来确认价格的最高点和最低点（当它们出现时）。

我不断地试验，以测定什么样的价格关系能够与市场转折点相吻合，并先于市场转折点出现。下面，我将用基本的术语和简单的案例来介绍我所遵循的这个过程。

一旦需求超过了供给，价格就会上涨。不管这个上涨是由于空头回补、机构的买入建议、利好消息还是其他什么因素，这些都不重要。打个比方来说，在某个时间点，所有潜在的多头都已进场买入。除非有个"催化剂"可以吸引新的一批多头，否则市场很容易因为两个原因而下跌：（1）多头力量的衰竭，（2）空头力量的增强。实践证明，价格出现顶点往往不是因为经验丰富、见多识广的空头们精确地识别了价格顶点，而是因为"最后一个多头"已经进场。反过来，当供给超过需求时，价格就会下跌。不管这个下跌是出于负面消息、机构的卖出建议、卖空交易还是其他任何因素，都不重要。最终，所有潜在的空头都会卖出。我的研究结果证明，一旦最后一个空头卖出，就会出现价格谷底，之后价格再重新上涨。实际上，当激进的多头过早地在一个临时的底部买入，常常会伴随着一次空头回补。所以，在买入的激情消退后，就会创出价格缺口，最终价格下跌的速率将更快，下跌的幅度将更大，直到供给和需求达到新的均衡（见图7.3）。在这个新的价格点，如果上述机制是有效的，并且空头力量已经耗竭，价格就有机会向上反转。

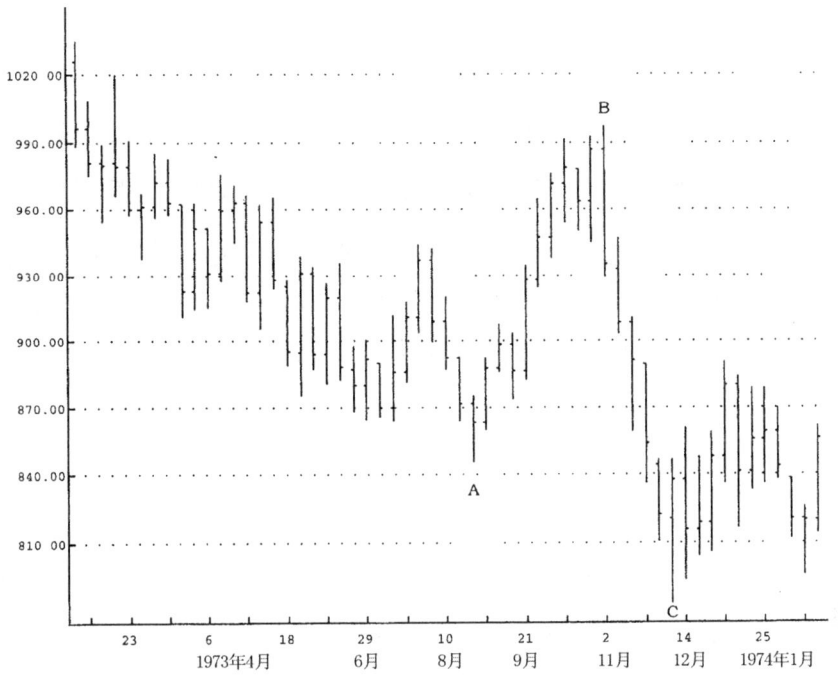

资料来源：Logical Information Machines, Inc. (LIM), Chicago, IL.

图 7.3 请观察图中持续 10 周的上涨（A-B）以及 5 周急剧陡峭的下跌，此次下跌创出新的低点（C）。

当价格上涨时，价格就在逐渐接近其最终顶点；反之，当价格下跌时，价格就在向着其最终底点波动。说这话不是想侮辱你的智商，只是为了强调一个非常显然的事实——在强劲中卖出和在疲软中买入常常是被交易者忽视并认为做不到的事情。因此，大部分交易者都是趋势跟踪者，他们认为一个特定的趋势会强有力地持续下去，试图在下跌的市场中买入无异于想抓住正在跌落的匕首。一些交易者利用周期来战胜这一恐惧，但是就像我之前提到的那样，对于周期的界定太过随意和主观了。所以，我研究出了一种技术，采用的是非严格时间意义上的周期概念。

周期交易者采用一个指定的时间序列，而我则采用一系列可以根据市场行为作出调整的动态变量。也就是说，我等待市场在价格发生运动时自己告诉我。事实胜于雄辩，还有什么比市场本身更能指示其方向呢？我们知道的所有信息，包括交易者所有的希望和恐惧，都化作最重要的一条——价格。如果市场基本面出现意外的变化，导致供给-需求均衡被打破，市场就会通过价格的波动来反映这一变化。正如市场的价格特性会不断变化一样，任何想要预测价格的峰顶和谷底的系统，也必须适应资金来回流动的性质并能精确地测量它们。传统的周期分析存在重大缺陷，现在我将与你分享一种"万能"的方法，这是传统的分析方法无法比肩的。

我通过研究发现，在价格到达顶部和底部之前，市场会大声、清楚地向任何愿意聆听的交易者宣布其在价格方向上的意图。具体而言，就是市场会预先告知交易者它是否将要接近于价格顶部或底部。换句话说，市场形成高点或低点的环境或倾向将首先被这种结构所确认。由于整个方法是机械的，作为用于产生买入和卖出信号的额外确认指标，我制作了一张列表来简化这个过程（见下面）。这个方法的特点是它旨在疲软中买入，以及在强劲中卖出。一旦所有必要条件按照所需顺序一一得到满足，就会产生信号。因此，我把这个系统命名为迪马克序列（Sequential™）。

产生一个序列买入信号或卖出信号所需遵循的过程，其实非常简单易懂。事实上，在我发展这个技术的时候，我就致力于把运用的过程简单化。让我感到奇怪的是，之前怎么没有一个人发现并综合使用时间序列和价格的这种关系呢。我不断地检查再检查我的研究，以确定我没有遗漏掉一些关键要素。请注意，这个技术的发展及测试时间并不是在最近——这都是20世纪70年代的事情了。在计算机出现以前就已进行设想和研究了。从那时候开始,这项技术就已普遍适用于各种市场,包括股票、期货和指数。通过进一步的研究,我对最初的迪马克序列(Sequential™)进行了升级,但是方法的核心仍然不变。其他有多少用于预测价格顶部和底部的市场择时方法,能经得起时间的这样考验?即便有,我想也不多。

结构

要产生一个序列买入信号,市场环境首先要有上涨的倾向。经过研究,我发现买入的先决条件是连续9天的收盘价具有一种特定的关系。具体地讲,就是一旦连续至少9天的收盘价分别低于各自4天前的收盘价,就形成了买入结构。例如,如果星期五的收盘价低于这周星期一的收盘价(假设在星期二、星期三和星期四,交易一直在进行),一个潜在的9天结构的第一天就确定了。但是,如果星期五的收盘价等于或高于星期一的收盘价,那么这天就不能作为9天买入结构的一天。

图7.4和图7.5描述了一个有效买入结构的必要条件。9天买入结构第一天的前一天的收盘价必须高于或等于其4天前的收盘价(见图7.6)。从这几个例子中不难发现,9天结构形成后接着就是一个短期的底部或者甚至是价格的反转。但是,除非市场是急剧暴跌或者是上升趋势中的短期价格回调,否则这个短期的价格"打嗝"只是下跌趋势中的一个暂时的调整,调整之后下跌仍将恢复。

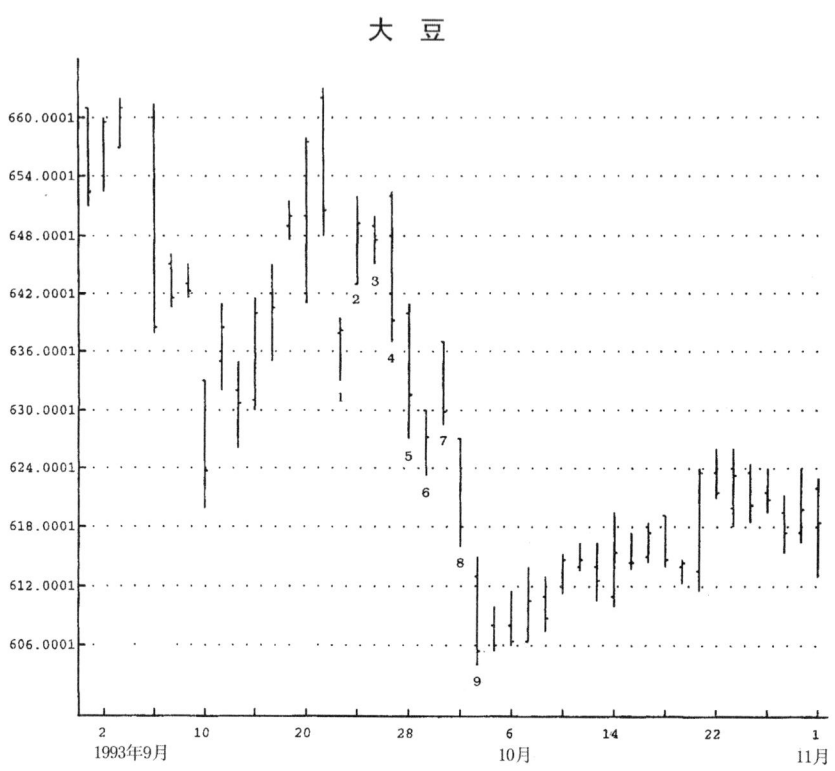

资料来源：Logical Information Machines, Inc.（LIM），Chicago, IL.

图7.4 一个有效买入结构的必要条件。

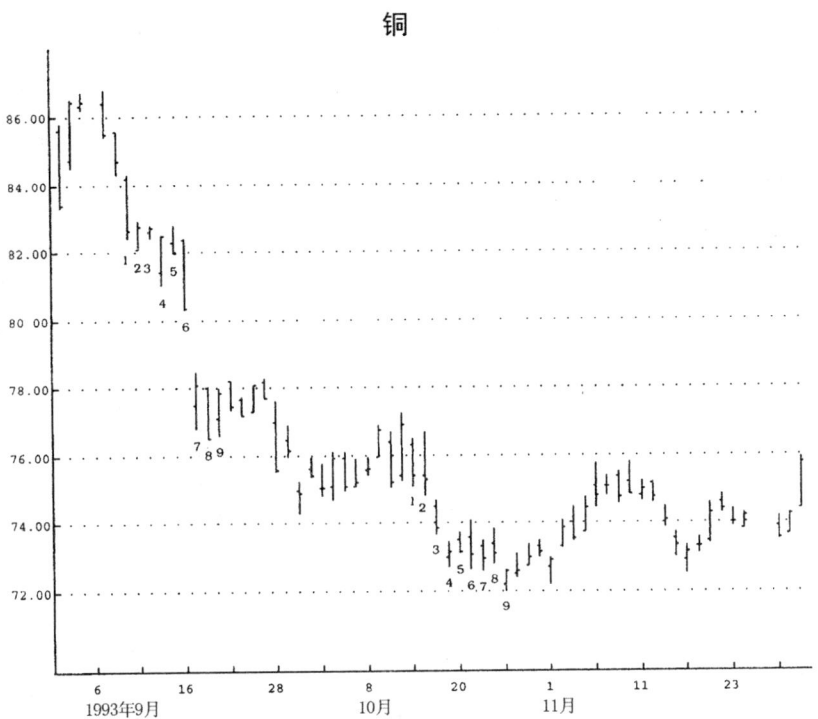

资料来源：Logical Information Machines, Inc. (LIM), Chicago, IL.

图 7.5 被标注为 X 的第一个收盘价低于其 4 天前的收盘价。之后的交易日按顺序被数字标注出来。一旦 9 天结构形成完毕，价格常常会反转或者横向整理。

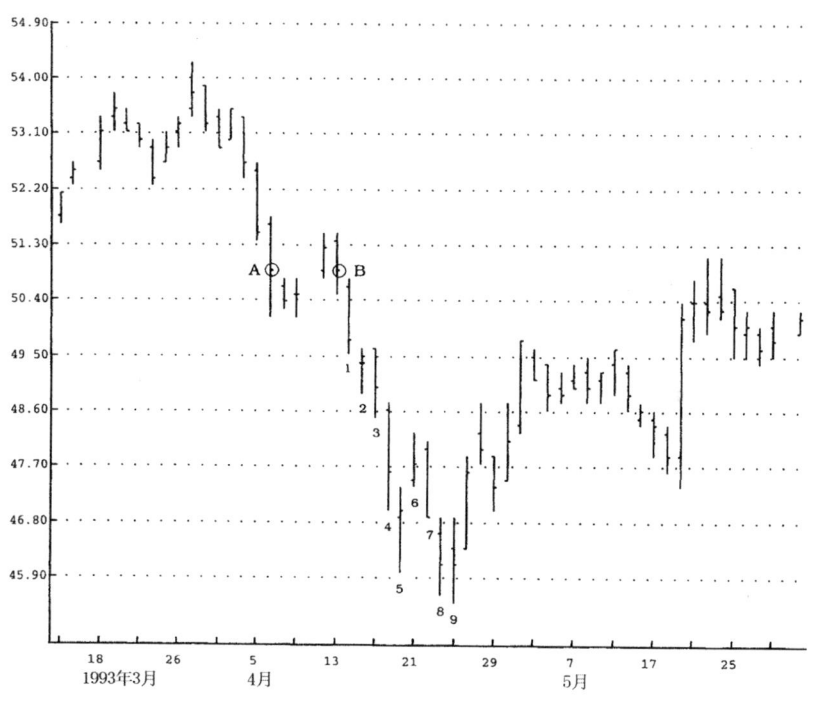

麦当劳

资料来源：Logical Information Machines, Inc.（LIM），Chicago, IL.

图 7.6　B 日的收盘价高于或等于 A 日的收盘价。B 日第二天的收盘价低于其 4 天前的收盘价，于是把这天当作 9 天结构的第一天。看看价格是如何在结构的第 9 天筑底的。

要产生一个序列卖出信号，市场环境也必须表现出下跌的倾向。卖出结构的必要条件刚好与买入信号的必要条件相反。一个买入结构要求连续 9 天的收盘价分别低于各自 4 天前的收盘价，而一个卖出结构则要求连续 9 天的收盘价分别高于各自 4 天前的收盘价。例如，如果星期五的收盘价高于这周星期一的收盘价（假设在星期二、星期三和星期四，交易一直在进行），一个潜在的 9 天结构的第一天就确定了。如果星期五的收盘价低于或等于星期一的收盘价，那么这天就不具备作为 9 天卖出结构的其中一天的资格。形成一个有效卖出结构的必要条件在图 7.7 和图 7.8 中有所描述。9 天卖出结构第一天的前一天的收盘价，必须低于其 4 天前的收盘价（见图 7.9）。与买入结构相类似，卖出结构的一个好处就是，一旦 9 天卖出结构形成，就可以确认一个短期的高点。但是，除非市场处于急剧暴涨阶段或者整个趋势被确定为下跌，否则高点之后的回落只是暂时的，回落之后上涨仍将继续。

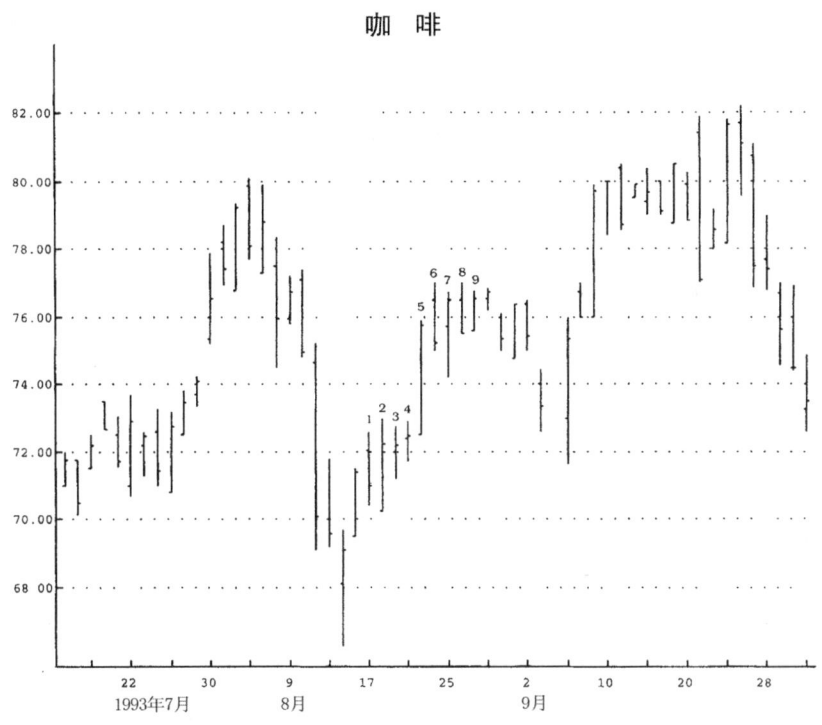

资料来源：Logical Information Machines, Inc. (LIM), Chicago, IL.

图 7.7　图中分别用 9 个数字标注了连续 9 个交易日，这连续 9 天的收盘价分别高于各自 4 天前的收盘价——也就是说，一个卖出结构已

形成完毕。注意，在结构形成之后也出现了我之前提到的短期价格"打嗝"或"结巴"——虽然不总是出现这种情况，但是在结构形成之后，价格的波动往往会延迟或者甚至反转。

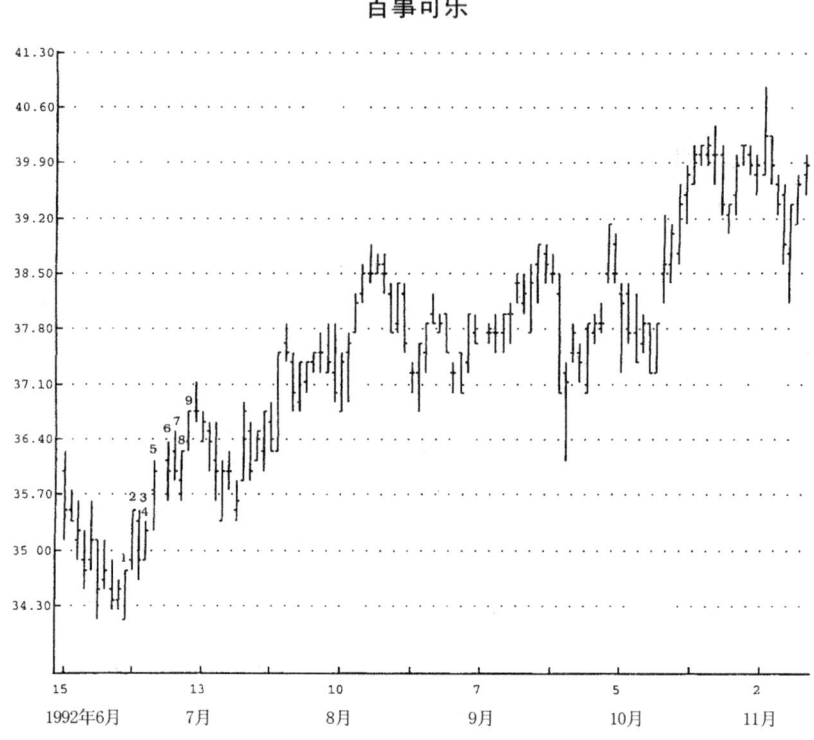

资料来源：Logical Information Machines, Inc. (LIM), Chicago, IL.

图7.8 图中连续9天的收盘价都分别高于各自4天前的收盘价，从而确定了一个卖出结构。注意，价格在9天的结构时期结束时，形成了短期的峰顶。

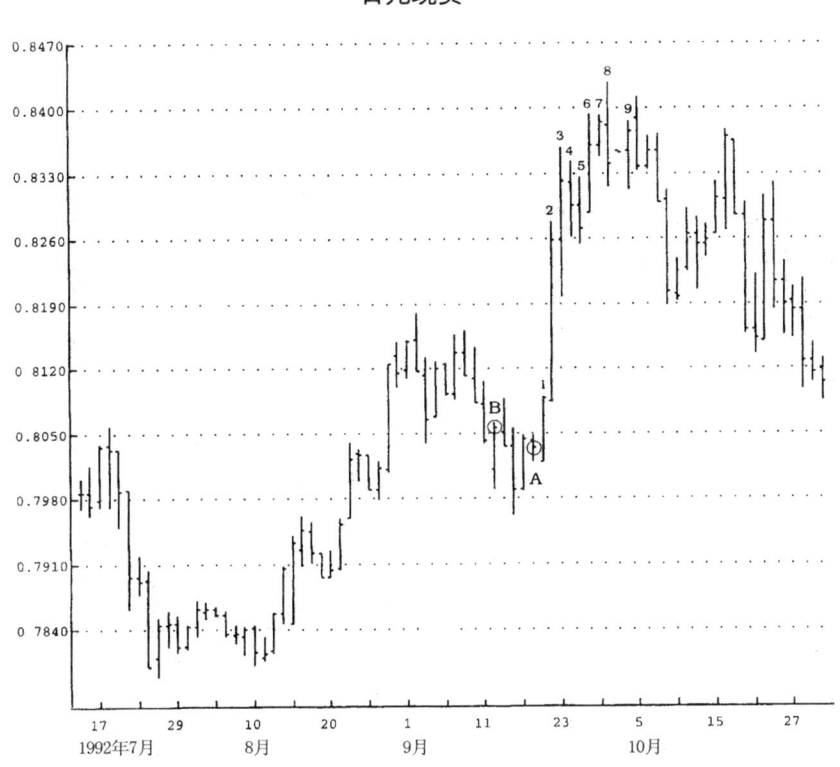

资料来源：Logical Information Machines, Inc. (LIM), Chicago, IL.

图 7.9 在卖出结构的第一天的前一天，收盘价 A 低于其 4 天前的收盘价 B。

正如你看到的，这个结构的形成较为简单。买入信号只需要连续 9 个交易日中每一个交易日的收盘价，都低于其 4 天前的收盘价；卖出信号只需要连续 9 个交易日中每一个交易日的收盘价，都高于其 4 天前的收盘价。以下 4 点非常重要，要切记：

1. 最近交易日与其 4 天前的交易日之间的三天，每一天都是交易日。

2. 一个买入结构的第一天的前一天的收盘价必须高于其 4 天前的

收盘价,而一个卖出结构的第一天的前一天的收盘价必须低于其4天前的收盘价。

3. 如果某个交易日的收盘价等于其4天前的收盘价,那么这个结构序列就被打破,必须重新开始组建结构。

4. 连续"合格"收盘价的天数可能会超过9天,但是一旦达到了连续9个"合格"收盘价的要求,一个有效结构所需的时间就已经满足。

这里有一种被连续9个收盘价都高于或低于其4天前的收盘价的结构序列所定义的自然节奏。一般来讲,市场在这个时候会经历一次价格的反转或者横盘整理。实际上就像之前提到的,在某些情况下,价格刚好会在那个点位出现一次大的反转。这种现象和规律非常普遍,适用于所有的市场及时间框架。

在多年以前,我对最近价格结构和另一个价格趋势中的最近价格结构进行了观察并作了对比。当最近价格结构正在形成时,我对(1)最近结构的第一天到结构形成完毕时,期间的价格最高点或最低点——具体哪个要取决于价格是向上波动还是向下波动——和(2)最近"失效的"结构期间的价格最高点或最低点进行了对比。"失效"的结构是指,虽然连续"合格"收盘价(均高于或低于其4天前的收盘价)的数量至少已达到了9个,但这个结构序列被打断了,并且它的趋势与当前结构指向相反(见图7.10和图7.11)。就定义来看,当然是因为当前结构是朝另一个方向发展。虽然从理论上说,这个卖出(买入)结构是由连续9个均高于(低于)各自4个交易日前的收盘价的收盘价序列组成的,但是两个结构的比较,并不一定要求当前的收盘价序列要完全形成完毕,因为在结构完成之前,峰顶或谷底就可以超过"失效的"结构的谷底或峰顶——具体哪个,要取决于当前结构的方向是向上还是向下。事实上，它可能根本没有形成。这个独有的技术已经让我多次识别出了各个市场的趋势，这是迪马克序列（Sequential™）结构的一个极具价值的地方。

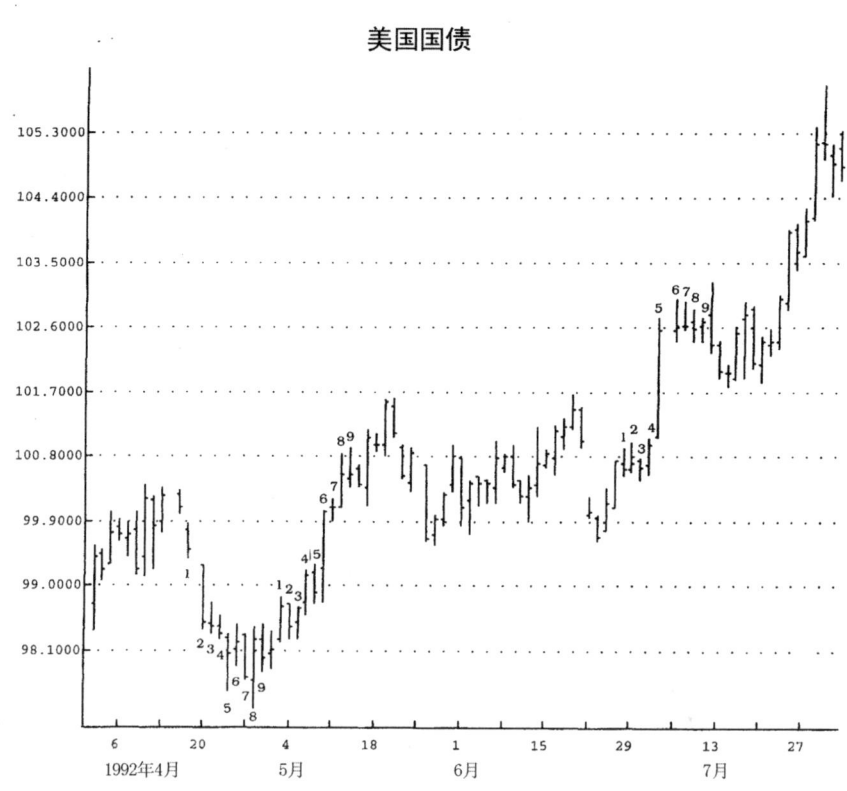

资料来源：Logical Information Machines, Inc. (LIM), Chicago, IL.

图7.10　注意观察图中5月初到5月中连续9个上升的收盘价（结构），是如何超过4月底连续9个下降的收盘价（结构）的。

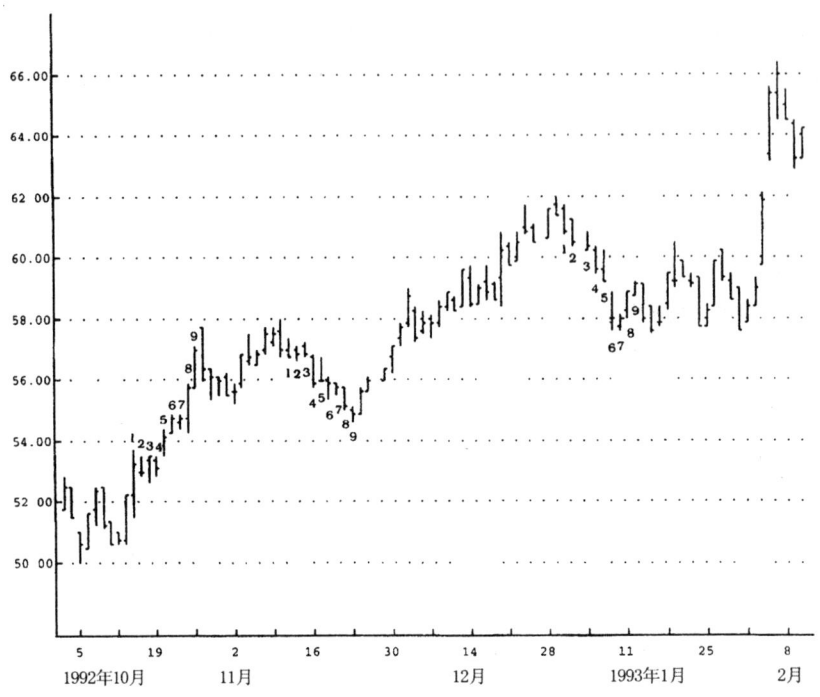

资料来源：Logical Information Machines, Inc. (LIM), Chicago, IL.

图7.11　在图7.10和本图两张走势图中，你都可以看到这种结构序列。如果你愿意，请注意观察两张图中，在9天结构之后都出现了短期的价格顶峰（或谷底）——价格"打嗝"或"结巴"。

要确认序列结构有效，需要一个关键要素。如果缺少这一要素，就证明市场处于失控阶段。比如，如果价格像瀑布似的急往下跌，那么一定要等待下跌减速，以避免过早入场。反之，要避免在极速的暴涨中过早入场的问题，就需要一个指示价格上涨的势头已被抑制的指标。一旦序列结构被正确确定，序列接下来的阶段——计数就开始了。这个被称为"交集"的结构确认过程，其实非常容易理解。简单地说，交集要求结构的第8天或第9天的价格波幅，与结构3天或多天前的价格行为有所重叠。也就是说，一旦结构第 8 天或第 9 天的最高点高于或等于 3、4、5、6 或 7 天前的最低点，一个买入结构的交集就形成了（见图 7.12 和图 7.13）。另一方面，一旦结构第 8 天或第 9 天的最低点低于或等于 3、4、5、6 或 7 天前的最高点，一个卖出结构的交集就形成了（见图 7.14 和图 7.15）。价格交集也可以出现在另一种情况下——如果结构的第 8 天或第 9 天没有出现价格交集，那也可以出现其后的任何一天，不管这天是否是这个结构的延续。唯一的要求就是在买入结构中，最高价高于或等于 3 天或多天前的最低价；在卖出结构中，最低价低于或等于 3 天或多天前的最高价。但是，在这两种情况下，计数阶段都需要等待，直到出现了交集（图 7.16 和图 7.17）。

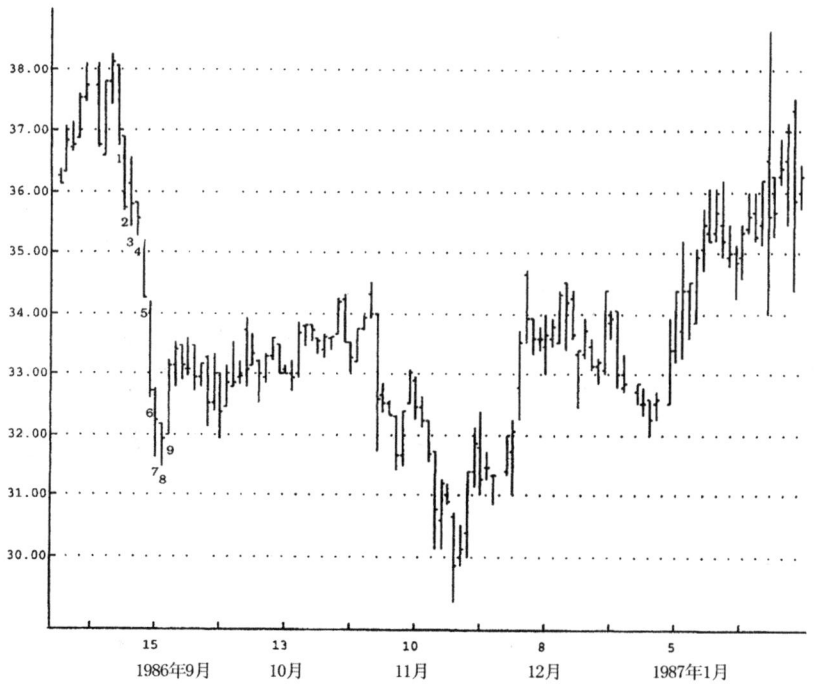

美国国际集团（AIG）

资料来源：Logical Information Machines, Inc. (LIM), Chicago, IL.

图7.12 在本例中，结构的第8天并没有出现价格交集，但第9天出现了，因为第9天的价格最高点超过了3天前——也就是第6天的最低点。

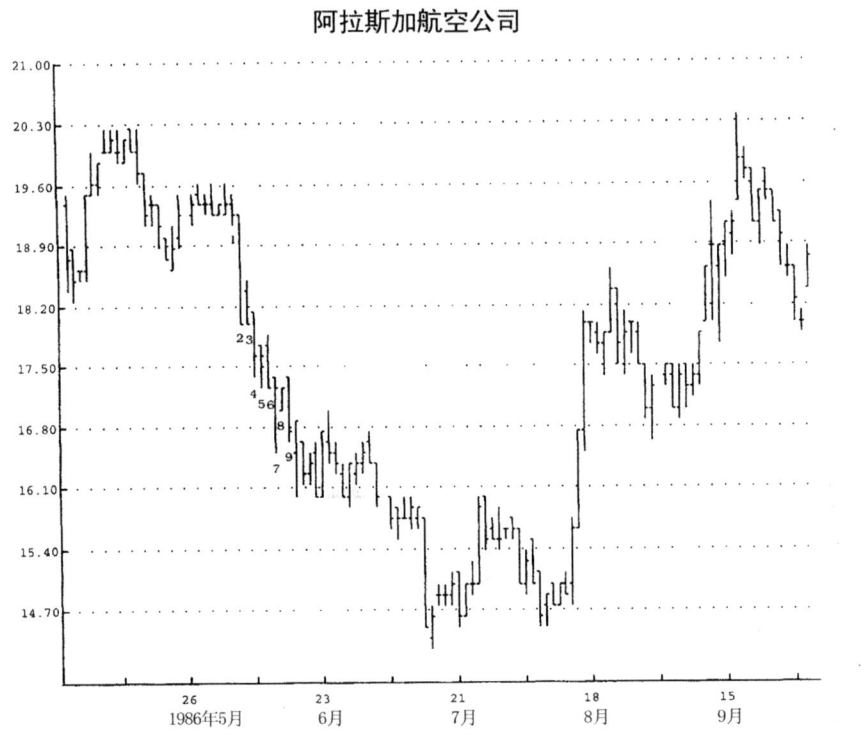

资料来源：Logical Information Machines, Inc.（LIM），Chicago, IL.

图7.13 在两个例子中（包括图7.12），结构的第8天都没有出现价格交集，但在第9天都出现了。

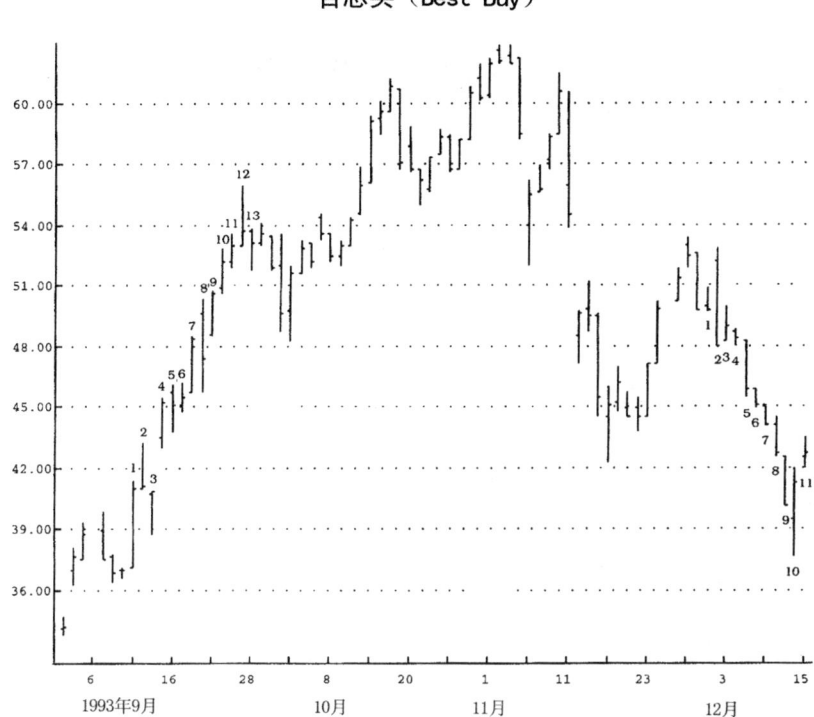

资料来源：Logical Information Machines, Inc.（LIM），Chicago, IL.

图 7.14 图中两种结构——卖出结构和买入结构——的价格交集都没有出现在第 8 天或第 9 天，而是分别出现在第 13 天和第 11 天。

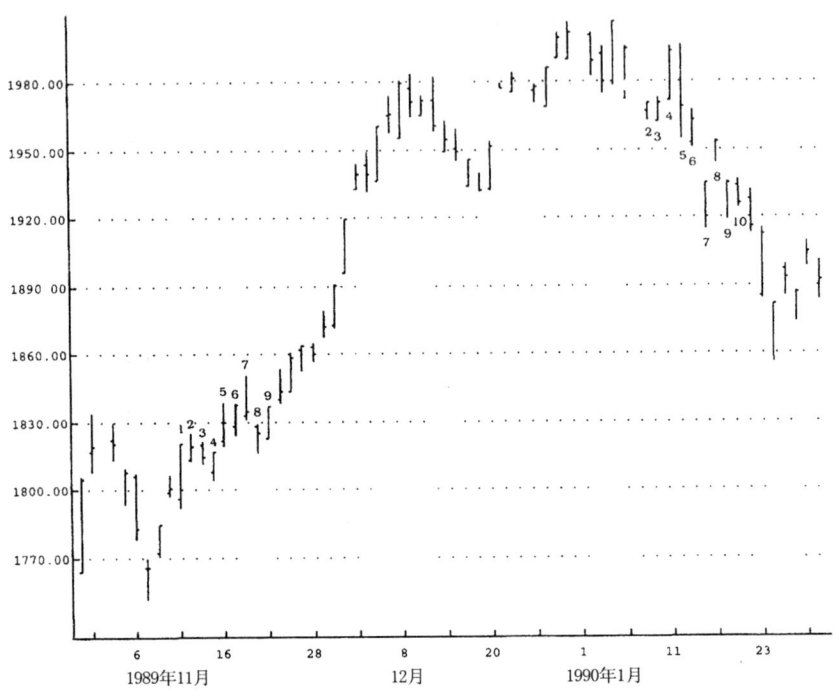

资料来源：Logical Information Machines, Inc. (LIM), Chicago, IL.

图7.15 图中卖出结构的第8天和第9天都出现了价格交集，但是买入结构的价格交集直到第10天才出现。

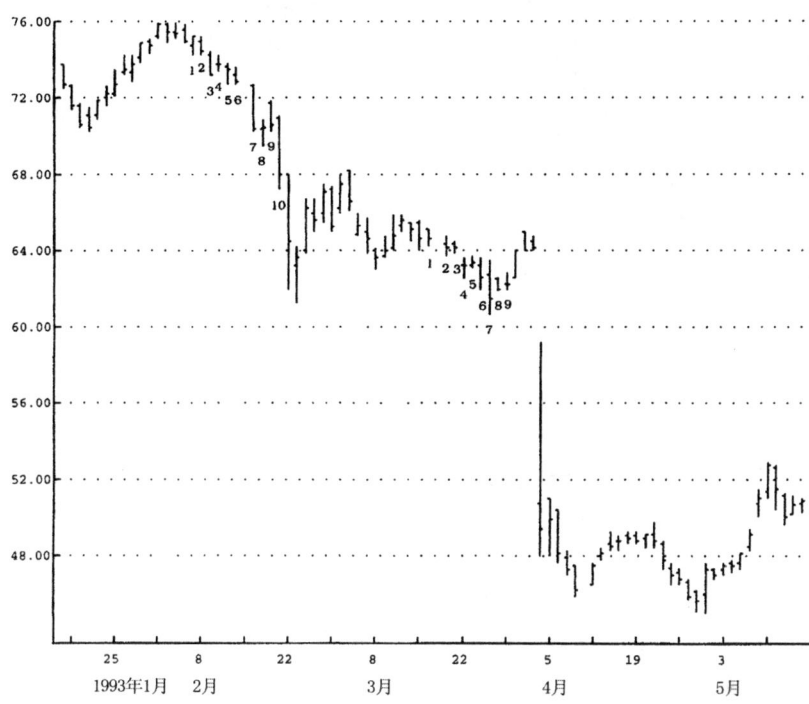

资料来源：Logical Information Machines, Inc. (LIM), Chicago, IL.

图 7.16 图中第一个买入结构的价格交集直到第 10 天才出现，而计数阶段要直到价格交集和结构都形成完毕才能开始。

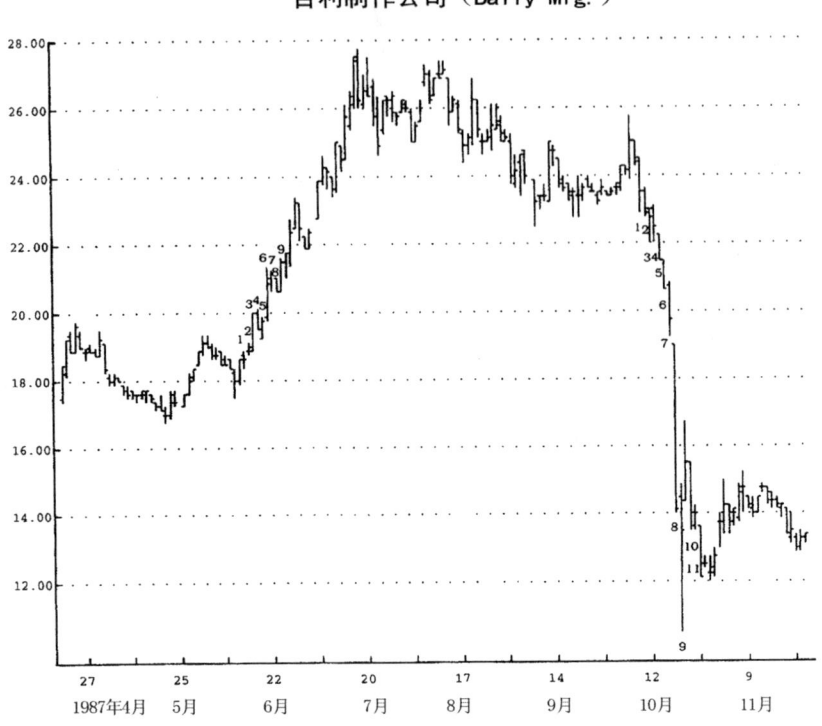

资料来源：Logical Information Machines, Inc. (LIM), Chicago, IL.

图 7.17 卖出结构的价格交集出现在卖出结构的第 9 天，买入结构的价格交集出现在买入结构的第 11 天。

有两种情况可以使这种结构失效。这两种情况都不复杂，很容易弄明白。其中最常见的那种情况被称为"重计数"，将在后面讲计数的章节中介绍。而另一种情况则与结构完成时到信号产生之间出现的一个收盘价有关。更具体地说，如果随后的这个收盘价高过了买入结构的最高价，或者是低于卖出结构的最低价，那么这个买入或卖出结构就失效，必须重新开始组建结构（见图 7.18 和图 7.19）。

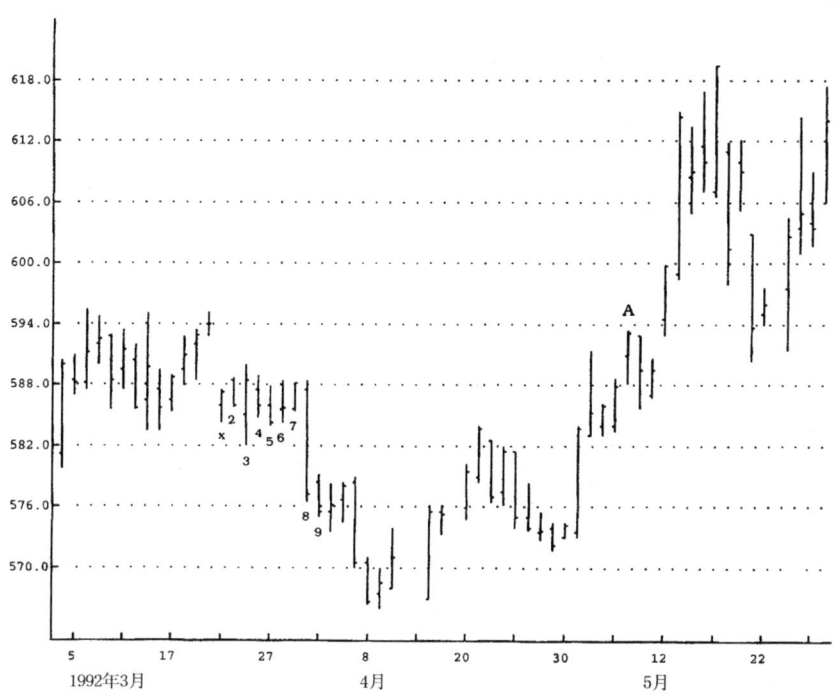

资料来源:Logical Information Machines, Inc. (LIM), Chicago, IL.

图7.18 注意看,图中A处的收盘价超过了3月底的买入结构的最高价。

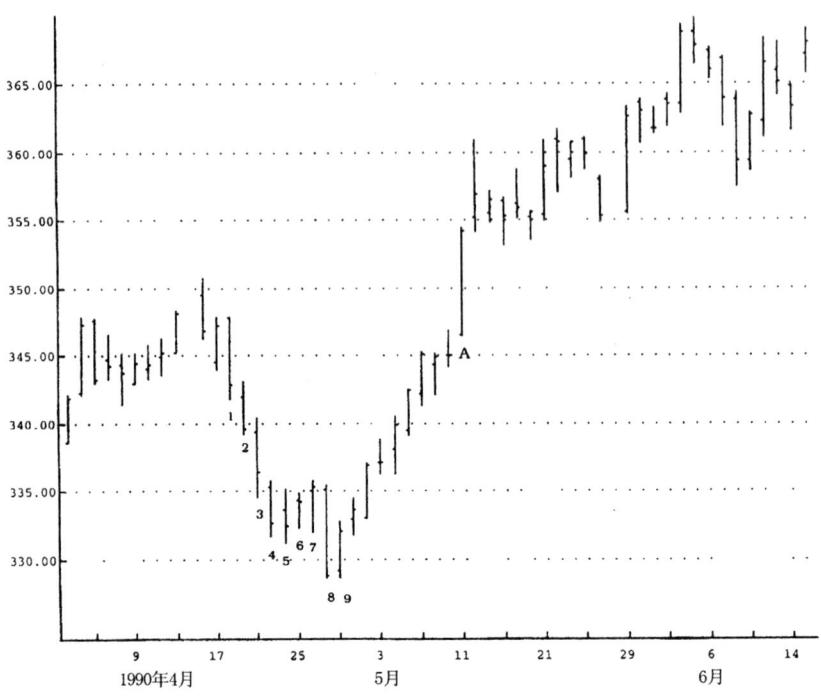

资料来源：Logical Information Machines, Inc.（LIM），Chicago, IL.

图7.19 在两个例子中，包括图7.18和本图，A处的收盘价都超过了之前买入结构的最高价。

计数

一旦结构形成完毕，计数阶段就开始了。计数描述的是当前收盘价与两个交易日前的最高价或最低价的关系，具体是最高价还是最低价，要看结构是买入结构还是卖出结构（见图7.20和图7.21）。就买入信号来说，收盘价必须低于两天前的最低价；至于卖出信号，收盘价则必须高于两天前的最高价。一旦统计出了13个低于两个交易日前的最低价的收盘价（买入），或者13个高于两个交易日前的最高价的收盘价

（卖出），入场信号就发出了。这13个收盘价不要求连续出现，因为这样的收盘价不容易出现。一旦价格交集出现，确认结构已形成完毕——并且没有早于结构的第9天，那么计数阶段就开始了。根据定义，就算从结构的第9天开始计数，计数阶段也不可能在结构结束之后的第12天以前完成。在结构形成之后，通常需要15到30天才能完成计数阶段（见图7.22和图7.23）。

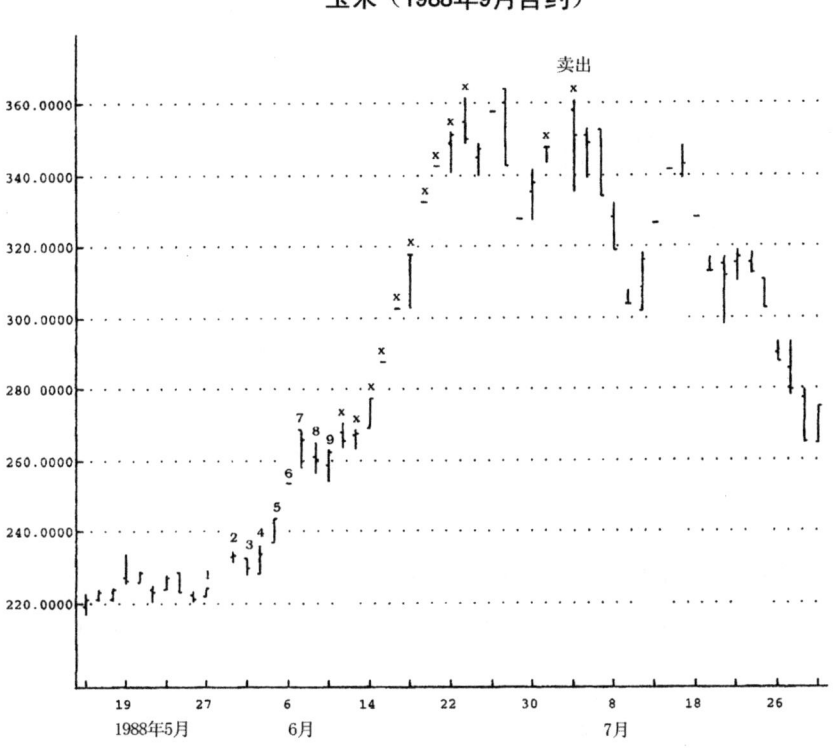

资料来源：Logical Information Machines, Inc.（LIM），Chicago, IL.

图7.20　图中用"X"标注了卖出结构形成之后的13个计数日①。

---

① 图7.20和图7.21中都只标注了12个X。——译者注

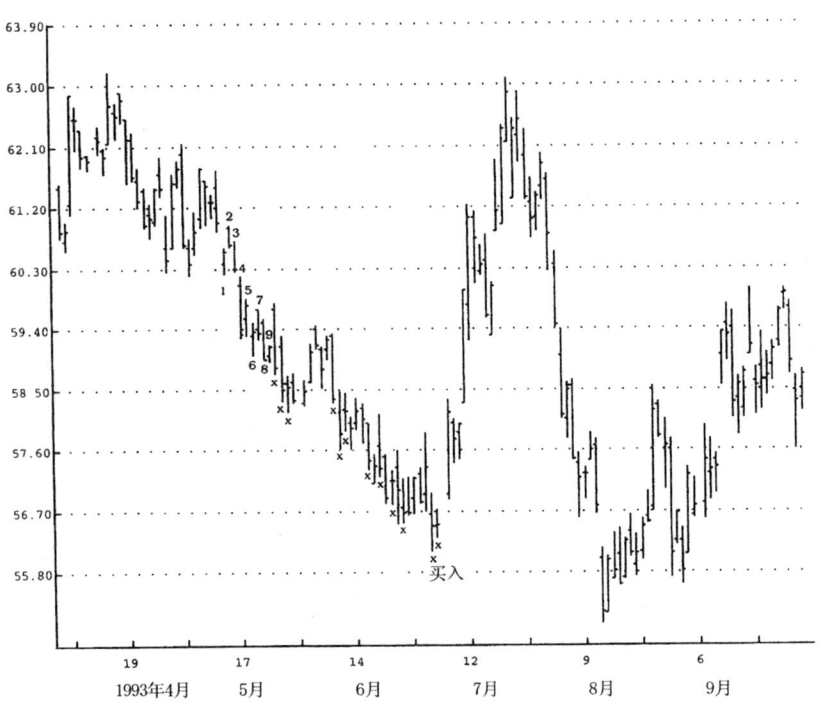

资料来源：Logical Information Machines, Inc.（LIM），Chicago, IL.

图 7.21 图中用"X"标注了买入结构形成完毕之后的 13 个计数日。

第 7 章 迪马克序列　169

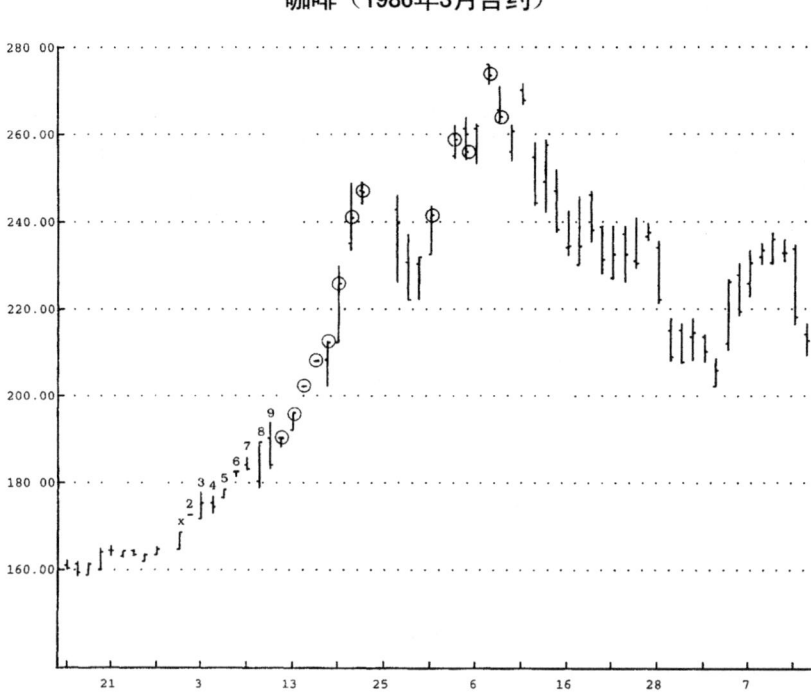

资料来源：Logical Information Machines, Inc. (LIM), Chicago, IL.

图 7.22　从卖出结构形成之时，到卖出计数阶段的第 13 天出现之前，大约要经历 25 到 30 天。

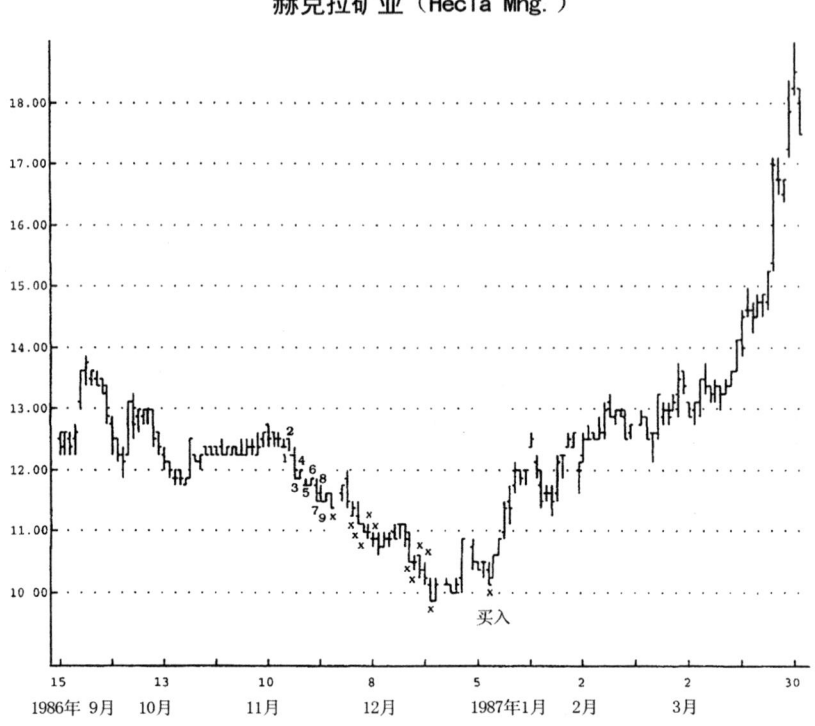

资料来源：Logical Information Machines，Inc.（LIM），Chicago，IL.

图 7.23 从买入结构形成时，到买入计数的第 13 天也是最后一天出现之前，大约经过了 36 天。

如果在结构形成之后出现以下两种情形，就要终止计数。第一种情形将导致最初的结构无效，需要重新开始组建结构。在结构形成之后、信号发出之前，这个结构随时都可以作废，只要出现了与这个结构方向相反的结构（见图 7.24 和图 7.25）。第二种情形不需要额外的时间来形成一个新的结构，但它却需要重新开始计数阶段。在这种情况下，计数阶段开始的同时，一个新的结构也在形成。新的这个结构取代了最初的结构，但方向仍与最初结构的方向一致（见图 7.26 和图 7.27）。这种情形经常出现，这是市场在对供给和需求均衡进行重新评估，并重建通往终极峰顶或谷底的轨道和时间参数。在这两种情形下，最初的结构和计数都作废了。在第二种情形下，通过重计数过程，一个新的结构也已经生成。

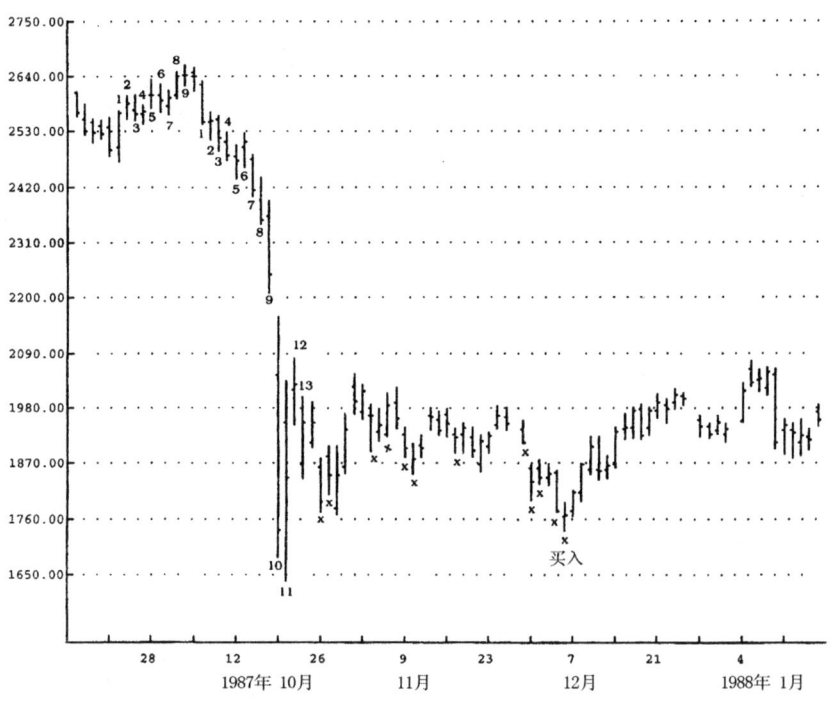

资料来源：Logical Information Machines, Inc.（LIM），Chicago, IL.

图7.24 卖出结构的第9天创出了结构的最高价。接着，一个买入结构形成，并且在结构的第13天出现了价格交集。

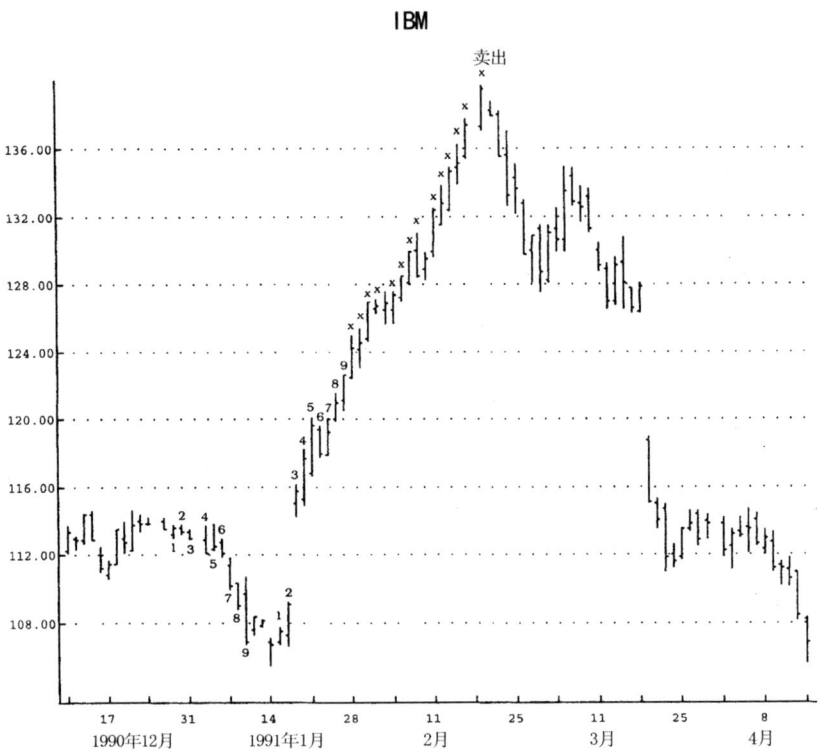

资料来源：Logical Information Machines, Inc. （LIM），Chicago, IL.

图7.25 图中的卖出结构导致之前形成的买入结构无效。

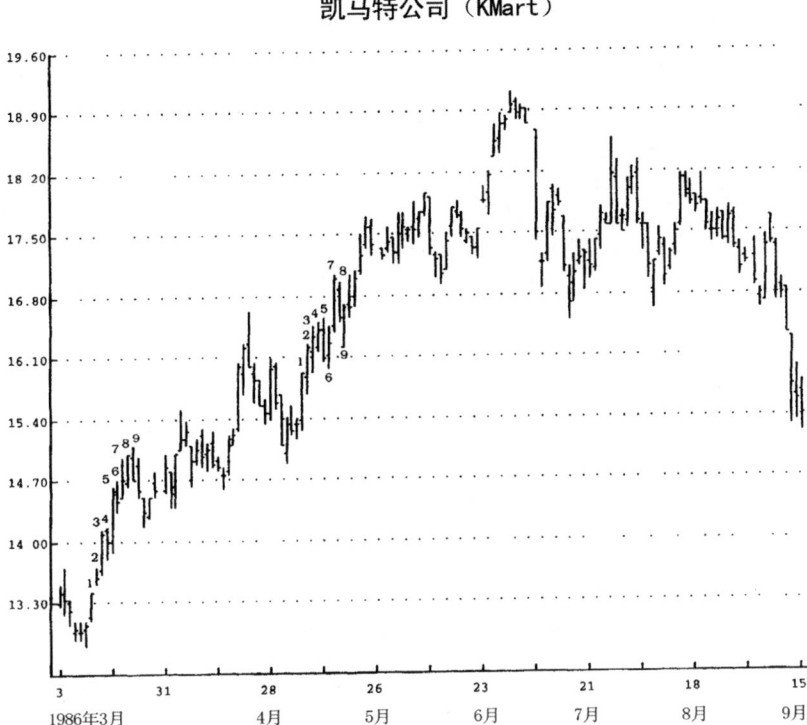

资料来源:Logical Information Machines, Inc. (LIM), Chicago, IL.

图 7.26 图中第一个卖出结构被第二个卖出结构取代。

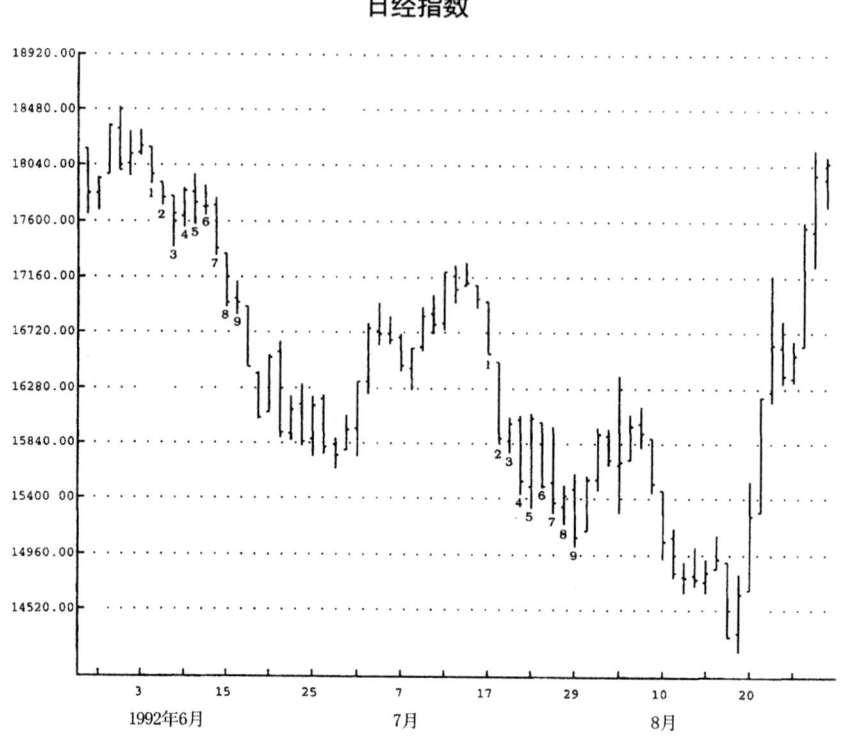

资料来源：Logical Information Machines，Inc.（LIM），Chicago，IL。

图7.27　图中第二个买入结构取代了第一个买入结构，成为现行有效的买入结构。

现在，结构和计数阶段都已讨论过了，序列还有三个重要方面没有介绍，分别是（1）入场、（2）出场和（3）止损技术。

入场

这里推荐3种序列入场方法。第一种方法是在计数阶段完成当天的收盘价处入场（见图7.28到图7.31）。这是最冒险的入场方式，因为结构有可能需要重新组建，最初发出的信号将不复有效。要产生新的信号，必须等到计数过程再次进行完毕。虽然在这个价位入场有可能导致一部分亏损，但这是三个入场点中唯一在绝对的最低收盘价或最高收盘价提供买入或卖出机会的入场点。

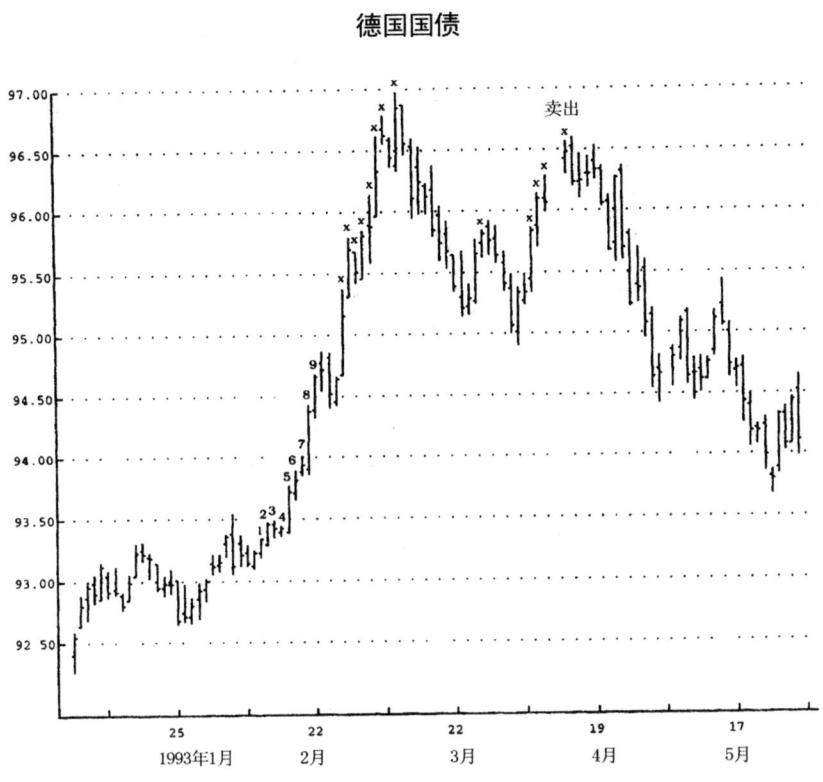

资料来源：Logical Information Machines, Inc.（LIM），Chicago, IL.

图7.28 注意卖出信号是在第二个价格顶峰的最高收盘价处产生的。

176 技术分析新科学

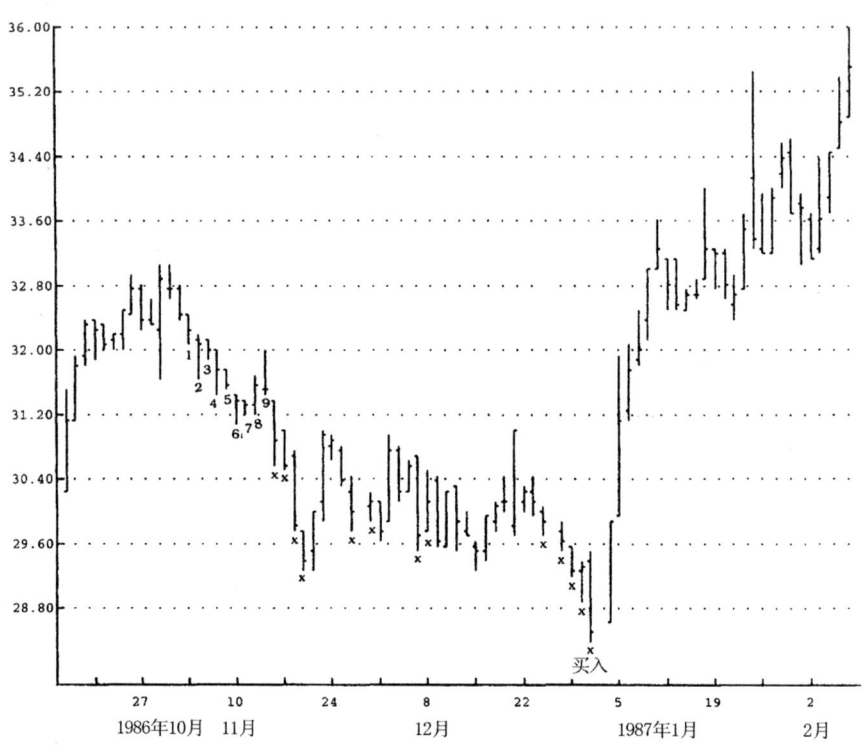

资料来源：Logical Information Machines, Inc. (LIM), Chicago, IL.

图7.29 在本例中，最低价日被确认为信号日。

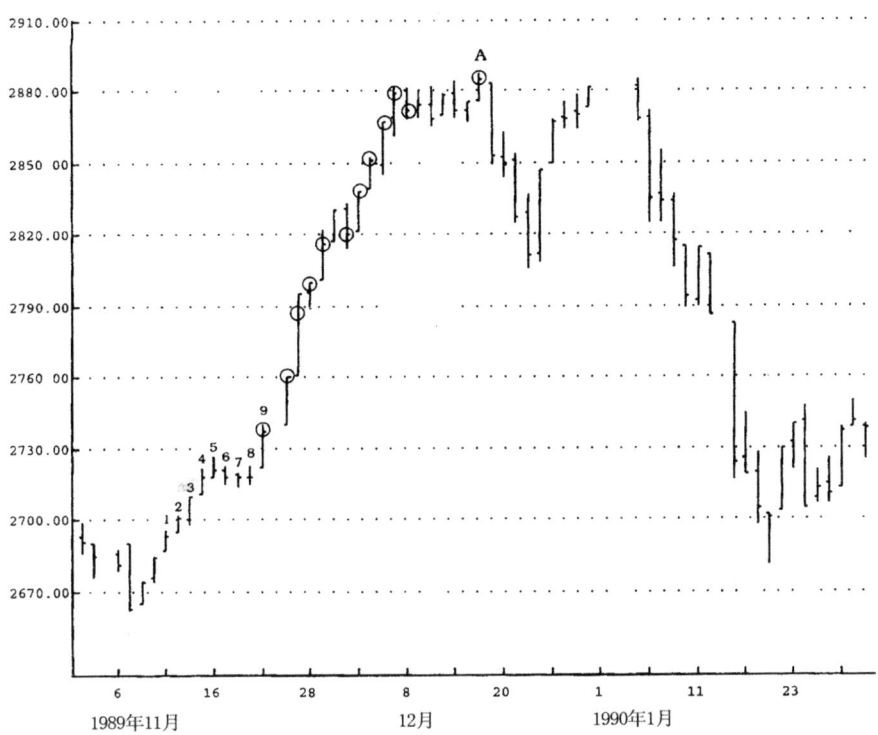

资料来源：Logical Information Machines, Inc.（LIM），Chicago，IL.

图7.30 图中的最高价日再次成为进场卖出日——点A。

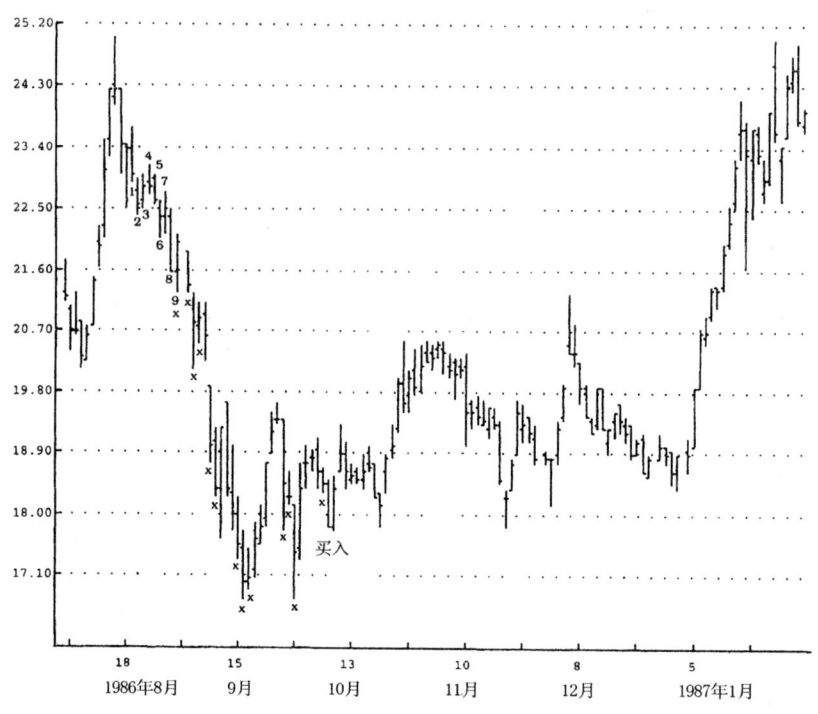

资料来源：Logical Information Machines, Inc. (LIM), Chicago, IL.

图7.31 如果执行了在计数阶段第13天的收盘价处的交易，就选择了理想的入场点。

第二种方法不需要重新组建结构，因此也不会失去有效的信号。但是，它需要价格出现"弹跳"——收盘价高于4天前的收盘价（买入），或者收盘价低于4天前的收盘价（卖出）（见图7.32到图7.35）。通过等待"弹跳"出现，就可以保证结构不会重新被组建。

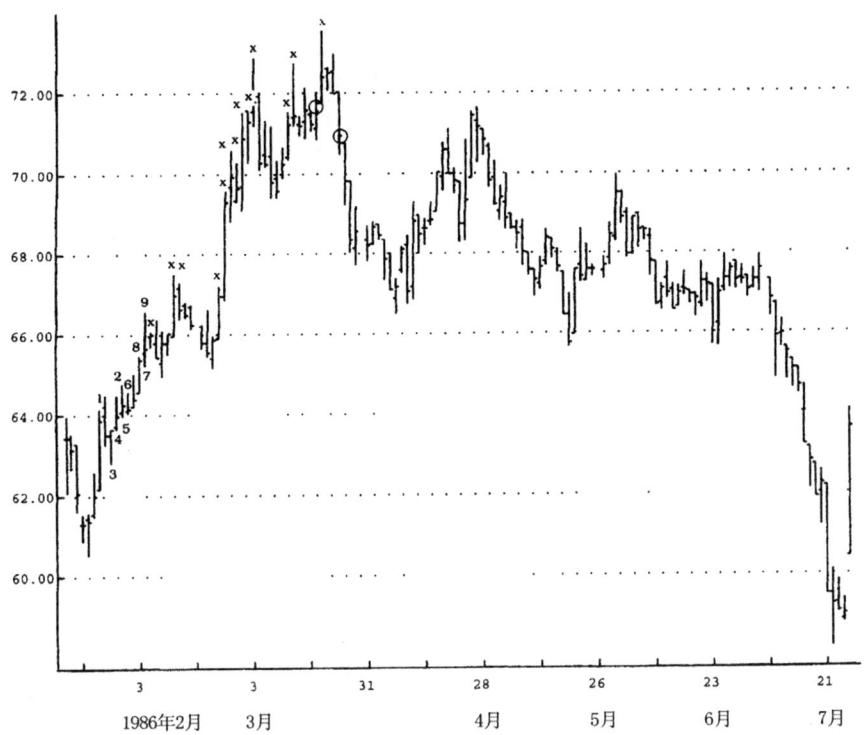

资料来源：Logical Information Machines, Inc.（LIM），Chicago, IL.

图 7.32 注意，"弹跳"日出现在价格顶峰和计数阶段的第 13 天之后，它确认了卖出信号。

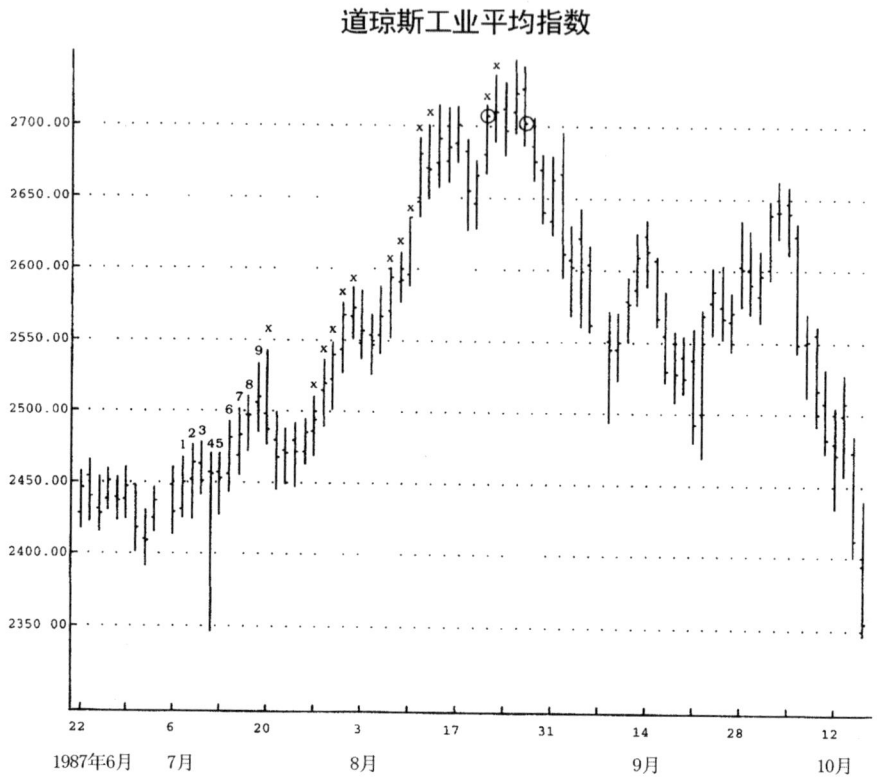

资料来源：Logical Information Machines, Inc.（LIM），Chicago, IL.

图 7.33 看看"弹跳"日是如何出现在真正价格顶峰和第 13 日之后的。

第 7 章 迪马克序列　181

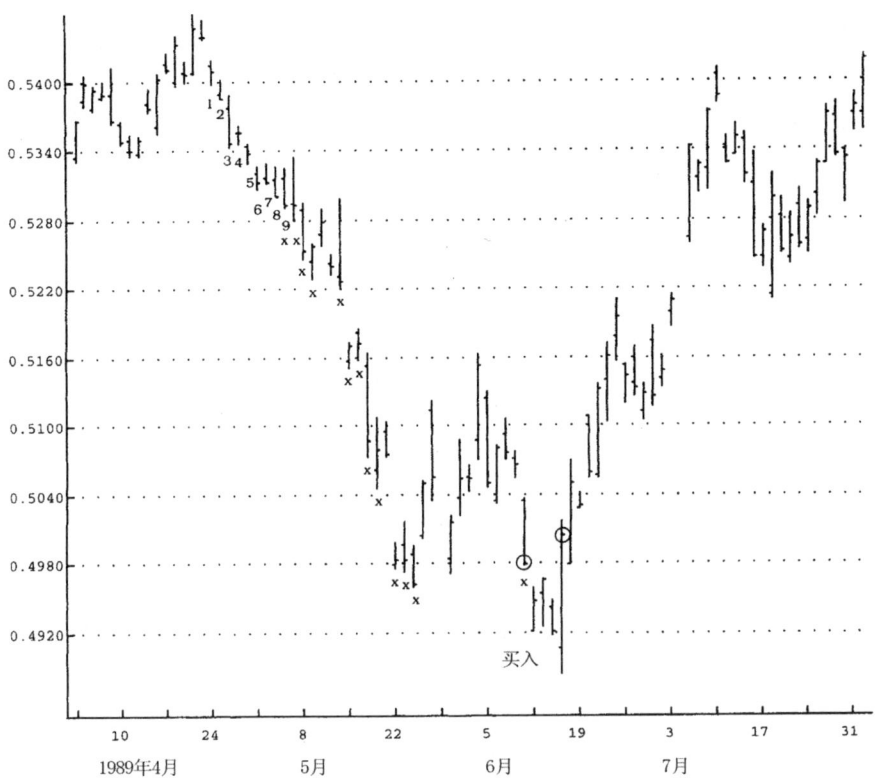

资料来源：Logical Information Machines, Inc.（LIM），Chicago, IL.

图 7.34　确认收盘价再次出现在第 13 日之后。

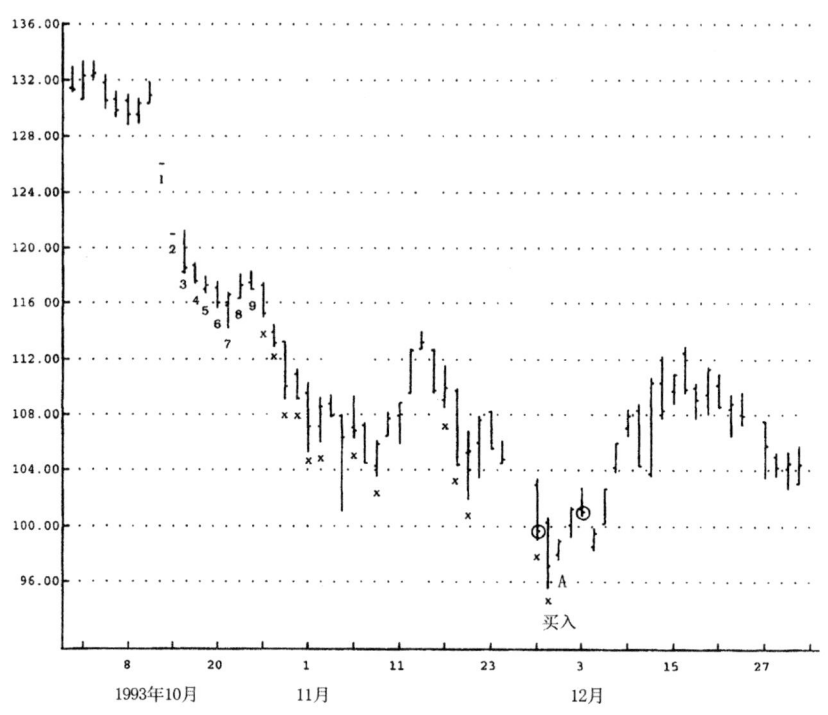

资料来源：Logical Information Machines, Inc.（LIM），Chicago, IL.

图 7.35 通过等待"弹跳"出现——收盘价高于（或低于）4 天前的收盘价——才启动交易，就选择了理想的入场点。图中入场的收盘价已被小圆圈标出来，并标注为 A。

最后一个入场方法是当第 13 天被确认时，就等待一个两日波幅"弹跳"。换句话说，一旦计数阶段完成，就在高于两天前的最高价的收盘价出现的第一时间买入，或者在低于两天前的最低价的收盘价出现的第一时间卖出（见图 7.36 到图 7.39）。这个入场点完善了"弹跳"入场点，并常常作为第一个入场点和第二个入场点的折中选择。

第7章 迪马克序列 183

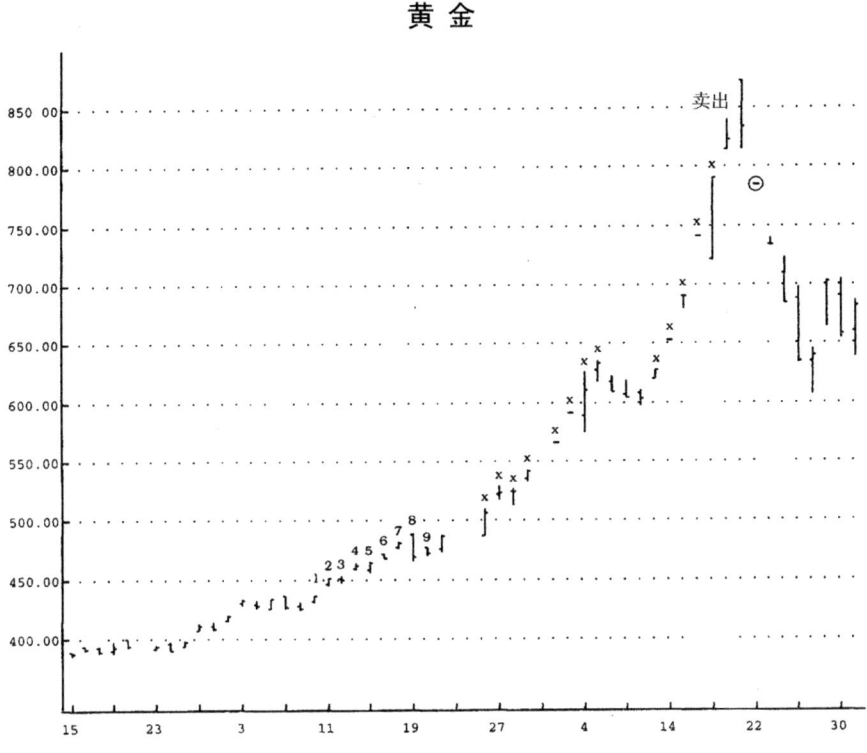

资料来源：Logical Information Machines, Inc. (LIM), Chicago, IL.

图7.36 在卖出结构的第13天之后，出现了第一个低于两天前的最低价的收盘价（已被圆圈标注）。

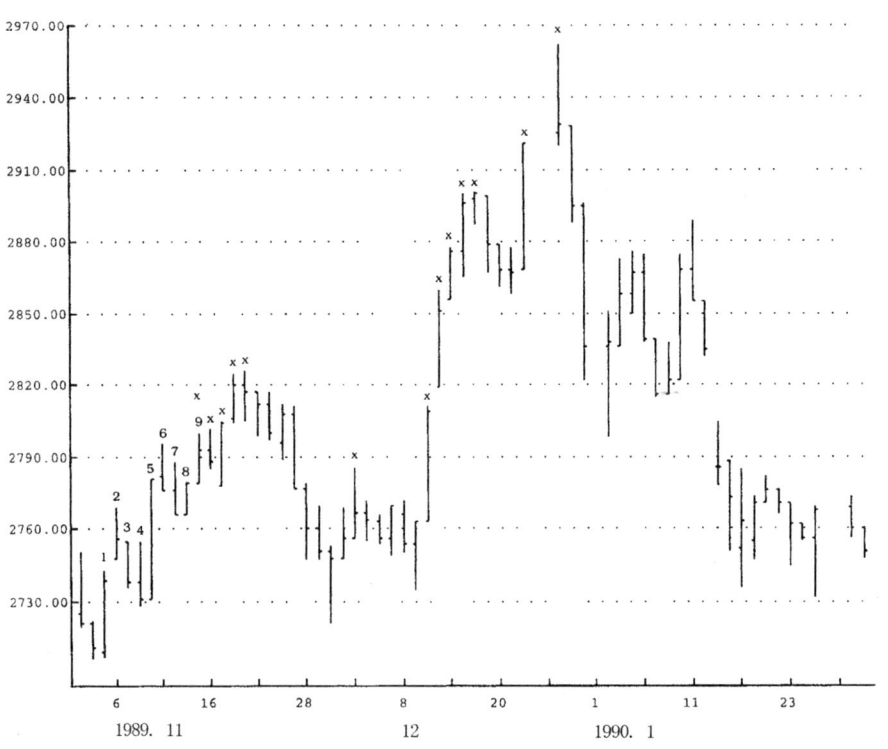

资料来源: Logical Information Machines, Inc. (LIM), Chicago, IL.

图7.37 在本例中,两日波幅"弹跳"确认的卖空入场点位置逊于在最高价日——计数阶段第13天卖空的入场点位置。

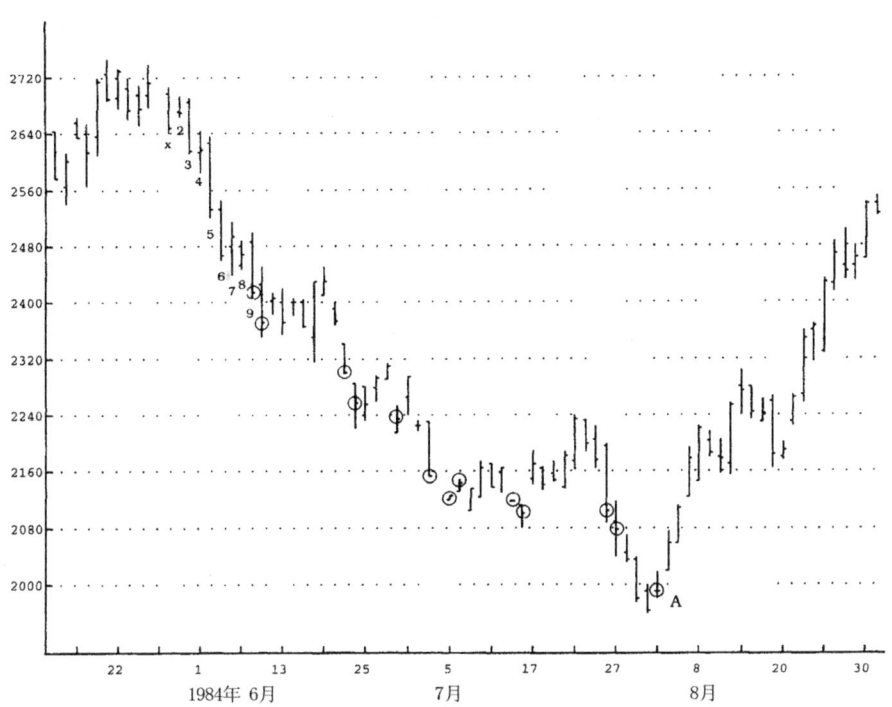

资料来源：Logical Information Machines, Inc.（LIM），Chicago, IL.

图 7.38 在本例中，两日波幅"弹跳"的入场点接近信号日。

资料来源：Logical Information Machines, Inc. (LIM), Chicago, IL.

图 7.39 在本例中，不是在第 13 天的收盘价处入场买入，而是等待两日"弹跳"的确认信息。最终，确定了一个稍逊的入场价位 A。

出场

除了交易被迫止损出场外，还有两种了结头寸的方法。第一个方法是一旦当前结构完成，并且价格没有超过由最近作废的结构创出的最高或最低的价格水平（见图 7.40 和图 7.41），就了结头寸。这种出场方法认为，由于当前结构的结束点没有超过最近失效的结构创出的最高价或最低价，就表明趋势还没有反转，所以接下来有可能出现一次价格反转，因此交易应该结束。

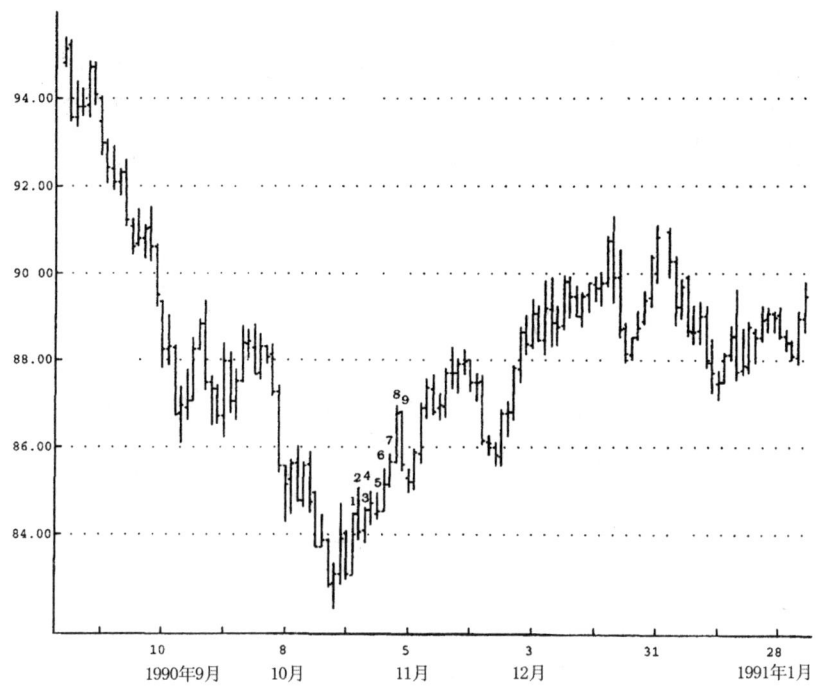

德国马克/日元的交叉汇率

资料来源：Logical Information Machines, Inc. (LIM), Chicago, IL.

图7.40　正如你在图上看到的，连续9个上升收盘价组成的卖出结构，并没有超过从10月最低价的11天前开始组建的下降的买入结构。

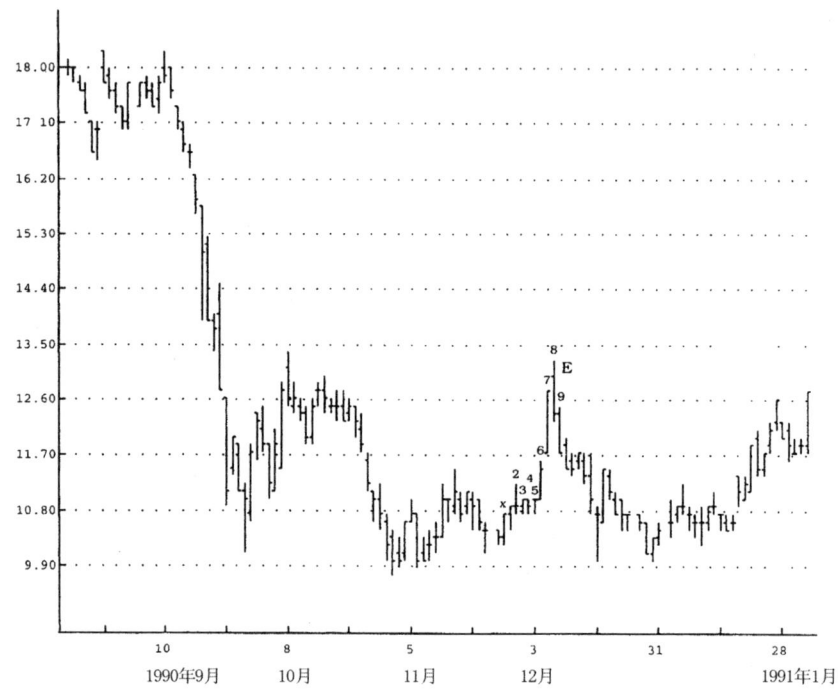

资料来源：Logical Information Machines, Inc. (LIM), Chicago, IL.

图7.41 如果出现连续9个分别高于各自4天前的收盘价的收盘价，并且价格没有超过之前让你进场交易的另一个方向的结构，那么就发出了出场信号，可以兑现利润了。

另一个出场方法也要比较两个结构，但是这一次如果当前结构期间有任何一天的价格超过了最近作废的结构的极值价格（最高价或最低价），那么头寸就要保留，直到反转信号产生。

止损

最后一个需要考虑的要素是止损。因为不幸的是,不是所有的交易都能获得成功,所以为了预防交易失败,应该设置止损。通过研究,我总结出了两个可以达到这一资金管理目标的技术。这两个技术都要考虑整个结构与计数期间的最小波幅日的价格波幅(买入信号),或者是整个结构与计数期间的最大波幅日的价格波幅(卖出信号)。如果是买入信号,计算最小波幅日的真实波幅的方法是,从最小波幅日的最高价或者最小波幅日前一天的收盘价(选择较大的那个价)中,减去最小波幅日的最低价。再从最小波幅日的最低价中减去这个真实波幅,就得出止损水平(见图7.42)。如果是卖出信号,就要运用相反的计算方法来计算止损位。从最大波幅日的最高价中减去当日的最低价或者前一日的收盘价(选择较大的那个)①,就可计算出最大波幅日的真实波幅。然后把这个真实波幅加到最大波幅日的最高价中,就得出止损水平(见图7.43)。在两种情况下,要触及止损,必须出现一个超过计算数值的收盘价。

---

① 此处应该是"选择较小的那个"。——译者注

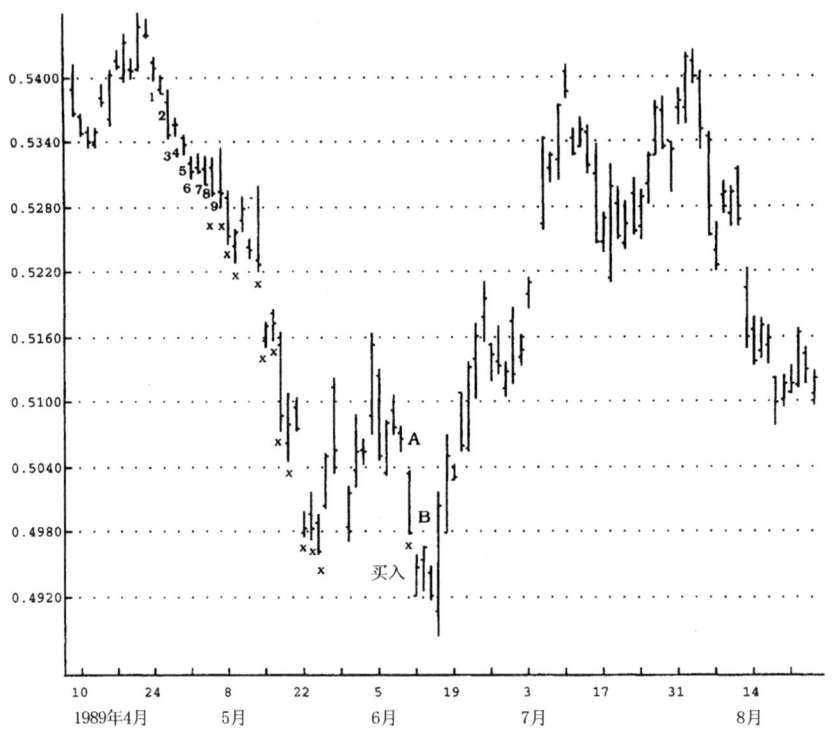

资料来源：Logical Information Machines, Inc.（LIM），Chicago, IL.

图7.42　在买入信号之后，一旦出现连续9个上升的"合格"收盘价，就可以了结头寸，获利出场了。

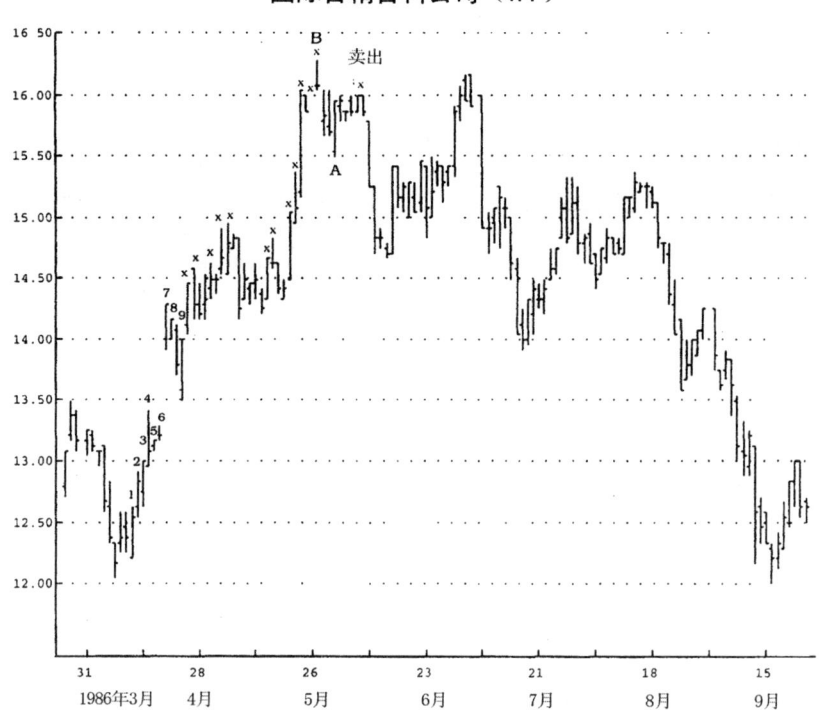

资料来源：Logical Information Machines, Inc. (LIM), Chicago, IL.

图7.43 要得出止损水平，就要通过减去真实波幅来计算。所谓真实波幅，就是从当天的最高价或前一天的收盘价（哪个价格高选哪个）中，减去当天的最低价或前一天的收盘价（哪个价格低选哪个）。就买入信号来说，是从结构/计数期间的最低价日减去这个数值。如果是卖空交易的止损，就进行相反的操作——在本例中，就是把前一天的收盘价A点与最高价B点的差值，加到B点之上。如果价格收盘于得出的这个结果之上，就触及了止损。如果是计算买入交易的止损，所有的操作都相反。

第二个止损方法相对保守一些。要为买入和卖出交易计算止损水平，也要选择与第一个方法相同的交易日。但是，这次没有采用真实波幅。买入交易的止损位，是从最低价中减去收盘价与最低价的差值得出的；卖出交易的止损位，是把最高价与收盘价的差值加在最高价上得出的。就像之前讨论的止损方法一样，之后也必须出现一个超过这个止损水平的收盘价，才算触及了止损。这两个止损方法都基于一种假设，即市场对极值价格日（最高价日和最低价日）存有某种程度的悲观，要在收盘价的基础上超过它，将造成与其价格特点相背离，从而影响信号。

我坚信把序列方法运用到日线图上，会非常有效。有时，我也会研究较小时间框架的走势图。我发现在这些日内走势图上，序列技术也仍然有效。虽然我只建议把这个技术用在日线图上，但是图7.44展示了迪马克序列（Sequential™）在日元的一分钟图上的成功运用。

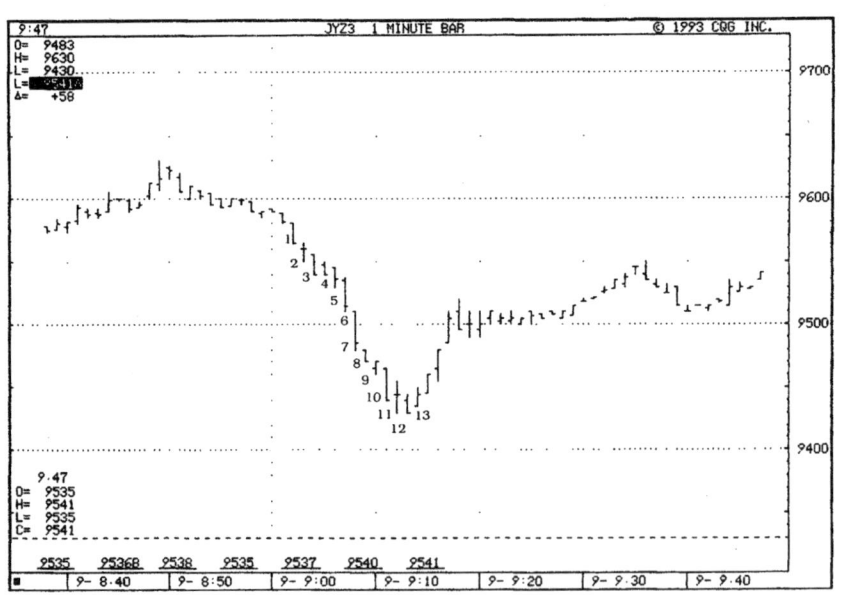

资料来源：CQG, Glenwood Springs, CO.

图7.44 注意9-13序列是如何在一分钟走势图上精确地识别出最

低价的。

小结

我已经与你分享了一个表面看来似乎极具价值的技术。但是，没有任何技术是绝对可靠的。因为我是开发者，要我承认这个方法具有失败的可能性是很困难的事情。因此，我让保罗·都铎·琼斯和彼得·博里什来检测这个方法。他们作为场内交易员，其创造力和心态都让他们能够接受失败。他们就随后信号出岔子的问题向我提出质疑。开始时，他们既不愿意关注信号，也不认为他们将获得成功，这真让我感到生气，简直是对我的侮辱。失败的价格行为才最具有指导意义，那些完全不起作用的才是真的糟糕。从某种意义上说，只要把精力集中在它们上面，交易者就能享受到成功的乐趣。

现在，你已经了解了一个用于识别市场潜在转折点的工具。可以说，这个工具是非常棒的。实践证明，这个技术能够普遍适用于所有的交易市场，包括国内和国外的。它的特点是操作方法机械，具有一个长期的视角，并且能够驾驭现行趋势。如果一个交易者总是在市场上处于活跃状态，那么他一定会认为迪马克序列（Sequential™）非常枯燥、完全没有吸引力。但是，我的经验已经证明，大部分非常成功的交易者至少会对市场有一幅大的图景，并充分加以利用。你可能会再次问自己，为什么我会放弃采纳自己这么具有价值的东西。其实，我并没有这样想。我只是把它当作给你的一次机会，当我寻找感兴趣的其他市场方法时，就由你来临时"照看"一会吧。此外，在最近几年，我对这个方法进行了两次显著的提升。关于这一点，我并没有在本书中提及。但我相信，只要你熟练掌握了这个技术，你也完全可以对其进行类似的升级。

第8章 价格缺口

市场心理学家会认可一个事实，即诸如恐惧和贪婪的情绪，会在决定市场价格的波动中扮演重要角色。事实上，很多以写市场分析报告为生的人，都是靠测度这些情绪指数，并根据他们对交易大众的集体观点的评估提出操作建议。交易员中有一种说法，即要想在市场中获胜，交易者必须在每个人都卖出的时候买入，在每个人都买入的时候卖出。总体来说，这句话是正确并且有效的，因为多数人的判断都是错的。简单地从逻辑角度讲，当价格上涨时，潜在的多头数量就会逐渐减少，直到只剩下"最后一个多头"买入（象征性的说法）。所以，价格自然会往下跌。反之，当价格下跌时，预期的空头数量也会逐渐减少，直到只剩下"最后一个空头"卖出。在这种情况下，价格自然会转而上涨。想一想专营经纪人和场内交易员所扮演的角色吧。他们都通过在强劲中卖出、在疲软中买入来保持市场的有序流通。同时，他们永远都在与市场趋势作对，并据此过着非常舒适的生活。虽然大部分显著的价格缺口都出现在市场刚开盘时，但这些交易员仍然能获得好处，因为开盘价是由他们负责设定的。价格开盘时就超过前一天的收盘价，并且到收盘时也没有覆盖前一天的收盘价，这种情况就被称为价格缺口或价格重叠。当某天的最高价低于前一天的最低价，或者最低价高于前一天的最高价，就产生了价格缺口。当某天的最高价高于前一天的最低价,但没有高于前一天的收盘价,或者最低价低于前一天的最高价,但没有低于前一天的收盘价,就产生了价格重叠(见图8.1和图8.2)。虽然过去有很多关于价格缺口的讨论,但是大部分研究都略显不足。为了方便讲述,我把价格缺口和价格重叠统称为价格缺口。我对价格缺口进行的研究是非传统的,同时也提供了一个用于审视它们的不同视角。

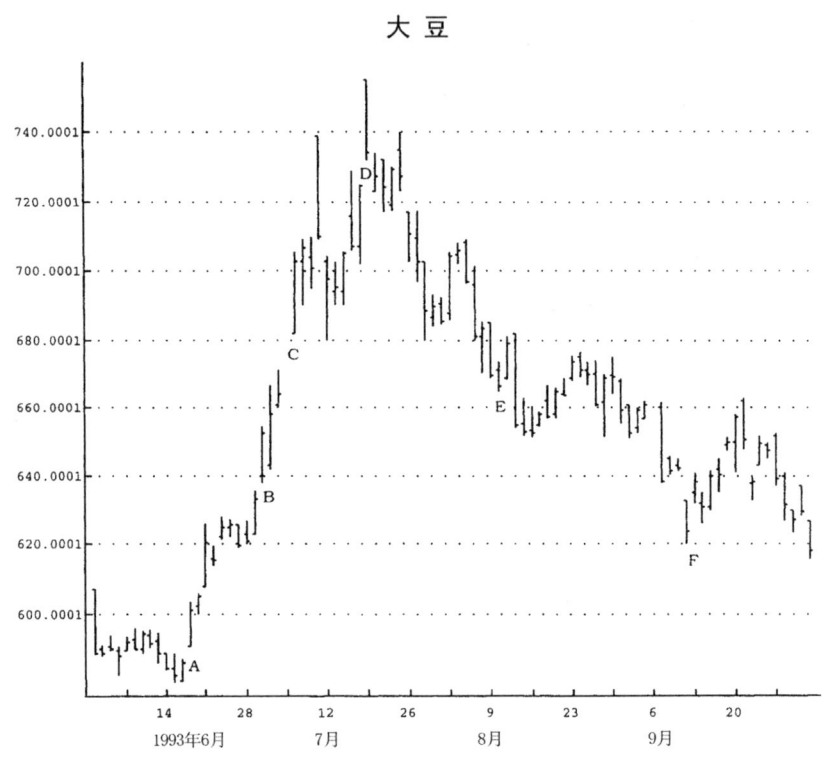

资料来源:Logical Information Machines, Inc. (LIM), Chicago, IL。

图8.1 点A、B、C都是向上的跳空缺口——当天的最低价高于前一天的最高价。点E和F就被认为是向上的价格重叠——最低价低于前一天的最高价,但是没有低于前一天的收盘价。

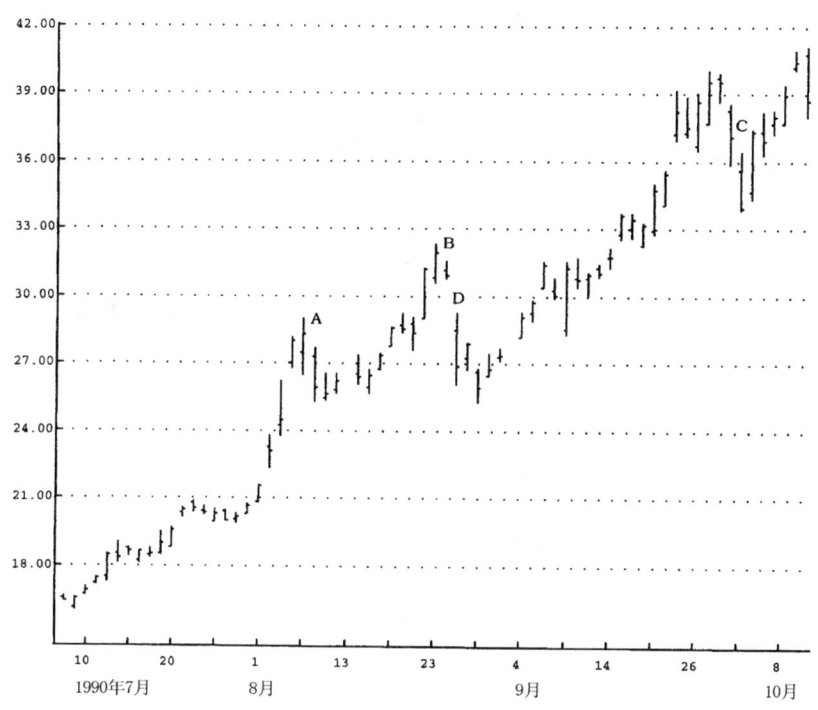

资料来源：Logical Information Machines, Inc. (LIM), Chicago, IL.

图8.2　点A、B、C都是向下的价格重叠——当天的最高价高于前一天的最低价，但是没有高于前一天的收盘价。点D是一个向下的跳空缺口——当天的最高价低于前一天的最低价。

一句古老的交易格言告诉我们，所有的价格缺口都将被回补。我敢肯定，在20世纪30年代，克莱斯勒（Chrysler）股票的空头们一定会反对这种说法，1975年初的道·琼斯工业平均指数的空头们也会反对这种说法（见图8.3）。直到今天，这两个缺口都没有被回补。这是市场传说如何被接受，以及如何被提升为信条的两个典型案例。所有的缺口都不会被回补，即使有时被回补，也只会让交易者输得更惨。通过对价格缺口的研究，我发现了一些非常有价值的现象。我再一次决定靠自已研究并总结出我自己的结论，不理会那些被普遍当作真理的错误观点。

资料来源：Logical Information Machines, Inc.（LIM），Chicago, IL.

图 8.3 出现在 1975 年 1 月 2 日的价格重叠 A，和 1975 年 1 月 27 日的价格缺口 B，都没有被回补，否定了所有价格缺口（重叠）都将被回补的说法。

大部分价格缺口将在它们出现之后几天内被回补。但是，如果你把这句话当作真理，那么我保证在你刚进场交易后，它就不灵了。为了降低遇到此类事件发生的几率，我仔细研究了那些价格缺口长时间没有被填上的情况。我发现了一个有趣的现象——如果价格缺口是由小小的新闻事件造成的，那么这种缺口常常很快会被回补，甚至当天就被回补。如果价格缺口与重要并且出人意料的公告或声明有关，或者与任何新闻事件都无关，那么这种缺口很可能是合理的，并且将在很长一段时间内不会被回补。综合考虑以下因素，就能更深刻地理解价格缺口的本质和意义。

正如之前提到的，情绪往往是价格缺口的主要贡献力量。我想知道情绪的影响在什么情况下会被消除或减轻，最终找到了以下四种：

1. 当消息是在周末或者更理想的是在一个较长的假期里被宣布。
2. 当消息是明确的负面消息或正面消息，而价格缺口却意外地发生在相反的方向。
3. 自缺口出现后，时间已超过了 11 天，并且从缺口开始计算的第 8 天、第 9 天或第 10 天的收盘价是极值收盘价（最高收盘价或最低收盘价）。
4. 开盘时成交量比较清淡，后来也一直保持着较低的成交量，表明上涨的供给或下跌的需求不足。

在一段较长的时间里，比如周末，交易者对新闻事件的评估要比一个晚上作出的评估更为理性。远离了办公室和新闻发布，交易者可以以稳定的情绪，作出更冷静、计划更周详的决定。因此，星期一（如果周末更长一些，就星期二）的价格缺口承载着特别重大的意义（见图 8.4 和图 8.5）。此外，委员会会议通常在星期一召开。在会上，所有的事项都要经过全面仔细的研究，从而让做出的决定更深思熟虑、更富有远见并且计划也更周密，而不是草率的情绪化决定。我会特别关注星期一的价格缺口的价格行为，并且常常回顾周线图。星期一的价格缺口——每周的第一个交易日——很容易识别。结合之前提到的关于价格缺口的其他观察结果，比如成交量和时间因素，就可以进一步确认其真实性，并预期将产生的影响。

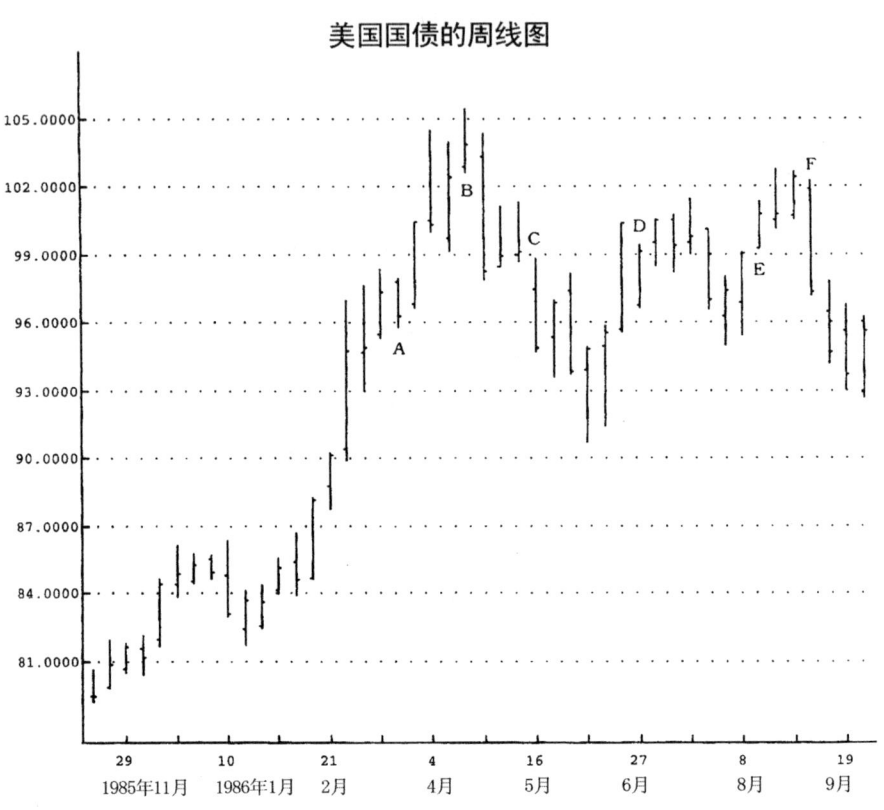

资料来源：Logical Information Machines, Inc. (LIM), Chicago, IL.

图8.4 使用周线图，星期一的价格缺口（价格重叠）就很容易被识别出来。它们分别出现在点A、B、C、D、E和F。

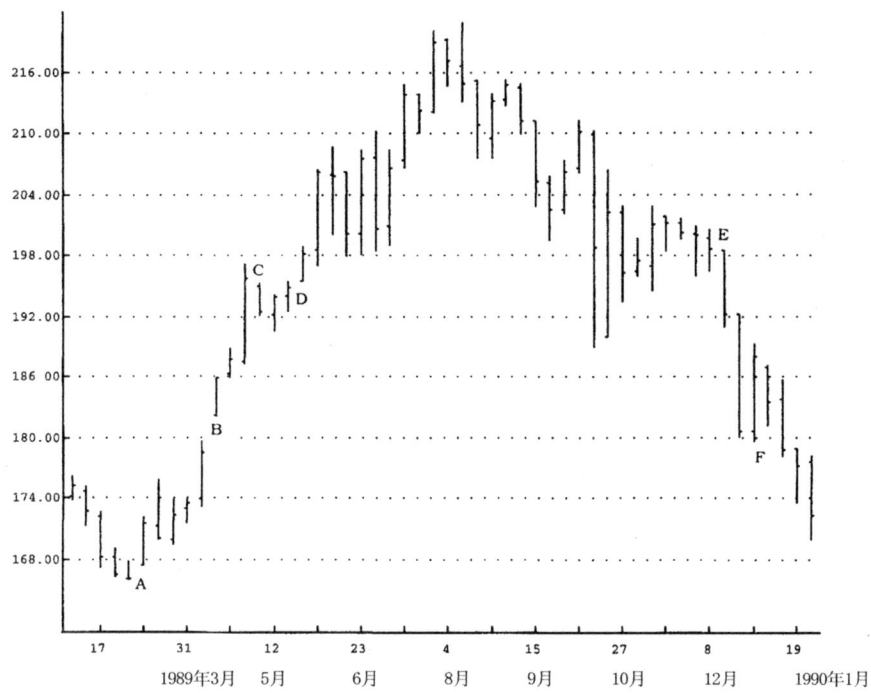

资料来源： Logical Information Machines, Inc.（LIM），Chicago，IL.

图8.5　使用周线图，星期一的价格缺口（价格重叠）很容易被识别出来。它们分别出现在点 A、B、C、D、E 和 F。

如果某个消息在正式被发布之前，就已被市场预期有一段时间，并且存在多次突破失败的情况（利空不跌或者是利多不涨的情况），那么就存在一个极好的机会，因为这个消息已经被价格充分吸收了。在这种较为稀少的情况下，市场会在开盘时朝另一个方向跳空，并且这个缺口不会被回补（见图8.6）。这样的事件完全是意料之外的，但对机警的交易者来说，这样的事件具有重大意义，将带来机会。

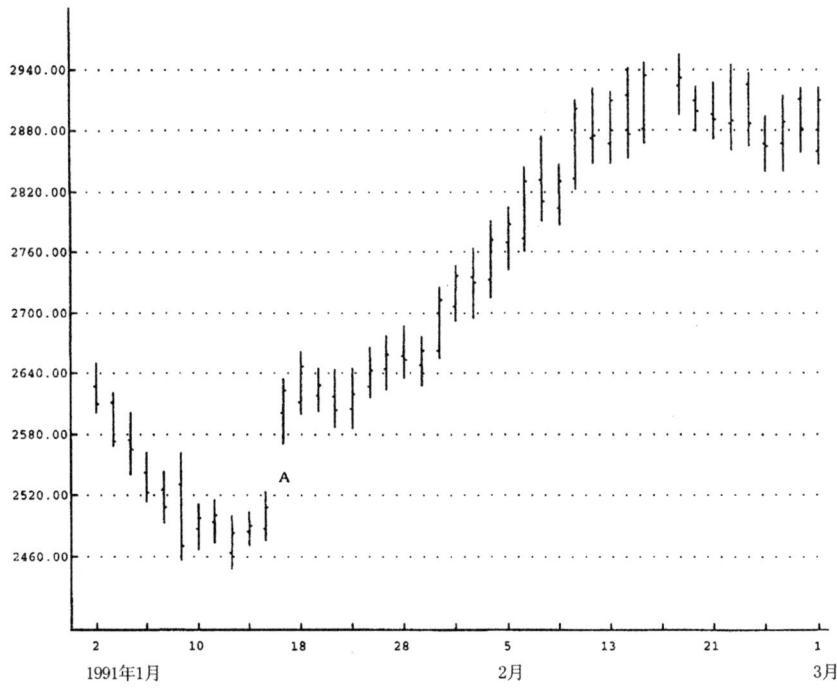

资料来源：Logical Information Machines, Inc. (LIM), Chicago, IL.

图8.6 由于中东石油供给遭到破坏，加上美国出现参与战争的潜在威胁，很多交易者对于股票市场的预期都是下跌的。但出人意料的是，道·琼斯指数开盘就出现一个向上的跳空缺口 A，之后继续急剧上涨。

由于市场预期是大部分价格缺口很快会被回补，所以我仔细研究了那些长时间没有被回补的价格缺口。我得出的结论是，从本质上讲，如果一个价格缺口在其出现后 11 个交易日内都没有被回补，那么价格往往会继续朝着缺口的方向波动，直到动量耗竭。这个结论还要加上后面的条件才有效——价格缺口出现后第 8 天、第 9 天或第 10 天的收盘价必须是极值收盘价（见图 8.7 和图 8.8）。

第 8 章 价格缺口 203

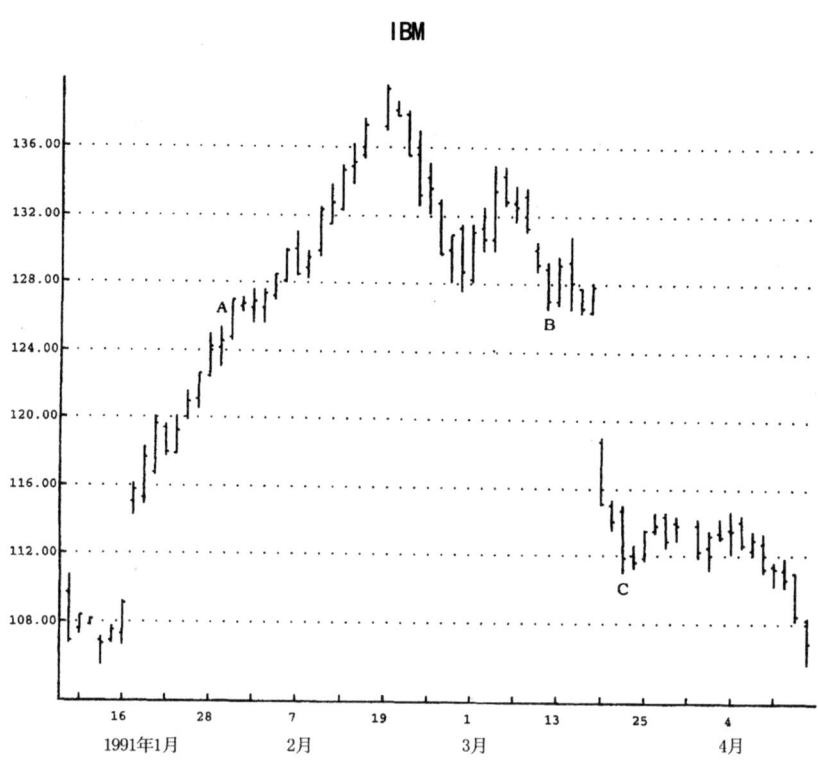

资料来源：Logical Information Machines, Inc.（LIM），Chicago, IL.

图 8.7 价格缺口出现后第 8 天的收盘价是一个极值收盘价 A——大于之前 7 个收盘价，从而确认了这个价格缺口，表明趋势将会继续。随后向下的价格重叠也有了相同的信号，只不过方向相反，这是由价格重叠出现后第 10 天的极值收盘价 B 确认的。向下的价格缺口出现 8、9 和 10 天之后点 C，也发出了同样的信号。

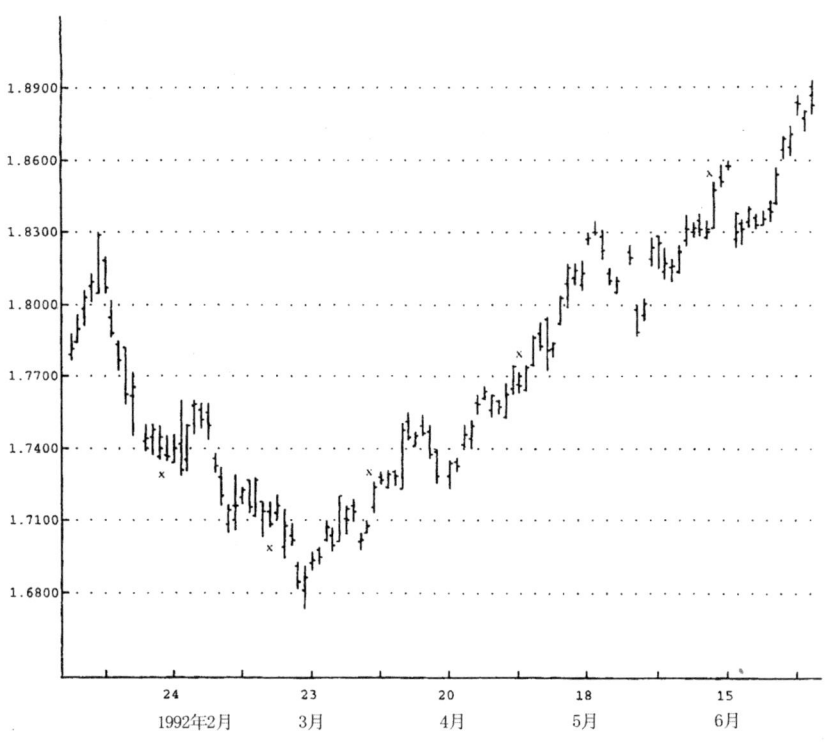

资料来源：Logical Information Machines, Inc.（LIM），Chicago, IL.

图8.8　图中向下和向上的价格缺口和价格重叠，都被各自8、9或10天之后的极值收盘价所确认。

在分析价格缺口时，成交量是一个重要因素。开盘跳空时巨大的成交量，通常是由消息激发的，并且持续时间较短。另一方面，我的研究表明，成交量低的价格缺口是持久的，并且出现的方式像夜里的小偷一样——出人意料，之前没有任何警告。它们的意义常常被忽略，因为它们悄悄地就来了，没有进行任何"预告"和"宣传"。相对而言，在这种情况下，成交量并没有出现异常，而价格在开盘时的变化也微不足道。但是，当把这些特殊因素叠加起来，它们产生的影响可谓是巨大的。所以，交易者应该留心它们的出现，并做好准备，以便从中获利。

如今，价格缺口在交易界受到了冷遇。虽然它们仍然如此明显地存在着，但是似乎没有一个人试图对它们的存在进行辩护或解释。那些传统分析师对特定价格缺口的描述和毫无说服力的解释，以及对价格缺口进行诸如"突破缺口"、"持续缺口"和"衰竭缺口"的分类，都缺乏正当充足的理由，通常也没什么意义可言。但是，如果把价格缺口放到讨论迪马克线突破和回撤的第1章和第2章的内容背景下，它们就具有了一种从未显露过的意义。只要好好留心价格缺口的特性，交易者就可以更好地理解它们的含义，并将其转化为可以赚取丰厚利润的优势。

第 9 章 日波幅投射

在 20 世纪 80 年代初，在每日市场开盘之前，我都会准时出现在财经新闻网（Financial News Network）上，宣布当日各个市场的投射价格范围。下面列出的这个公式是我以前用于计算投射的公式的升级版。它是经过大量时间的研究后获得的成果，它的重点在于对短期价格波动的解释。

我通过研究发现，今天的收盘价与今天的开盘价的关系会影响明天的价格波幅。今天的收盘价与开盘价，有以下三种关系：

1. 今天的收盘价低于今天的开盘价。
2. 今天的收盘价高于今天的开盘价。
3. 今天的收盘价等于今天的开盘价。

如果它们的关系是关系 1，我会使用下面的公式来投射明天的价格波幅。

（今天的最高价+今天的最低价+今天的收盘价+今天的最低价）/2=X

明天的投射最高价 = X - 今天的最低价

明天的投射最低价 = X - 今天的最高价

如果它们的关系是关系 2，我会把公式修改成下面这样：

（今天的最高价+今天的最低价+今天的收盘价+今天的最高价）/2=X

明天的投射最高价=X−今天的最低价

明天的投射最低价=X−今天的最高价

如果出现的是关系 3，我就会进行下面的调整：

（今天的最高价+今天的最低价+今天的收盘价+今天的收盘价）/2=X

明天的投射最高价=X−今天的最低价

明天的投射最低价=X−今天的最高价

计算出的这些数值，仅为第二天的价格行为提供一个参照。我建议你们按照下面的方法来使用这些数字：如果市场在投射价格波幅内开盘，并且你是日内交易者，就可以预期阻力位高于投射最高价，支撑位位于投射最低价。更为重要的是，如果市场在投射波幅之外开盘——高于投射最高价或低于投射最低价——那么供给-需求平衡已被显著改变，意味着短期价格趋势将朝着价格开盘突破的方向继续。如果出现了这样的突破，短线交易者有两个选择：

1. 忽略这天的投射波幅。

2. 如果是向上的突破，就把投射最低价的数值调整到刚好位于投射最高价之下；反之，如果是出现向下的突破，则把投射最高价的数值调整到刚好位于投射最低价之上。

因为这个公式为第二天的价格行为设定了实际的参数，所以它在过去获得了非常不错的绩效，但是我无法保证这个表现还会继续。

为了更直观地说明这个公式的有效性，我制作了表 9.1，表中显示了 1994 年 3 月大豆的波幅预测。

表 9.1　1994 年 3 月的大豆

	实际值				投射值	
	开盘价	最高价	最低价	收盘价	最高价	最低价
1/26/94				700.25		
1/27	704.0	704.5	693.5	696.5		
1/28	694.5	696.0	683.0	683.75	700.5	689.5
1/31	683.75	687.25	681.5	686.75	685.75	677.0
2/1	686.5	690.75	686.0	687.0	690.0	684.25
2/2	*684.5	684.75	675.0	683.5	691.25	686.5

* 市场在投射最低价下面开盘——把投射最高价调整为最初投射最低价的水平。

第10章 变化率

我曾经多次被大学生问到一个问题，即什么课程可以帮助他们为投身股票市场或期货市场做好最好的准备。回想我自己接受教育的经历——人文科学专业、出国留学、工商管理研究生院和法学院——我总是告诉他们不要步我的后尘。在交易界，看起来显而易见的往往是最明显的错误。我认为基本面或者对基本面的认识在主导着市场的长期性趋势。但是，在短期内，对于基本面发展的认识可能会被忽略或忽视。所以，一只股票的价格可能保持不变，或者与情理和逻辑不符。有效的市场择时技术，会帮助实践者在价格倾向于作出有利反应或不利反应的适当时期，保持警觉。通过测度供给/需求和市场情绪，就可以识别这些精确的时间点。

我的技术主要集中于基础经济学和大众心理学两个领域。所以，我认为懂得这两个领域的知识对成功来说，可谓至关重要——前者旨在测度供给和需求，后者用于评估市场情绪。

你知道的那些具有很高教育水平的教授们，其中有多少已成为成功的交易者？我敢说不多。不过，他们没有获得成功，并不是因为他们不具智慧。终有一天，他们对基本面的分析和预期会使他们成为成功的投资者。但是，短线交易是个全职工作，市场不会总是理性地运行。事实上，我的经验表明教育程度与短线交易成功之间存在着负相关关系。商学院讲授的大部分知识都只是基本的原理和规律，并不涉及影响短期价格波动的关键因素——恐惧和贪婪等情绪。市场是高效率的，消息一旦发布，确定消息的影响的贴现过程就立即开始。在很多情况下，因为基本面分析之外的动态因素，比如止损、系统的交易信号、追缴保证金通知等，价格的波动都被夸大了。因此，即时的价格波动有可能与所有逻辑性的预期都相反。我之前象征性地说过，价格会继续上涨直到最后一个多头买入，或者继续下跌直到最后一个空头卖出，而这一系列事件就可作为那些被认为不合逻辑的市场反应的解释。

多年以前，我尝试了一种结合了市场择时技术和市场情绪评估的价格比较法。大多数时候，我都把这个方法运用到主要市场指数及期货市场上，不会运用到个别股票上，因为股票的价格有下跌到零的可能。

具体方法是，用证券当前的价格除以其一年以前的价格。或许选用其他时间间隔的价格会更有效——这要取决于市场，但是我倾向于所有的市场都选用一年的时间间隔。

根据各个市场的走势图，我可以设计出已确定低风险买入、卖出水平区域的超买/超卖轨道。如果选用月线图，走势图就每个月更新一次；如果是周线图，就每周更新一次；如果是日线图，就可以每日更新一次。但是，不管选用哪种图，收盘价都是与其一年前的收盘价进行比较。

这个方法的主要优点在于，如果市场处于超卖状态，基于另一个较短期系统的买入信号就会产生；反之，如果市场处于超买状态，基于另一个较短期系统的卖出信号就会产生。但是不管怎样，即使是指标本身，这个关系测量的都是与价格波动有关的情绪水平，并形象地展示出类似的波动在过去是如何发展的。价格上涨或下跌的程度也可以进行评估，在超买/超卖区域内波动的范围也可以被测量和比较。事实上，一年以前的价格行为，可以通过定义与历史转折点有关的极值参数，来主导当前的价格波动。

下面，从图10.1到图10.15都是用于这类比较分析的走势图例子。

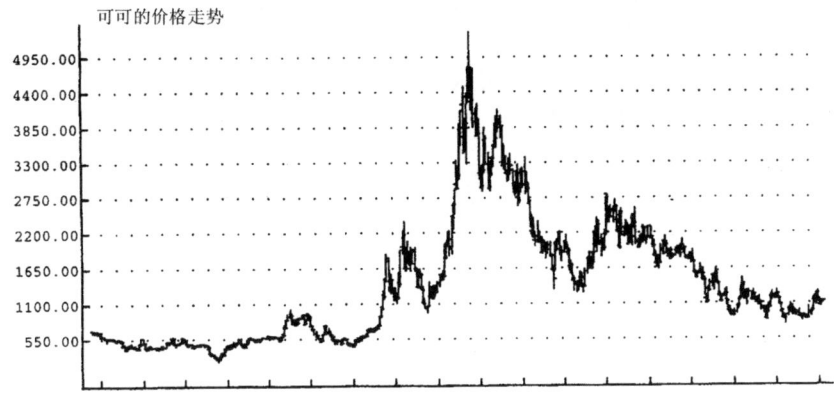

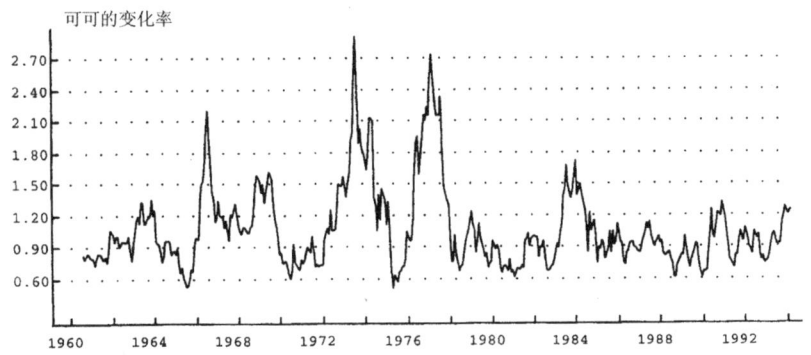

资料来源：Logical Information Machines, Inc. (LIM), Chicago, IL.

图10.1 可可的月线图和一年的变化率。

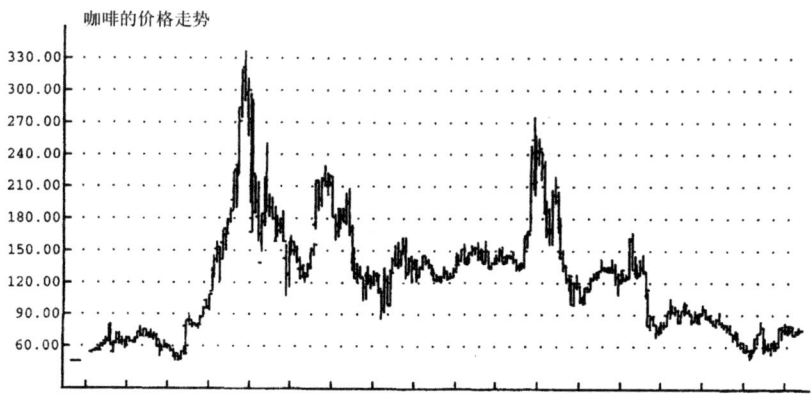

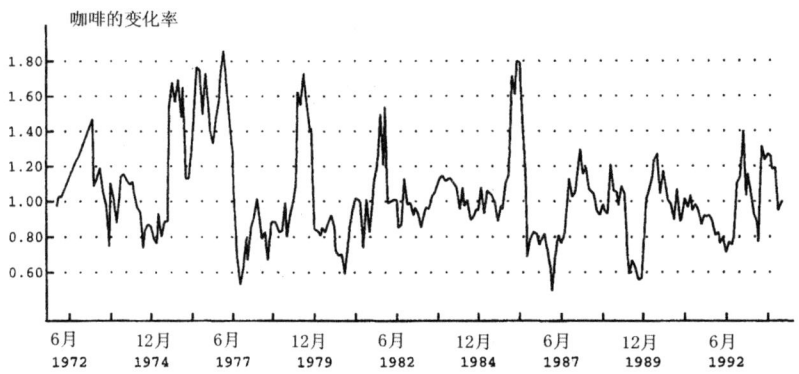

资料来源：Logical Information Machines, Inc.（LIM），Chicago, IL.

图 10.2 咖啡的月线图和六个月的变化率。

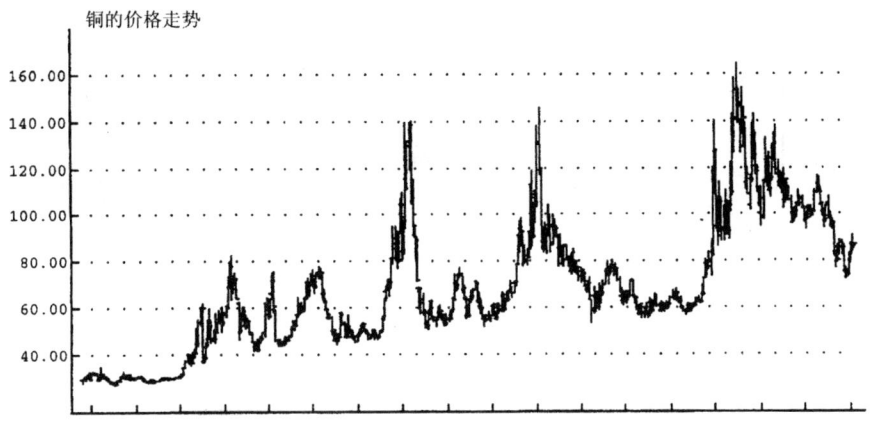

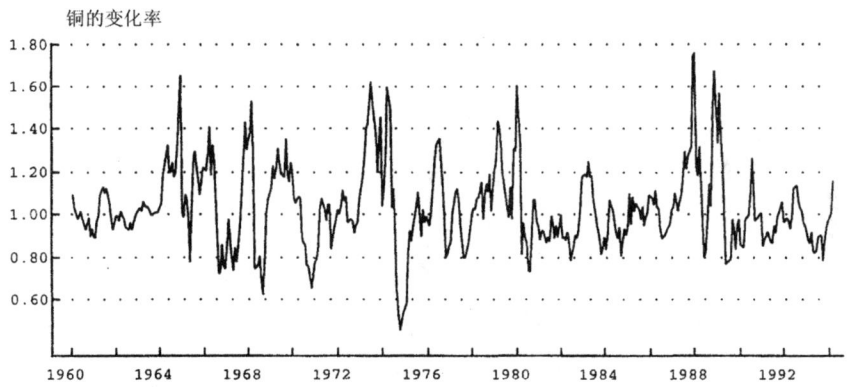

资料来源：Logical Information Machines, Inc.（LIM），Chicago, IL。

图10.3 铜的月线图和六个月的变化率。

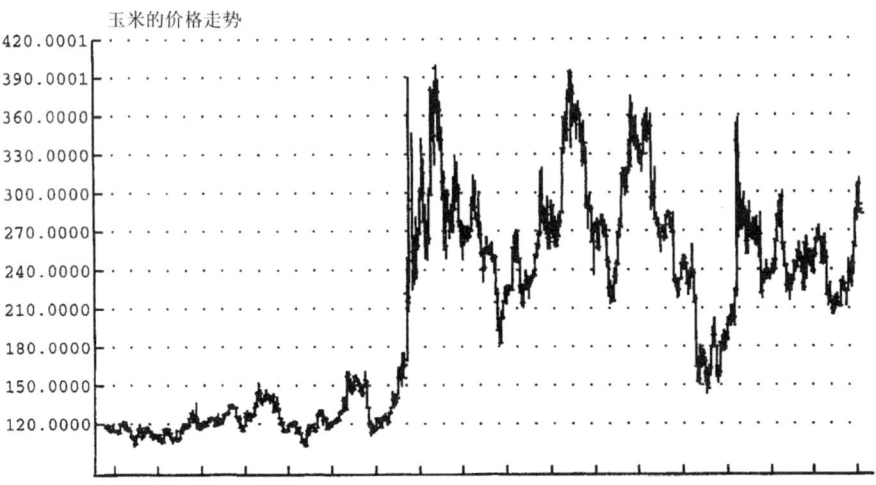

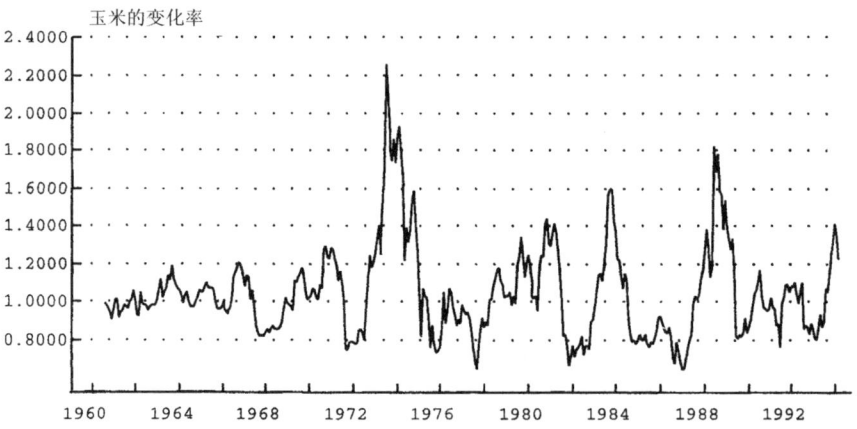

资料来源:Logical Information Machines, Inc. (LIM), Chicago, IL.

图10.4 玉米的月线图和一年的变化率。

第10章 变化率 217

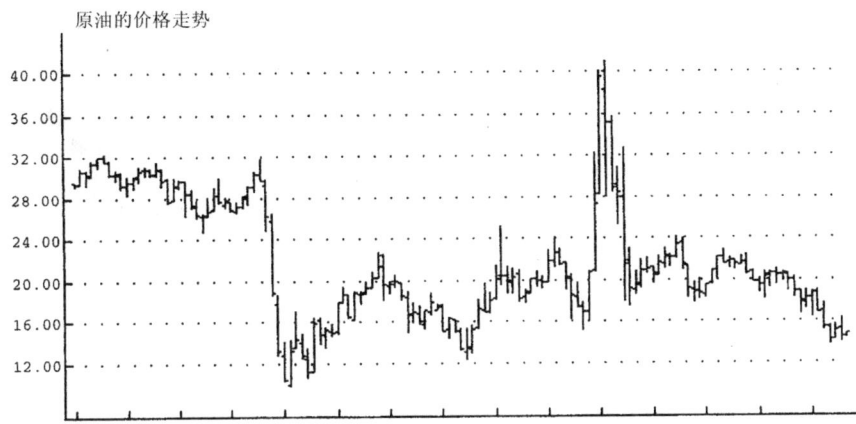

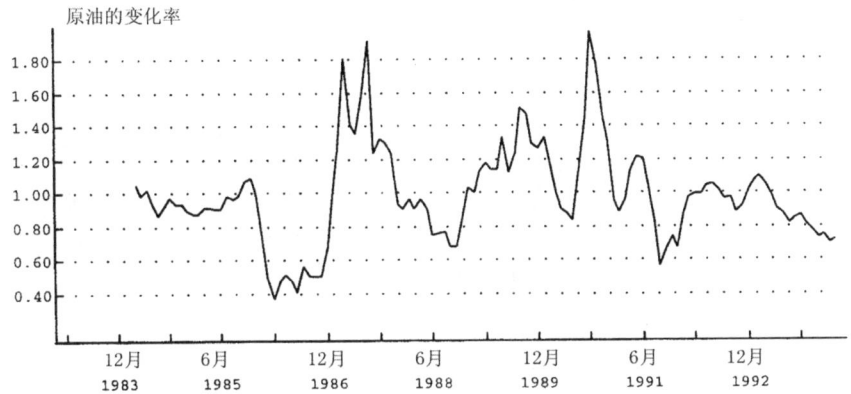

资料来源：Logical Information Machines, Inc.（LIM），Chicago, IL.

图10.5 原油的月线图和一年的变化率。

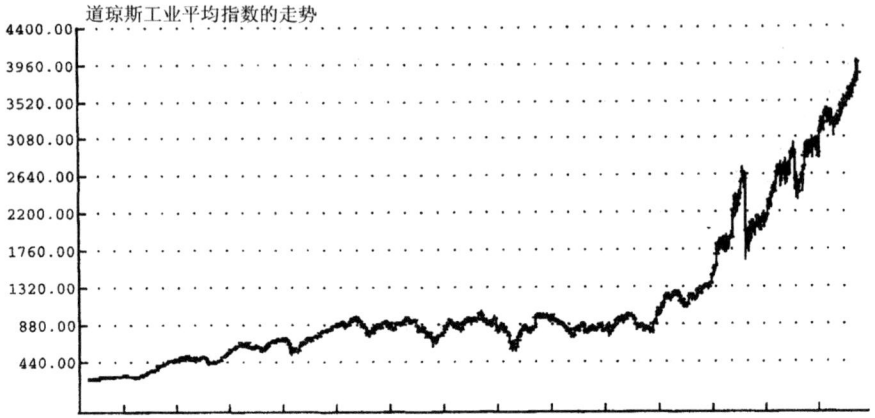

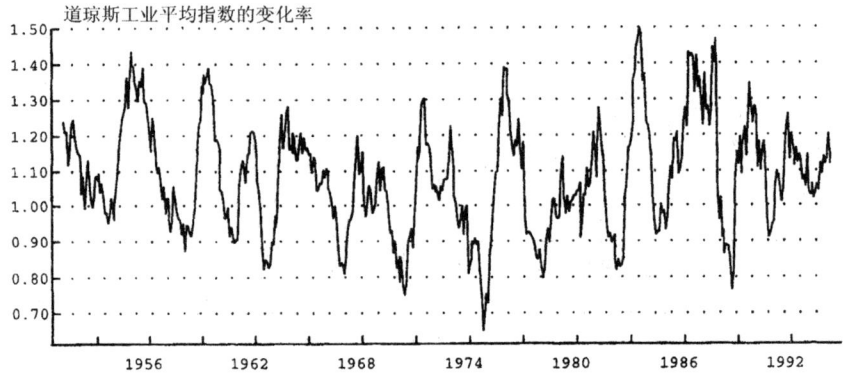

资料来源：Logical Information Machines, Inc. (LIM), Chicago, IL.

图10.6 道·琼斯工业平均指数的月线图和一年的变化率。

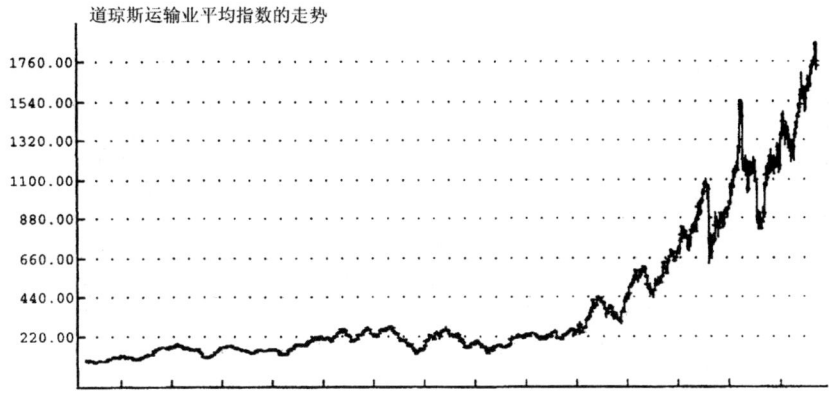

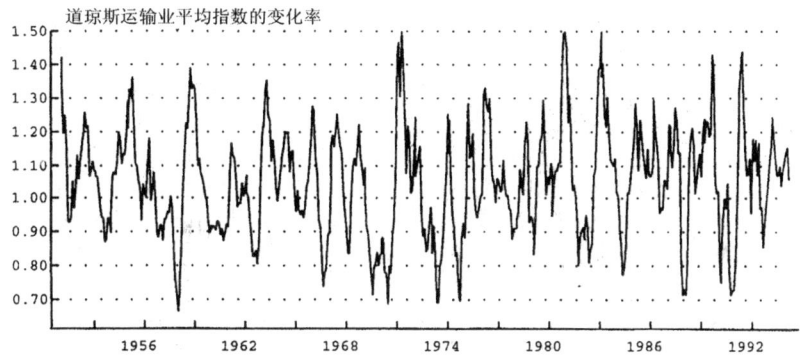

资料来源：Logical Information Machines, Inc.（LIM），Chicago, IL.

图10.7 道·琼斯运输业平均指数（DJTA）的月线图和一年的变化率。

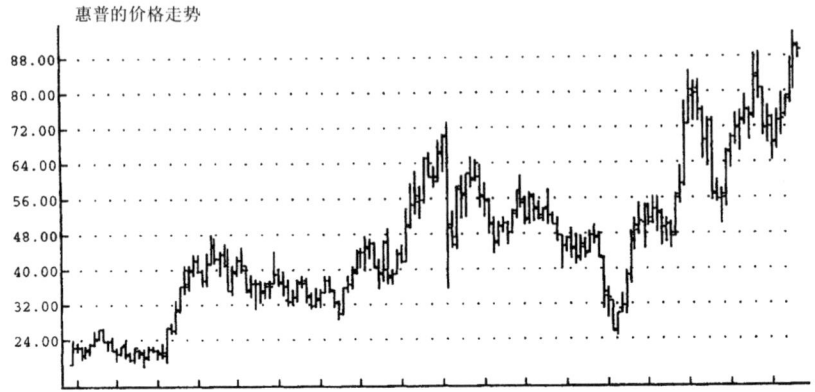

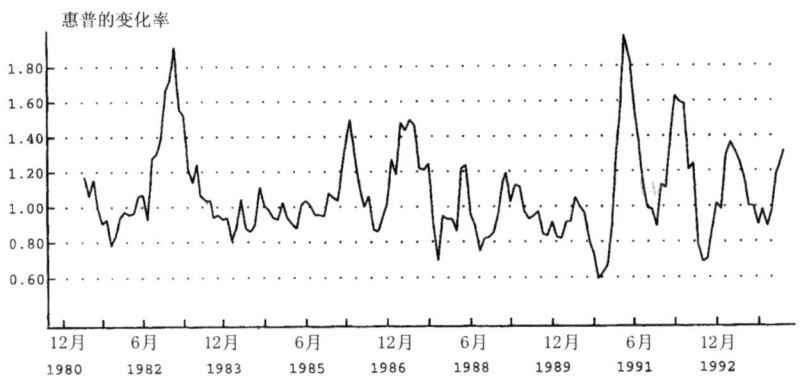

资料来源：Logical Information Machines, Inc. (LIM), Chicago, IL.

图 10.8　惠普公司的月线图和六个月的变化率。

第10章 变化率 221

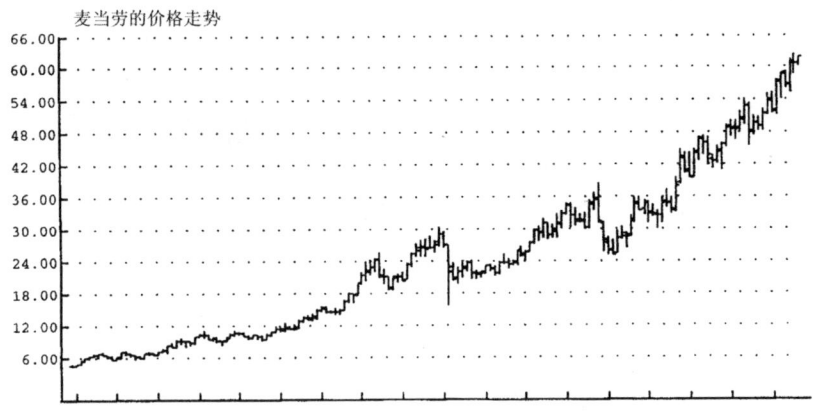

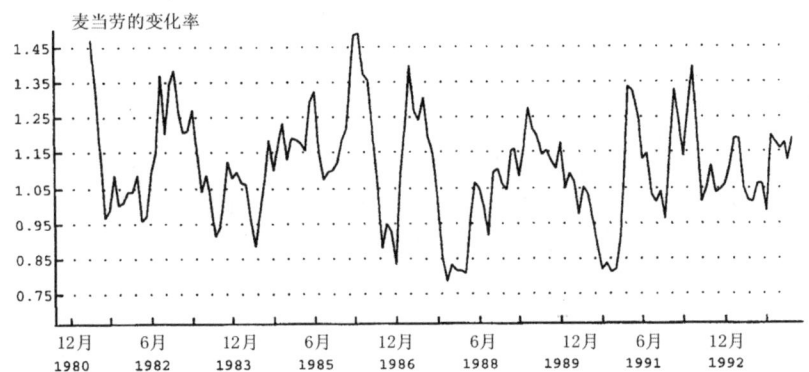

资料来源：Logical Information Machines, Inc.（LIM），Chicago, IL.

图 10.9 麦当劳的月线图和六个月的变化率。

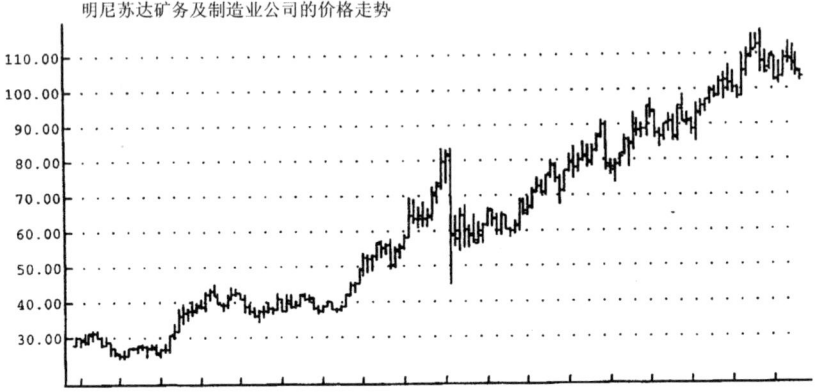

资料来源：Logical Information Machines, Inc. (LIM), Chicago, IL.

图 10.10 明尼苏达矿务及制造业公司的月线图和一年的变化率。

第10章 变化率 223

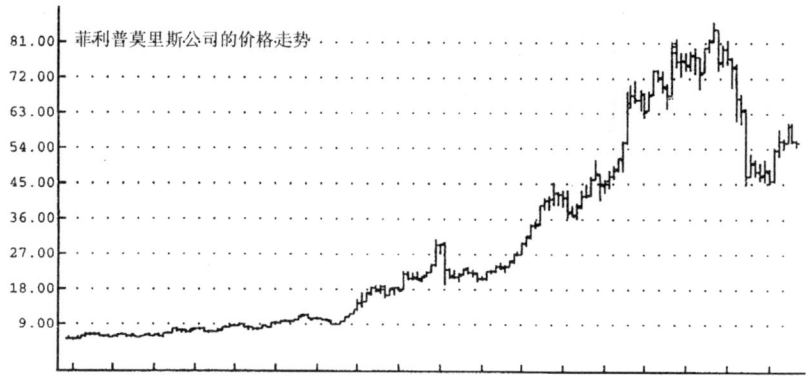

资料来源：Logical Information Machines, Inc. (LIM), Chicago, IL.

图 10.11 菲利普莫里斯公司的走势图和六个月的变化率。

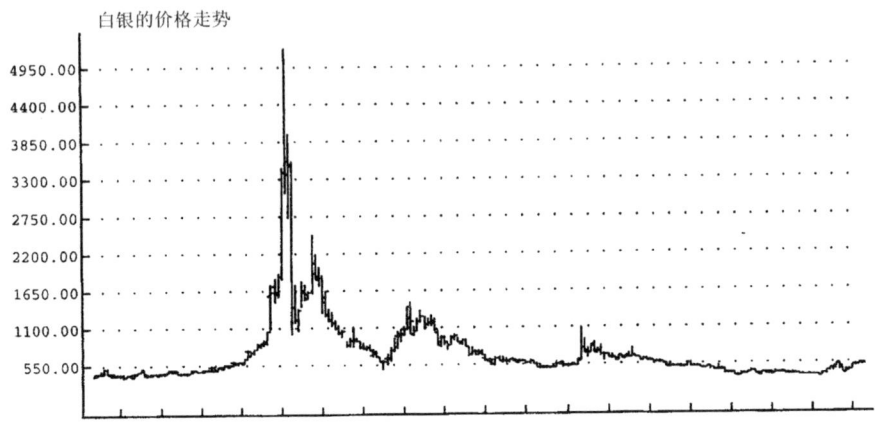

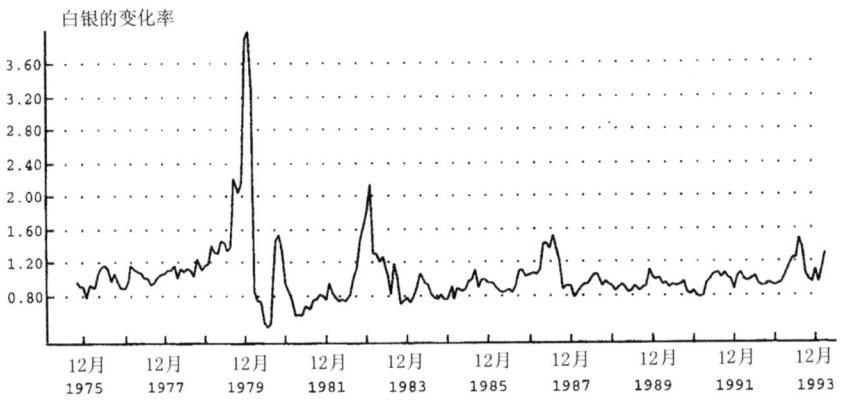

资料来源：Logical Information Machines, Inc. (LIM), Chicago, IL.

图10.12 白银的月线图和六个月的变化率。

第10章 变化率 225

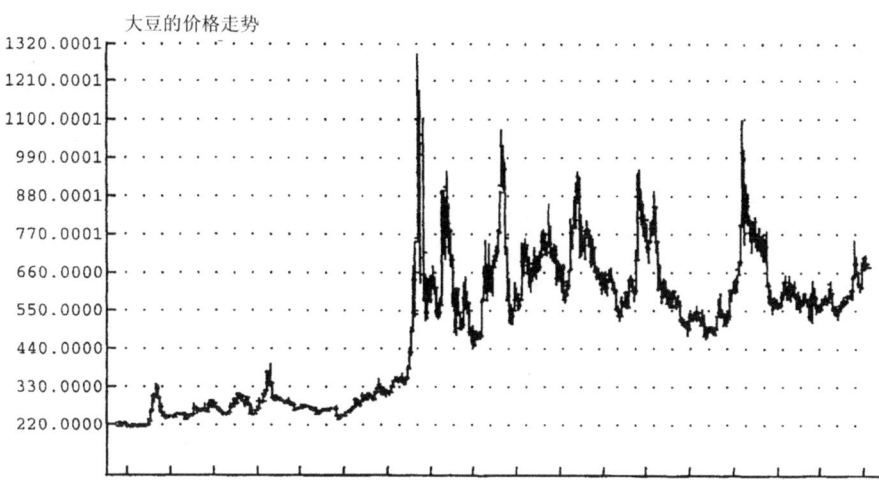

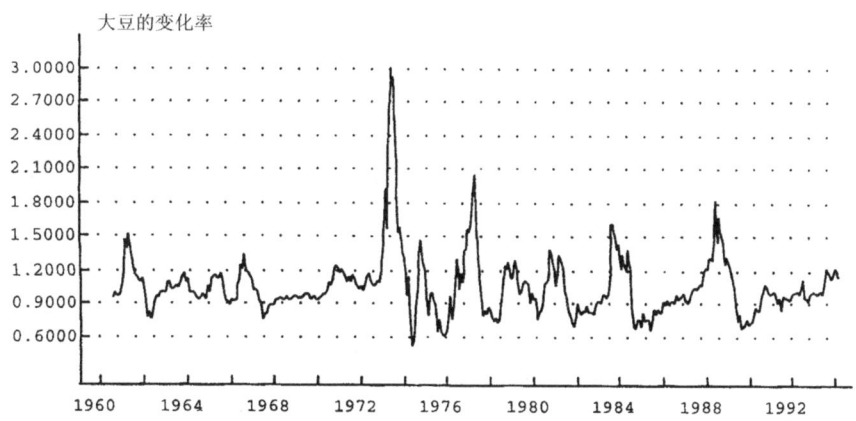

资料来源: Logical Information Machines, Inc. (LIM), Chicago, IL.

图 10.13　大豆的月线图和一年的变化率。

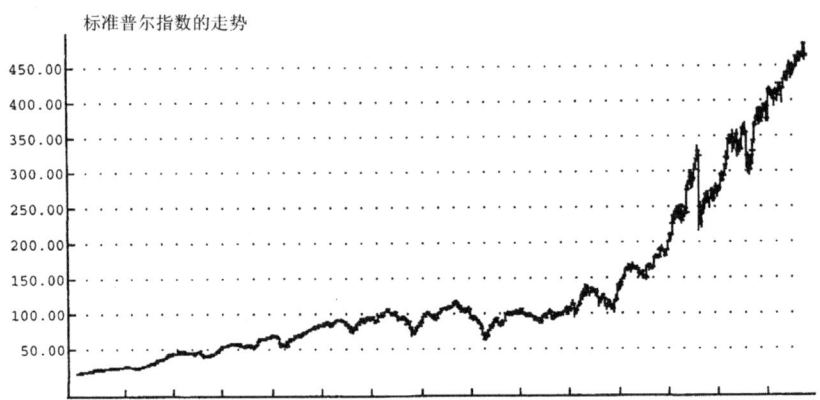

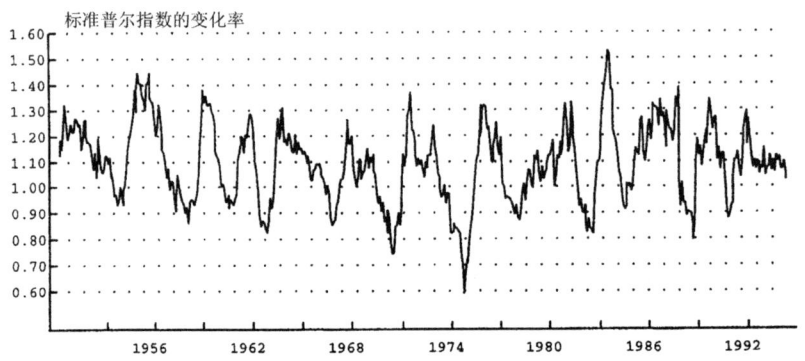

资料来源：Logical Information Machines, Inc. (LIM), Chicago, IL.

图10.14 标准普尔指数的月线图和六个月的变化率。

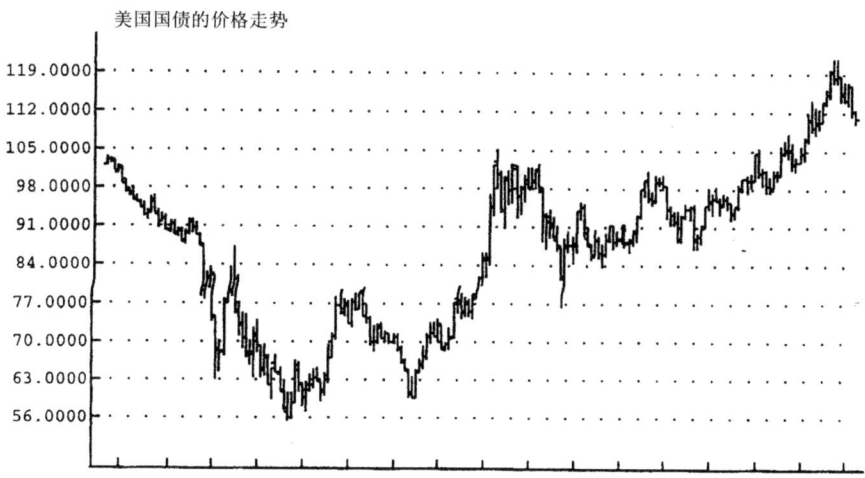

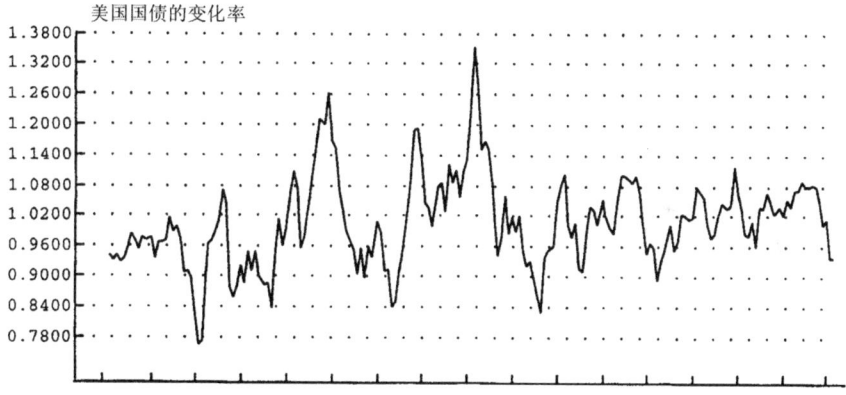

资料来源：Logical Information Machines, Inc. (LIM), Chicago, IL.

图10.15 美国国债的月线图和六个月的变化率。

第11章 股 票

在这本书中，我已为你介绍了多种用于破解市场难题的方法和策略。实践证明，这些技术都能很好地运用于所有的市场。不管你的兴趣是在于外汇现货、大宗商品、债券还是股票，它们的运用方法和绩效都是差不多的。但是，由于各个市场的组成不同，所以不同市场的综合指数也有所不同。在本章中，我想重点介绍几个不同的交易策略，这几个策略都是由我亲自创制并已运用于个别股票和股票市场（股指）。

新股票发行——首次公开发行（IPO）

多年以来，我在大部分新发行的股票中发现了一种类似的交易形态。我对这些新发行股票的价格行为特别敏感，因为我在23年前刚进入投资行业时，就负责交易这类股票。虽然投资行业没有什么是确定的，并且大部分技术都会经历一段格外有效的时期，随后就逐渐失效并被丢弃，但是这个方法似乎成功地经受住了各种市场环境以及时间的严格考验。不管市场对公开发行股票的态度是热情还是冷淡，这个技术总体来说是有效的，只是成功的程度要受到整体市场的一些影响。

通常情况下，一旦一只新股开始交易，我就会寻找以下几个特征，而不管公开发行的价格是多少。新股的价格一般会上涨，或者至少是横向波动几天。之所以出现这种价格波动，是因为最初向公众提供股票的承销辛迪加（selling syndicate）① 会在一段时间内支撑着股票的价格。如果最初的发行价是保守的，那么辛迪加的价格支撑行为就不太关键。但是，如果承销商试图将价格推到极其高的位置以便抛售，那么就会使得潜在的买家认为价格太高而不敢追买，然后价格就会下跌。不管怎样，辛迪加常常能够聚集足够的买入力量来支撑发行价格。事实上，我也曾听说当客户短炒（flipped）新股——在首次公开发行前买入股票并在交易开始后立即卖出，迫使辛迪加必须在"辛迪加买价（syndicate bid）②"处买入时——承销商会拒绝支付做市商佣金以打压卖方力量。

不管股票的价格是否保持在公开市场发行价上，在上市交易两天或三天之后，价格往往都会回撤或横向整理两到四周。之后，当大部分一开始对这只新股感兴趣的人开始心烦意乱的时候，常常会出现一次新的、较温和的暴涨。为了更加准确地理解第二次上涨的到来，我会尽力了解关于这次发行的具体信息，比如公开发行的规模、承销商是谁、承销辛迪加的规模、如果是在纳斯达克上市那么股票做市商的数量、承销商会发售多少股票给投资者，以及发行后每天的成交量和美元加权成交量等等。这不是说如果缺少这些信息，价格行为就不会与我预期的一致，我只是利用这些信息来选择更好的入场点，并提高我的预期效率。

一旦了解到将要发售的股票数量，我就会设法知道承销商已经出售了多少股票给投资者。承销商通常喜欢把股票出售给"强手"——也就是指那些准备持有股票较长时间，不会在股票一上市就卖出的投资

---

① 由一群机构组成的承销商团体，他们与证券发行者签订协议，并根据协议买进所有发行证券然后公开转售，以保证完成新证券的发行。——译者注

② 在股票二次发行之前，由于二次发行会增加流通股数，导致股价大幅波动，所以当股价到达这个价位时，辛迪加就会买入该股票以稳定股价。——译者注

者。为了达到这一目的,承销商会在股票被"短炒"(快速抛售)并亏损时,拒绝支付做市商佣金。总体来说,承销商会在发行价处支撑股票一段时间,并且不希望增加手中的库存股。因此,我假设承销商和他们的客户持有的股票在一段时间内不会是影响市场的一个因素。接着,我计算由其他辛迪加成员出售的股票数量。计算出这个数字后,我会观察随后几天的成交量。有个经验法则就是,一旦辛迪加成员的股票已经换手了两次,那么向上的波动就会恢复。

其他一些信息,比如股票的价格,以及上市的交易所,都应该加以关注。很多机构不能买入那些没有出现在核准名单上的股票。如果一只股票的价格没有高于10美元,常常不能进入核准名单。大部分有名气的新股都在纳斯达克上市交易。保证金要求以及在哪个交易所上市都是必须考虑的因素。

其他一些因素,比如"静止期(quiet period)[①]"结束或者主要限制条件被解除,常常会重新激发市场对该股票的兴趣。另外,还有一个需要关注的重要因素是供给状况。我在第1章提到过,很多持有亏损头寸的投资者,一旦头寸达到盈亏平衡,就会卖出。而对于最近的新股来说,因为没有投资者是亏损的,所以也没有供给。

我在研究一只新股时考虑的各种因素,不应该与新股上市后固有的基本趋势混淆起来。一个显著的上涨形态,会在新股发行后3到5周内出现。想要保持对潜在交易对象的警觉,我建议所有可能购买新股的交易者订购一个走势图服务,比如"欧奈尔的每日走势图(O'Neill's Daily Graphs)",它可以在很多新股公开交易开始后,监视新股每日的

---

① 美国证券交易委员会规定,从上市公司首次公开发行到承销商公布对上市公司的研究信息,要经过90天的时间间隔,以确定交易商不会出于在二级市场上的利益而影响投资人。这段时期被称为"静止期",类似于国内证券市场的"限售期"。——译者注

价格走势，以跟踪其价格行为。

收购（Buy-Outs）

我从事投资行业已经很长一段时间了，这段时间长到足以让我经历市场的每一次狂热并接触能想到的所有市场观点。公司收购时代的开启令我极度兴奋和激动。幸运的是，在这个时代来临之前，我所做的供给-需求模型一直成功地发挥着作用。最初，我的工作让我对那些发生激进买进的情况非常警觉。大部分技术交易者都是寄生虫，不需要基本面来指导他们的分析和交易行为，但是我认为积极的基本面发展已经导致技术交易者对基本面分析有了某种程度的需求。我很快知道了一种形态，这种形态可以正确预测即将出现的收购。在 1978 年到 1982 年间，已经成功预测了超过 32 宗的收购。我甚至敢告诉公司总裁，说他的公司正在被收购。事实上，我已被一个记者描述为"死神"（grim reaper）。本书第 5 章和第 7 章介绍的技术，分别是累积/派发指标和迪马克序列（Sequential®）。把两个方法结合起来将可以非常灵敏地识别这些机会。在本章中，我想分享一些我从实践中获得的可以进一步确认收购的信息。

以前打篮球的时候，我总是不满足于简单的上篮。当遇到要上篮的时候，我总是把球传给别人，或者通过一个高难度的射篮来得分。把同样的策略运用到内幕消息和潜在的收购上，我不仅喜欢把事情做得具有挑战性，我也坚信在收购的消息被传开，但其中没有一条是被正式宣布出来的之前，这些消息更多的是谣言。我试图向其他人解释这一点，但他们都不愿意听。我进行了大量的研究，希望能从逻辑角度并通过实例让他们相信。

在 20 世纪 70 年代初，偶尔也有一些关于收购的传闻，大部分真正的收购都会表现出一种相似的形态。我注意到在价量激增之后，通常会有略超过 6 个月的平静时期。我开始重视起这种形态。在当时的税法下，长期资本收益需要持有 6 个月时间。此外，对于交易者的内幕交易行为，政府部门也常睁只眼闭只眼。因此，我总是很关注那些来源可靠的传闻，并告诉其他人很可能要很久以后才会正式公布，因为知道内幕的人可能仍在收集股票的进程中——虽然我从未亲自利用过这一事实。同时，在政府要求正式发布收购消息之前，收购者还要注意买进的流通股数量不得超过允许的最大比例。

在税法改革，废除了 6 个月持有期限的要求后，用于验证收购传闻的其他因素开始接受考验，并且运用得非常成功。我认为一旦传闻被交易的最大人群——公众所知，并且仍然没有任何正式的消息被发布出来，那么这些传闻很可能仅仅就是道听途说而已。为了向其他人证实这一事实，我进行了下面的操作。首先，我要调查并确定股票的发行总量。接着用这个股票数乘以 5%，以得到一个基准。然后，再用这个基准乘以 5。由于美国证券交易委员会（Securities and Exchange Commission）要求任何持股比例超过 5% 的股东必须发布公告，所以我认为相对于潜在交易者买进的每一股，有 4 股正在被其他交易者买入。假如某个传闻被证明是真的，那么这关键的 5% 的股份，将很可能在 25% 的流通股被交易之前被收购完毕。这个特别的过滤过程让我可以很好地说服其他人避免灾难。

另一个我观察了几年时间才得出的重要结论，与那些将被收购的上市公司（此时收购者已正式发布收购声明）的股票价格行为有关。具体而言，一旦收购声明正式发布，并且是以现金收购股票（与股权收购相对），股票立即会以收购价或者高于收购价进行交易，这时通常会出现其他的有意向的收购者出更高的价，不管出现什么状况，收购往往会圆满顺利地完成。

在交易所新上市

一旦股票在交易所上市或者加入某个指数中,获得额外收益的可能性就大大提高。指数型基金需要把各种指数的所有组成加进其投资组合中,而一旦完成交易所上市,保证金要求就常常变得更具吸引力。所以,潜在的投资者通常会显著增加。如果预期到这种倾向,也就不奇怪见到股票在上市之前价格就上涨的情况。除此之外,很多大型投资公司的委员会规定只投资上市股票——并且只限于那些股价高于 10 美元的股票。由于上市审批的要求,这些大型投资者把上市过程和这些保持上市的要求当作确保他们谨慎投资的额外保护。当某只股票退市时,就会出现相反的现象。退市股票被疯狂抛售以及公司暗淡的前景,都是应当提前预期并加以重视的问题。

早在 20 世纪 70 年代初,美国首次推出股票看涨期权时,我就注意到这种倾向。只要看涨期权一推出,标的证券的价格就会上涨,这几乎是必然的结局。这种模式一直持续了很长一段时间,直到看跌期权推出,标的证券的价格才下跌了一段时间。不幸的是,这种倾向持续时间较短。不管怎样,为了识别这种模式自我重复的任何一种倾向,我会一直密切关注着这一奇特现象,以及任何新交易品种的推出。

新高-新低

赛马场的新手总是喜欢下高风险的赌注。这种赌注的赔率通常大于 50 比 1,并且几乎从未赢过。那些"智慧钱(smart money)"——老练的赌徒——会进行仔细的研究,然后谨慎果断地下赌注。任何寄希望于冒高风险获胜的家伙，只不过是没有经验的毛头小子而已。高风险的赌注偶尔也会获胜——就像在拉斯维加斯可以听到老虎机大赢家的欢呼声一样，但是这种结果只是偶然的。同样的观点也适用于股票市场。没有经验的交易新手也同样喜欢关注昨天的市场赢家。历史已经证明，一只牛市中的强势股此后很难在接下来的牛市中重复其辉煌。总体来说，一旦一只股票成为"下坠天使（fallen angel）①"，就需要好几个市场周期才能收复"失地"重回其领先地位。单纯无知的交易新手（和一些富有经验的老手）不会注意到这一事实，因而经常陷入失败的境地。

当股票价格下跌越来越多，股票的持有者会遭受越来越多的亏损，这是交易的常识。对于股价大幅上涨到新高的股票来说，此前下跌时匆忙介入的多头将带来抛压，而市场必须吸收掉这些抛压才能继续上扬。有多少次你进场交易后，股价就立即朝着与你期望相反的方向波动，然后你对自己说一旦达到盈亏平衡就平仓？要么这些多头坚守其头寸，不急着平仓，要么他们所创的供给在价格上涨前就被吸收。如果某只股票正在创出一系列的价格新高，此时就没有不愉快的被套多头。因此，一旦头寸达盈亏平衡就平仓的期望不存在了。从概念上讲，关于"解套盘（overhead supply）②"的论点并不存在。就我的经验而言，专挑弱势股进行操作的策略好景不长，因为我已看到"解套盘"的卖压被消化掉之后的前景。具体而言，我的研究表明在大盘弱势期间创出新高的股票，往往是潜在的购买对象，因为它们能够摆脱大盘指数下跌的重力而上涨。实际上，它们通常是市场在任何强势时期的领导者和龙头股。相

---

① 指因负面消息而股价大跌的高价证券。——译者注
② 在前期高点附近进入的买盘，因为后来价格下跌被套，此后当价格再次回到这个高点时，导致这些交易者急于解套，从而在这个价位附近产生沉重的抛压。——译者注

对而言，那些在大盘下跌之前的震荡走势中创出新低的股票则往往是任何下跌市场中的领跌股。

多年以前，我对52周新高-新低进行了研究，并运用了一个可以指出股票当前价格与其52周最高点或最低点的相对位置的技术。我不会只参考登载在报纸上的股价新高-新低的列表，我还想精确地知道某只既没创出新高又没有创出新低的股票的收盘是如何记录的。通常来讲，某只股票差点创出新高或新低，都是不准确的说法。我自己创建了一个指数，叫做迪马克新高/新低指数（TD New High/Low Indeex）。这个指数为我提供了一个参照，我可以据此确认价格将向上还是将向下突破的预期。这个指数是由一只股票52周的价格波幅除以10，然后对这天的这只股票划分等级形成的。例如，如果一只股票今天在其52周最高价的10%内收盘，那么就把这只股票划分为等级10。反之，如果一只股票的收盘价低于其52周最高价的90%，就把这只股票划分为等级1。如果收盘价低于其52周最高价的50%，这只股票就划分为等级5。接着，我要计算一个累计值并把这个指数置于一个市场指数的背景之下，以确认价格的波动和趋势，并判断趋势的持久性。这个方法先评估收盘价与前一年的价格波幅的关系，然后计算一个综合指数（迪马克新高/新低指数），以确认市场的整体波动方向。可以说，这个指标为市场指标库作出了极有价值的贡献。最后，这个基础的、被广泛接受的指标——新高-新低——被改进，以创造一个更完整的市场指标。它所需要的只是一点想象力和一些创造力。

下面介绍的其他一些指标，是目前大部分股票交易者采用的指标的升级版。我相信我作出的改进，以及对各种方法的整合，可以大大地提高交易成功的几率。

"涡轮增压"① 指标

纵观整本书，可以发现很明显的一点，即我提出的很多观点都是对大部分交易者采用的技术的改进和提升。我的性格就是这样，绝不满足于接受每个人都采用的那些做法。我要自己解读并从逻辑上证实我的做法。我的研究证实，在大多数情况下，被市场广泛关注的结构形态以及对指标的解读都有一定的有效性，但是我想对它们做进一步的发掘，希望在我的改进下可以把它们变得更高效更有价值。我确信没有一个人会采用与我的指标相似的指标，除非我拿出来与他们分享。

上涨-下跌

大部分交易者都对上涨-下跌模型非常熟悉。传统方法通常是在市场日线指数走势图下面放置一个涨跌累计指标。20 多年里，我把 5 日上涨-下跌的净值加总起来，除以 5 得到一个 5 日平均值。我也用 13 日上涨-下跌的净值总和，除以 13 以得到一个 13 日平均值。我为这些均值设立超买/超卖界限，并拿它们与一系列其他关系（下列表述的）作比较，以获得一个理想的买入或卖出机会。通常情况下，我希望看到 5 日均值超过 ±450，而同一天的 13 日均值超过 ±250。

我也计算道·琼斯工业平均指数的 30 只成分股的 5 日和 13 日平均值。总体来说，同一天的 5 日均值和 13 日均值分别为 ±14.0 和 ±5.0 时，

---

① 常见用于汽车引擎中，经过涡轮增压的发动机，功率可以大大提高。——译者注

将是价格转折点。

然后，我用每天的上涨总值除以下跌总值，把算出的数值加起来再平均，分别得到 5 日均值和 13 日均值。5 日均值必须超过 1.95，同一天的 13 日均值必须超过 1.70。反之，5 日均值必须低于 0.65，而 13 日均值必须低于 0.95。之后，把这两个水平加入主模型中，以识别理想的买入和卖出入场位。

接下来的比较，是上涨股票数/总发行股票数的比率。对于理想的超卖数值，我希望看到 5 日均值低于 30，13 日均值低于 35。对于理想的超买数值，我希望看到 5 日均值高于 50，而 13 日均值高于 45。结合为其他指标判断理想的超买/超卖区域的模型，这个方法就确认了高风险和低风险的买入和卖出区域。

大部分人都知道由理查德·阿姆斯（Richard Arms）所创的趋势指数（TRIN），它在大部分行情终端软件上都可以找到。这个指数是用上涨股票数与下跌股票数的比率，除以上涨股票成交量与下跌股票成交量的比率。我建议把每日的数值进行 5 日和 13 日平均。如果 5 日均值高于 1.35，同一天的 13 日均值高于 1.20，或者 5 日均值低于 0.75，同一天的 13 日均值低于 0.85，并且模型中的另一种关系也被确认，那么就确定了一个低风险入场价位。

最后一个市场模型是由当天的道·琼斯指数收盘价除以 55 个交易日前的道·琼斯指数收盘价得到的一个比率。如果这个比率低于 0.89 或者高于 1.13，往往就确认了一个转折点。结合使用上述的其他一些指标，就形成了一套有着可观绩效的指标组合。

我创建这个超买/超卖模型是在 20 多年以前。那时候，我每天都要亲自进行统计。现在，计算机的问世大大简化了这一工作。以下是我每日进行统计的一个样本。

Date	日期
Total Issues Traded	股票总数
Advance（Adv）	上涨
Decline（Dec）	下跌
Net 5-Day 13-Day	5日 13日 净值
Advance	上涨
Total	总数
5-Day 13-Day	5日 13日
Advance	上涨
Decline	下跌
5-Day 13-Day	5日 13日
Net DJIA 5-Day 13-Day	道·琼斯指数 5日 13日 净值
TRIN 5-Day 13-Day	阿姆斯趋势指数 5日 13日
DJIA High Low Close	道·琼斯最高最低收盘价
Momentum Close Today	今日收盘动量
Close 89 Days Ago	89天前的收盘价
S&P High Low Close	标准普尔最高最低收盘价
Momentum Close Today	今日的收盘动量
Close 89 Days Ago	89天前的收盘价

第12章 期　权

在我刚进入投资行业时，芝加哥期权交易所（CBOE）还没有成立。期权由做市商承购包销并在场外进行交易。不过，从那以后，市面上开始有了关于期权的各种出版物。遗憾的是，大部分资料都只集中在操作步骤和估值研究上。虽然其中也有部分把注意力放在评估市场情绪以及指示市场方向的方法上，但是这些资料的内容都不完整。我作出的所有结论，都是在期权市场上进行了大量尝试后获得的经验，在课本上是找不到的。就像我在整本书中反复强调的那样，"焦急等待结果"的个人交易似乎会使交易者对潜在的风险更为警觉。它也有助于把各种策略和机会永远印刻在交易者的心中。我会发展并制定我自己的技术和规则，并且希望能为你提供一些可以降低你交易失败几率的建议。这些技术既适用于股票期权，也适用于期货期权。

我不会列举很多影响我期权交易生涯的事件和插曲，我将与你们分享的是我总结出的经验和教训。它们都是"终极市场老师"——交易亏损——教给我的。心理学家曾说过，很多交易者在潜意识层面都怀着投资亏损的渴望。我不是这样的人，但是，我已经把交易亏损看作成功的市场交易所必须交的学费。这话可能听着让人腻烦，但这是我从实践中总结出来的。如果多年以前有谁对我说过这句话，我想我一定会牢记于心并将其运用于实践中，从而避免受挫和巨额的交易亏损。虽然我对交易有着如此强烈的求知欲，但是似乎没有什么可以满足这个欲望。

常听人说期权唯一的赢家就是卖方。种种研究显示超过 80% 的期权交易者都是亏钱。在期权交易所刚成立时，期权交易的卖方和买方都比较缺乏经验，当时也没有多少关于他们交易为何失败的研究。之所以出现这种局面，很可能是因为卖方主要是机构和场内交易员，而买方只是一些小型投资者，他们缺乏经验，也没有掌握卖方所掌握的信息和资源以弥补自身经验的不足，从而导致买方的学习曲线要比卖方的学习曲线长①。

情绪和期望在期权的定价中扮演了重要角色。如果去掉这些人类的情感因素，期权交易这一游戏就会变得简单得多。很多用于评估合理价值的模型，已经被卖方使用了一段时间，并且通过电脑和机械化的策略，可以有效地去除情绪性因素，取而代之的是严明的纪律。我的目标是为买方制定出一系列适当的规则。经过不断实践，我达成了这一目标并创建了一张列表，无论我什么时候进入这个高风险市场都很容易上手。我必须控制我自己的情绪，也必须忽略在同一时间买入的其他所有市场对手的集体情绪，这个想法一直占据着我的思维。我的经验表明依照以下规则，就有机会使交易获利。具体规则如下：

1. 只在整体市场的价格相对于前一日的收盘价下降时购买看涨期权。

2. 只在相关行业板块的价格相对于前一日的收盘价下降时购买看涨期权。

---

① 作者的意思是指买方的学习效率比卖方的学习效率低，买方要达到与卖方相同的学习水平，需要更长的学习时间。——译者注

3. 只在看涨期权的价格相对于前一日的收盘价下降时购买看涨期权。

这几条规则对我非常有用。如果把收盘价低于前一日收盘价的规则改为高于前一日的收盘价，就确定了看跌期权的购买规则。期权交易很难的，不允许有任何个人情绪掺杂其中。结合简单的数学比较和下面介绍的模型，这些规则就可以把你引向成功之路。

交易者多年以来都在使用一个简单的期权比率，以识别与标的证券价格转折点相吻合的情绪极值。虽然交易者已经在预测价格反转准确率方面有了某种程度的要求，但是结果却不能保持稳定一致。他们的方法很简单，只是用看跌期权成交总量除以看涨期权成交总量。我的研究表明这个方法是有缺陷的，原因有如下几个：

1. 他们假设对于每一个合约到期日和合约价格，都有看跌期权和看涨期权。
2. 在成交量统计上没有进行任何价格加权调整。
3. 没有考虑期权成交量和未平仓合约的相互作用。

这些都是合理评估市场情绪的关键因素。

最初，在期权刚开始在交易所挂牌上市时，还只有看涨期权。随后，才缓慢推出了看跌期权。但是如果交易者仅仅只计算基本的看跌-看涨期权比率，那么一定会扭曲结果，导致结果偏向于看涨期权。

不仅上市交易的期权数量需要关注，这些看涨和看跌期权的价格也是非常重要的因素。为什么价格只 1/8 美元的期权的影响，与那些价格为 5 美元的无异？因此，我设定了我自己的看涨-看跌期权比率，即用成交量乘以每份期权的价格。我把这个比率称为迪马克价格加权期权比率（TD Dollar-Weighted Option Ratio）。运用于传统方法的超买/超卖区域也可以用来解读看涨-看跌比率。但是，这个结果应该更多地指示真实的情绪。

期权中常常被忽视的另一个因素是期权成交量与未平仓合约的相互影响。每当一份期权被卖出，未平仓合约的数量就有所增加。通过计算期权成交量与未平仓合约的百分比，然后价格加权这些数字，就可以创造出另一个具有预测价值的重要比率。想要正确评估成交量与未平仓合约的关系，只需要查看当某个期货市场——不是期权市场——在某天的成交量超过了当天的未平仓合约时发生了什么。从本质上讲，这表示那个市场的所有权已经转移，并且因此它的"性格"和价格特点都可能发生改变。另一方面，期权也会出现相似的情形。

我在期权交易过程中发现了一种现象，即要直到面临其结果时，情况才会明朗。具体情况是，我在星期五市场即将收盘之前，购买一些看涨期权。在下星期一市场重新开市之前没有什么新闻要发布。而实际结果是标的证券的开盘价远高于星期五的收盘价，但期权的开盘价却低于星期五的收盘价和我的买入价，这让我感到非常惊讶。我试图从逻辑角度解释这个认知上的错位，但徒劳无功。我请教了一位期权专家，他告诉我大部分期权模型都是在周末时更新。在通常情况下，期权的时间值也是在这个时候计算。从这之后，我总结出最好的建仓时间是在星期一，而不是星期五晚上，除非我预期到周末将要发生什么重大事件，可以显著抵消期权下降的时间值。这个方法尤其适合那些即将在一个月内到期的期权。

我已经向你介绍了一些我用于评估各种期权市场情绪的方法。你不仅可以用这些方法来评估各个期权投资机会的相对吸引力，也可以把这些信息转换成关于标的证券的观点或看法。我希望你可以好好地利用这些指标和入场的规则，成为一个可以在机会出现时就将其牢牢抓住的进攻型期权交易者，而非拼命保护资本的防御型期权交易者。

第13章 "沃尔多"形态[①]

在最近几年，一个名叫沃尔多（Waldo©）的卡通人物形象风靡了全球，在各种书籍、海报、益智玩具和一个名为《寻找沃尔多》（Where's Waldo?®）的游戏中都可以找到他的身影。沃尔多的创作者马丁·汉福德（Martin Handfort）通过这个游戏将沃尔多变成了一项充满趣味的"挑战"，因为要在布满其他数百个卡通人物形象的图片中快速找到沃尔多是不容易的。沃尔多隐藏在这些图片中的某个地方，他的位置极难确定，但是一旦被人指出来或亲自找到，他的位置就变得明显起来。这个游戏让我想起了我这几年的一个类似的经历——要在一张走势图上识别出被其他价格行为掩盖和淹没的价格形态。但是，一旦我事先知道要找什么形态，这个过程就会变得十分简单。所以，我把这类走势图关系和形态称为"沃尔多"形态。在这里，我就不长篇讨论它们的起源了，我只着重突出它们存在的位置，并强调一些关于它们含义的观察结论。一句话，我建议你好好研究这些"沃尔多"形态，以判断它们是否能在你的交易计划中发挥作用。无论你参与的是股票、期货还是现货市场，这类形态都可以传递出相类似的信息。

[①] 版权属于马丁·汉福德，李特尔，布朗和公司。

在我刚进入投资行业时，我接触了所有被普遍认可的市场模型、指标和技术。在完全掌握常用的市场择时系统和方法之前，我经过了差不多一年时间的艰苦工作和市场技术分析师的填鸭式教育。但我学习到的这些方法和技术总是在纸面上讲得天花乱坠，但要运用起来并重现其绩效却极其困难。对此，我的解决之道是，不管付出多少时间和代价，我都要进行我自己的原创性研究。在经过大量的研究后，我发现市场对受到广泛关注和运用的市场形态的很多解释，都刚好与事实相反。这一发现粉碎了我对传统看法的信心，迫使我展开自己的研究和市场调查。在自学过程中，我总结出了以下几条原则：

1. 大部分交易者认为，成交量增加总是与真正的价格上涨结伴而行。当然，我也认为在某些情况下，市场的确如此，但是我的研究表明，这样的现象并不是每次都会出现。一旦价格形成了一个低点，我更希望看到一个较低的成交量，因为这往往表明供给不足。我敢说交易者也不能证明他们恰好在绝对的价格低点买入。我把这个结论和很多著名的捕鱼故事结合起来。我的经验表明，一旦最后一个空头卖出，一个低点就会形成，价格自然就会斜着向上波动。通常来讲，价格放量创新低只是空头回补的结果，持续时间会非常短。事实上，这种情形通常会导致价格缺口出现——价格一旦恢复下跌，下跌的速度就会更快。出现这种现象是因为仓促的买入耗尽了买入的力量，同时又增加了卖空的筹码。这种由空头回补导致的上涨的特点就是急剧快速。

很多交易者喜欢把当前上涨的价格行为与前期的一个参考高点联系起来。《道氏理论预测》（Dow Theory Forecasts）的理查德·罗素（Richard Russell）在多年前提出了一个著名论断，我一直沿用至今。那时候，很多交易者都把注意力放在道·琼斯工业平均指数多月前创出的历史高点上。当时市场在上涨过程中放出特别巨大的成交量，但与市场普遍看法不同，罗素认为（1）由于成交量巨大，价格波动将遭遇重大阻力，并且（2）在穿越前期高点之前，价格很可能停止上涨并反转。结果证明他是对的。我进行了一番研究后发现，当价格上涨且成交量清淡时会出现一种理想的情形，表明在价格顶峰之前存在着成交不足。一旦前期高点被突破，我期待成交量显著地增加，原因有两个。第一，我预计空头回补和止损平仓性的买入发生在前期价格高点处或之上。第二，趋势跟踪者很可能在价格高点或之上的位置建仓。因此，我更希望看到成交量爆发是在前期高点被突破之后，而不是之前。这也同样适用于价格下跌，并且预期前期的价格低点将被跌穿时的情形。

2. 很多交易者认为底部和顶部的反转是很重要的交易信号。我不同意这一观点。我请你查看一下大部分交易活跃的股票和期货的价格走势图。通常情况下，价格反转——那些最低价低于前一日的最低价但收盘价较高的交易日，或者价格高于前一日的最高价但收盘价较低的交易日——是短线交易者造成的，并且一旦他们操作完毕，价格往往会恢复原有趋势。那些价格下跌并且收盘价相对于前一日的收盘价是下降的交易日，或者价格上涨并且收盘价相对于前一日的收盘价是上升的交易日，才更重要，也更容易发生在价格底部或顶部。有一种形态的重要性可以与之前描述的那个形态媲美。在这种形态中，价格发生向上反转时，收盘价通常高于其前4天的所有收盘价；发生向下反转时，收盘价通常低于其前4天的所有收盘价。

3. 当某个交易日的价格区间超过了前一日价格区间的两倍，市场通常都会经历一个盘整时期。尤其在价格已经经历了一段时间的趋势性波动时，这种现象更为明显。

4. 假设最低价格纪录是出现在 10 天或更多天之前，并且在那个低点之前的 10 天的低点皆高于这个低点。把这个低价日标记为参考日。如果接下来 2 天的收盘价均为下降的收盘价，并且最低价均低于参考日的收盘价，那么一个价格低点很可能形成。反之，也会形成一个价格高点。

5. 当价格收盘的位置相对于前一日的收盘价位置不变时，如果前一日的收盘价是上升的收盘价，那么价格通常会继续上涨；如果前一日的收盘价是下降的收盘价，价格通常会继续下跌。

6. 一旦一个短期最低价形成，就计算最低价这天的收盘价与最低价的差值，并拿来与其前一日的收盘价与最低价的差值做比较，就可以判断第二天价格上涨的可能性如何。具体而言，如果前一天的差值大于两天前的差值，那么当前形势就对上涨有利，假如第二天的最低价没有跌破前一天的最低价。反之，一旦一个短期的高点形成，就计算前一天的最高价与收盘价的差值，然后就可以估计接下来这天价格下跌的可能性。如果前一天的差值大于两天前的差值，那么价格下跌的可能性就高，假如第二天的最高价没有超越前一天的最高价。

7. 一旦价格开盘或收盘的位置高于最近迪马克关键低点（TD Point Low）4 天前的收盘价，价格的下降趋势就会反转。这个开盘价或收盘价必须出现在迪马克关键低点之后 4 天内。如果确认趋势反转这日之前（包括确认趋势反转日当天）有两天存在价格缺口，那么这个反转就是可疑的。反之，一旦价格开盘或收盘的位置低于最近迪马克关键高点（TD Point High）4 天前的收盘价，那么价格上升的趋势就会反转。这个开盘价或收盘价也必须出现在迪马克关键高点之后 4 天内。如果这天之前（包括这天）有两天价格发生跳空，那么这个反转也不可信。

8. 如果前一天的收盘价低于 5 天前的收盘价，并且今天的收盘价高于前 7 天所有的高点，但不高于前 11 天所有的高点，那么一个短期的顶点就已形成。反之，如果前一天的收盘价高于 5 天前的收盘价，并且今天的收盘价低于前 7 天所有的低点，但不低于前 11 天所有的低点，那么一个短期的低点就已形成。

9. 当某一日的成交量水平超过——或较大百分比超过——成交量-未平仓合约的历史水平，就要为潜在的市场性质转变做好准备。这可以指出接下来价格可能的变化方向。

10. 大部分趋势跟踪者都会在价格向上突破前期某个指定天数内的所有高点时买入，或在价格向下跌穿前期某个指定天数内的所有低点时卖出。一种常见的做法是在价格突破前 40 天内所有高点时买入，在价格跌破前 40 天内所有低点时卖出。很多趋势跟踪者随时都在进行投资操作。但是，一些交易者喜欢在价格创出 20 日新低或 20 日新高时，兑现利润然后观望。趋势跟踪方法产生的赢家通常低于 35%。如果把投资组合多样化，那么参与趋势性市场的可能性就大大提高。

11. 许多市场分析者已经注意到商品期货市场的价格存在着某种周期性。很多书刊都或多或少地介绍过这类现象。但是，大家都忽略了，股票市场的价格也存在着类似的周期性。我相信投资者以后会对这个领域展开更多的研究。

12. 大部分交易者都采用相同的超买/超卖判断规则，来确认市场是处于牛市还是熊市。在一个处于上升趋势的市场中，超卖读数出现的时间通常非常短暂，主要以超买读数为主。反之，在一个处于下降趋势的市场中，超买读数只出现很短一段时间，而超卖读数出现的时间更长。当解读超买/超卖震荡指标时，市场的整体趋势，或者说市场环境，是考虑的关键因素（见第3章）。

13. 在我完成趋势线（迪马克关键点和迪马克线，见第一章）研究工作之前，我采用了一种可以完善趋势线突破入场的技术。具体方法就是画一条趋势线。如果这条趋势线是上行的，我会一直等待直到向下的突破已经完成。一旦随后的反弹完成，我就会把这次下跌所创造的低点作为我卖出的入场点。反之，我会追踪一条下行的趋势线，并且等待向上突破的结束。之后，一旦随后的回调结束，我就会把上涨形成的高点作为买入的入场点。

14. 交易者喜欢在走势图上找到支撑位和阻力位，并常预期在这些价格水平将发生某种价格行为。我的经验表明支撑和阻力的概念也同样适用于股票，但是由于期货市场换手率很高，所以除了日内交易，这种理论并不适用于期货市场。

15. 很多交易者在运用某个市场择时系统时，会忽略一个因素。这个因素就是一周、一月或一年当中具体某些天的重要性。我对这个系统分析领域展开了一些研究，结果表明它们的影响非同一般。

结　语

没有任何交易方法是完美无缺的，本书呈献的很多方法也不例外。我与你分享的这些技术，已经在可以想象到的最强大最严格的实验室条件——交易场上经过发展和提高。正如我在整本书中反复强调的那样，在我的交易生活中，需要才是发明的真正动力。没有什么比看到自己的交易收益被侵蚀、最后以一系列大规模亏损收场更能激发对创造的需求。

良好的交易表现对我来说，是一个需要努力才能达到的目标。在少数情况下，当我的交易情绪亢奋时，当我的自信水平达到顶峰的时候，是我最容易受攻击的时候。我想起了一件比较特别的事情，那是在1989年夏季的一天，我在都铎基金（Tudor）设计并发展的很多机械交易系统同时发出了信号。我的工作伙伴彼得·博里什和我对此都感到非常兴奋并且充满希望。但是结果却是我职业生涯中有了最丢脸的一次经历。我们的交易在开始时还有些许盈利，但是后来就演变成一趟通往交易者地狱的"旅程"——我们创造了我们交易史上的最大单日跌幅记录。幸运的是，彼得和我在资金管理中考虑了突发事件，从而减少了亏损。我要再次强调一下，在这个行业中，必然会遭遇诸如此类的意外事件。为了降低它们的影响，我建议你学习一下如何进行资金管理。另外，我还强烈建议你对自己进行一番心理分析，找到自己作为一名交易者的优势和劣势，这样你才能在交易灾难出现时，能够应付自如。

我一直试图为你提供一些可以产生有益交易信号的工具。我希望你能利用我的研究和经验，去设计并创建你自己的交易工具。没有一件事比我看到或听到哪个交易者获得的成就是源于本书中的某些观点更让我高兴的了。在很多年前我刚进入这个行业的时候，就没有如此好的条件和机会。那时候我只能从自己的交易中获取经验，并且我的大部分交易知识都来源于此。

这本书是我多年职业生涯的结晶，也算是登峰造极之作。波士顿凯尔特人队前篮球巨星拉里·伯德（Larry Bird），在签署其大学后第一份价值数百万美元的合约后说过，"我太热爱这项运动了，我可以为此不要一分钱，但是幸好凯尔特人管理层没有意识到这一点。"对于我的职业，我也要说同样的话。我相信如果你也将同样的热情投入你的投资生涯中，那么你的未来注定快乐而富有。